VANESSA SCHARSCHING

Wer geradeaus fährt, muss betrunken sein

Für Stinki,
der unsere Reise erst zum Abenteuer gemacht hat

VANESSA SCHARSCHING

Wer geradeaus fährt, muss betrunken sein

Eine turbulente Reise durch Kirgistan, Tadschikistan und Usbekistan

KNESEBECK *Stories*

Inhalt

PROLOG
Der Faden ist aller Knäuel Anfang 7

ALLER ANFANG IST SCHWER – DANN WIRD ES SCHWERER
Wie uns Bischkek gefangen hielt 17

UNSER KLEINES TSCHERNOBYL
Wie aus Fahrtwind Gegenwind wurde 41

BACKPACKING, BABY
Als wir den Subaru gegen eine Marschrutka tauschten 67

DIE EINKAUFSZENTREN DER KIRGISEN
Wo Popo-Grapschen zum guten Ton gehört 77

GOLD, ZYANID UND ZIGARETTEN
Wie wir den Dreh langsam raus bekamen 93

SEENIDYLLE UND WELLBLECHPISTENTERROR
Das Lieblingsgetränk der Kommunisten ist nicht überall Wodka 105

VOM WISSEN UND UNWISSEN ÜBER DIE GRUNDLAGEN DER AUTOMECHANIK
What would MacGyver do? 127

DER HANDRÜCKEN DES PAMIR
Das Dach der Welt hat blaue Fenster 153

PAMIRS FINGER
Über herausragende Persönlichkeiten 173

ZWISCHENSTATION KULTURTOURISMUS
Des Basilikums Fidelität in der Wüste 193

STADTFACETTEN
Wo das Gestern im Heute überlebt 213

»HEIMAT VON« ODER »WO MAN STEHT«
Über die Bedeutung der Silbe »stan« 225

EPILOG *234*

DANK *237*

»Das wichtigste Stück des Reisegepäcks
ist und bleibt ein fröhliches Herz.«

Hermann Löns

PROLOG

Der Faden ist aller Knäuel Anfang

»Verkaufe Subaru Libero Allrad in gutem,
restauriertem und reisefertigem Zustand.«

Alles begann mit diesem etwas ungewöhnlichen Inserat auf *Willhaben,* einem in Österreich sehr beliebten Onlinemarktplatz für alles Mögliche. Hier wechseln so banale Dinge wie wild gerüschte Erstkommunionskleider, goldene Porzellanfigürchen und Omas verrosteter Fleischwolf, aber durchaus auch spannendere Objekte wie sumpfige Bauparzellen unliebsam gewordene, hochgiftige Terrarienbewohner oder geröstete Toastscheiben mit Jesusantlitz ihre Besitzer. Die Messlatte für ein *ungewöhnliches* Inserat lag also durchaus hoch. Eines Abends im Winter des Jahres 2016 fand der Link zu einem solchen den Weg in den Posteingang meines Lebensgefährten Christian. Ein Freund hatte ihn uns wohl mehr aus Jux weitergeleitet und wahrscheinlich nicht damit gerechnet, dass er damit den Grundstein für unsere nächste große Reise legen würde.

Auf den ersten Blick war vor allem das Objekt, das zum Verkauf stand, etwas sonderbar. Die Leute, die spontan wissen, was genau ein Subaru Libero (Domingo) ist, kann man nämlich an einer Hand abzählen. Wir gehörten damals nicht zu dieser kleinen Gruppe der Aufgeklärten.

Der Faden ist aller Knäuel Anfang

Aus der Anzeige lachte uns eine schüchtern maisgelbe Keksdose entgegen. Eine Chimäre aus Minivan und Kleinbus, ein Meisterwerk japanischer Autobaukunst: elektronisch zuschaltbarer Allradantrieb, rotierbare Vordersitze, ein großzügiges Schiebedach, und das alles auf kleinstem Raum. Der ausgeklügelt konstruierte Bus (auch wenn *Van* die richtigere Bezeichnung wäre, nenne ich ihn fortan erst einmal *Bus*) hatte schon ein paar Jahre auf dem Buckel und lag für uns in finanzieller Reichweite. Aber wäre da nicht noch eine andere Besonderheit gewesen, hätten wir dem Inserat wahrscheinlich keine weitere Aufmerksamkeit geschenkt:

»Achtung! Fahrzeug steht in Bischkek, Kirgistan.«

Mehr Information war nicht nötig, ich war augenblicklich verliebt. Verliebt in den außergewöhnlichen Bus und verliebt in die Idee, damit zentralasiatisches Neuland zu befahren. Einige Jahre zuvor hatte ich die Mongolei bereist, und die Landschaft und die Menschen dort hatten einen bleibenden Eindruck bei mir hinterlassen. Meine Erwartungen an das restliche Zentralasien waren also hoch, und so ließ der Gedanke an die kirgisische Landschaft meine wildesten Abenteurerphantasien aus dem Dornröschenschlaf erwachen. Christian, der diese Gegend der Erde noch nicht besucht hatte, nahm meine Schwärmerei zu diesem Zeitpunkt noch nicht ganz ernst. Aber Begeisterung wirkt bekanntlich ansteckend, und so sprang der Funke noch am selben Abend auf ihn über.
Bald saßen wir zwei geschäftig vor dem Computerbildschirm, auf dem sich schnell ein beeindruckender Stapel aus Recherche-Tabs anhäufte. Entschlossen kämpften wir uns quer durch den Informationsurwald Internet und klickten uns über Stock und Stein von einem Link zum anderen. Erstmals suchten und fanden wir Bischkek, die Hauptstadt Kirgistans, auf der *Google Maps*-Landkarte

und betrachteten freudestrahlend die zentralasiatische Steppe und den Bergriesen Pik Lenin durch das Fenster des Bildschirms. Bereits nach dem zweiten YouTube-Video, in dem ein Subaru Libero die Hauptrolle spielte, keimten in uns erste zarte Gefühle der Verbundenheit für das liebenswürdige Gefährt auf. Der Inserent des Busses war damit einige Jahre zuvor von Österreich nach Kirgistan gefahren, wo der Bus seither parkte, und wollte ihn nun aus Zeitmangel verkaufen.

Als ich an diesem Abend im Bett lag, überkam mich eine Unruhe, die ich immer dann verspüre, wenn ich ein besonders tolles Etwas auf *Willhaben* entdecke, es aber nicht gleich erbeute. Was, wenn es jemand anderen, jemand Entschlosseneren gab, der die Gelegenheit sofort beim Schopf packte? Im Gegensatz zu Christian, dessen Schlafqualität sich durch solch fundamentale Fragen in keiner Weise beeinflussen lässt, schlief ich nicht besonders gut in dieser Nacht. Aber meine Ängste sollten unbegründet sein, der Bus und wir waren füreinander bestimmt.

Trotzdem schlugen wir nicht gleich am nächsten Tag zu. Auch nicht am übernächsten. Meist ist es ja nämlich doch so, dass die überschwängliche Euphorie von Menschen, die im Grunde vernünftig sind, bei genauerer Betrachtung der Umstände einen unsanften Dämpfer erfährt. Schließlich kauft man nicht einfach so ein Fahrzeug, das man vorher noch nie gesehen hat. Das noch dazu im Irgendwo steht. Und womöglich nach den ersten gemeinsamen 42 Kilometern spuckt und den Geist aufgibt. Sofern es vorher überhaupt angesprungen ist! Außerdem wäre der bürokratische Aufwand eines solchen Vorhabens sicherlich erschlagend. Bestimmt bräuchte man eine Unmenge an Bestätigungen, Urkunden, Erlaubnissen und Verträgen sowie Zoll- und Versicherungspapiere – wir zweifelten keine Sekunde daran, dass die Kirgisen ein für uns

Ausländer unerreichbares oder fürchterlich teures Äquivalent zur §57a-Begutachtung (dem *Pickerl*) beziehungsweise der TÜV-Hauptuntersuchung vorgesehen hatten. Und selbstverständlich würde man beglaubigte Übersetzungen all dieser Papiere vorweisen müssen! Schließlich gehörte Kirgistan einst zur Sowjetunion, und mit den russischen Behörden war ja bekanntlich noch nie zu spaßen.

In unserer Phantasie türmten sich also unüberwindbare Hürden auf, die sich hinterhältig über unsere zarten Abenteurerphantasien stülpten und drohten, sie im Keim zu ersticken. Und selbst wenn wir von der ganzen Bürokratie absahen, würde es sich ohnehin nicht wirklich lohnen, für weniger als zwei Monate nach Zentralasien zu reisen. Christians Arbeitgeber war zwar kooperativ, aber eine längere Auszeit ginge dann wahrscheinlich doch zu weit. Ich hatte ein paar Wochen zuvor meinen Job gekündigt und befand mich im Endspurt der Abschlussarbeit meiner letzten Ausbildung. Im Gegensatz zu Christian war ich somit zwar flexibel, trotzdem hatte ich nicht vor, die Monate, die bis zu einem möglichen Abflug nach Kirgistan vergehen würden, mit mageren Gelegenheitsjobs zu füllen. Je mehr wir beide darüber nachdachten, desto komplizierter kam uns das Unternehmen vor.

Was uns aber am meisten ins Grübeln brachte, waren unsere Kenntnisse in Automechanik. Die fehlten uns nämlich fast gänzlich. Fahrzeug-Schrauber-Ambitionen waren bei Christian weder in seiner Jugend noch irgendwann später ausgebrochen. Er hatte nie ölverschmiert am heißen Eisen gewerkelt, war nie ein »Benzinbruder« gewesen. Er fuhr einen verlässlichen Kompaktwagen, den er sich sechs Jahre zuvor als Neuwagen gekauft hatte. Standardalufelgen. Rostfrei. Jährlicher Autoservice. Kein Fahrzeug, bei dem man Angst haben musste, das nächste *Pickerl* nicht zu bekommen. Das war bei meinem Auto schon anders. Mein blauer Hermann, wie ich ihn getauft hatte, war durchaus immer wieder für Überraschungen gut und brachte dann aber in erster Linie nicht mich, sondern den Mechaniker meines Vertrauens ins Grübeln, der sich regelmäßig mit Hermanns ausgefallenen Wehwehchen herumschlagen musste. Trotzdem war Hermann mit seinen zwölf Jahren nur halb so alt und wahrscheinlich auch noch um einiges pflichtbewusster als der Subaru.

Alles in allem waren Christian und ich zwar auch keine technischen und handwerklichen Untalente, trotzdem haderten wir beide mit der Vorstellung, mit einem streikenden Bus irgendwo in der zentralasiatischen Steppe zu stranden und unter sengender Sonne ratlos rostige Schraubenschlüssel oder leere Wasserflaschen umklammert zu halten. Über uns erwartungsvoll kreisend: die Geier.

Nun ist es aber so, dass manche Ideen in meinem Kopf eine Beharrlichkeit besitzen, die jener von magischen Geburtstagskerzen gleicht. Sie sind einfach nicht totzukriegen. Ich bin ein starrköpfiger Idealist, und auch Christian lässt sich als widerspenstiger Pragmatiker nur schwer verunsichern: »*Geht nicht? Und ob das geht!*« Als Backpacker waren wir beide reiseerfahren, und wenn andere mit ihren eigenen Fahrzeugen in der Weltgeschichte herumfahren konnten, warum wir nicht auch? Und so waren – rückblickend – die anfänglichen Sorgen, die unserer mitteleuropäischen Mentalität entsprungen waren, wohl nie wirklich eine Bedrohung für das Projekt. Außerdem war der Kaufpreis des Subaru äußerst moderat – es würde bestimmt nicht unseren finanziellen Ruin bedeuten, falls er doch ungeplant irgendwo in Zentralasien den Geist aufgäbe. Das Risiko war berechenbar.

Es war Christian, der, ein paar Tage nachdem das Inserat uns geködert hatte, mit Stefan, dem Besitzer des Subaru, telefonierte. Kurz nach dem zweiten Gespräch überwiesen wir ihm eine Anzahlung.

Stefan hatte angeboten, zu einer Vor-Ort-Inspektion für ein paar Tage mit uns nach Kirgistan zu fliegen. Da der Bus zu diesem Zeitpunkt schon mehrere Jahre lang auf einem bewachten Platz in Bischkek parkte, würden sicher ein paar kleine Reparaturen von Standschäden anfallen. Darüber hinaus waren die Flugpreise leistbar. Sobald der Bus fahrtüchtig sein würde, wäre der Kauf unter Dach und Fach. Entgegen unserer Befürchtungen sollten sich außerdem die bürokratischen Hürden der russischen Zollunion und Kirgistans in Grenzen halten.

Also kaufte ich vierzehn Bäume ein und im darauffolgenden April flogen Stefan und Christian nach Bischkek – laut Onlinerechner glichen schlappe sieben gepflanzte Bäume die CO_2-Emission des Fluges für eine Person aus, ein wahres Schnäppchen also, mit dem wir unser schlechtes Gewissen gegenüber der Umwelt wirkungsvoll abspeisen konnten. Die örtliche Begutachtung verlief ohne Komplikationen, der Bus sprang nach einer sanften elektrischen Reanimation anstandslos an, das Kühlsystem wurde ein bisschen aufgemotzt (dazu später mehr) und die maroden Vorderachsfedern ausgetauscht.

Als Christian nach ein paar Tagen wieder nach Hause kam, brachte er mir eine Brise Steppenluft, einen unterschriebenen Kaufvertrag und ein gefilztes Wollschaf mit. Letzteres riss unser Stubentiger Cargo in einem Moment der Unachtsamkeit, was dessen Schicksal für die Zeit unserer Abwesenheit besiegelte: Er würde zu meinen Eltern ziehen.

Und in unseren Köpfen nahm das Abenteuer Formen an: Der Aufbruch war für den kommenden Sommer geplant, wir kalkulierten ein vernünftiges Vierteljahr bis zu unserer Rückkehr ein. Ich hatte inzwischen eine befristete Stelle gefunden – der perfekte Lücken- und Kontofüller bis zum Startschuss. Somit blieb uns nur noch eine letzte, *große* Hürde zu meistern: die Erweichung von Christians

Arbeitgeber. Der zeigte sich überraschend unkompliziert, und so kam Christian eines Tages mit einem breiten Grinsen im Gesicht und drei Monaten Urlaub in der Tasche nach Hause. Wir buchten den Flug nach Bischkek für Ende Juli, und wohlige Vorfreude machte sich breit.

Was weder Christian noch mir zu dem Zeitpunkt wirklich klar war: Wir hatten all inclusive eingekauft: einen Bus, viele Ersatzteile und Stefan. Der Gute sollte sich als *die* eierlegende Wollmilchsau entpuppen, speziell, was Fahrzeugtechnik und Globetrotting mit eigenem Fahrzeug betraf. Er kannte den Bus in- und auswendig. Ich möchte nicht vorgreifen, aber natürlich bereitete uns der Subaru unterwegs das eine oder andere Mal Kopfzerbrechen. Dann war Stefan immer zur Stelle. Zwar nicht persönlich vor Ort, aber dank mobilen Internets, das inzwischen in beinahe jeden bewohnten Winkel unseres Planten Einzug gehalten hat, konnten wir fast überall und jederzeit das Know-how unseres Meisters anzapfen, sobald wir selber nicht mehr weiterwussten.

Höchste Zeit, etwas über den Plan, den wir bis dahin ausgeheckt hatten, zu berichten. Das Land Kirgistan (auch Kirgisistan, Kirgisien oder – mein Favorit und garantiertes Gewinnerwort bei *Galgenmännchen* – englisch Kyrgyzstan) ist zwar keine mediale Rampensau und beansprucht in den Tageszeitungen nur wenig Platz für sich. Nichtsdestotrotz konnten damals die meisten Menschen in unserem Familien- und Freundeskreis das Land relativ mühelos zumindest ungefähr Zentralasien zuordnen. Exsowjetisch (wussten auch noch viele), inzwischen aber Träger der ehrenwerten Bezeichnung *Parlamentarische Republik* (hier gab es bereits leichte Unstimmigkeiten, manche tippten eher auf eine Autokratie mit diktatorischem Charakter). Spätestens bei der Frage nach den Nachbarländern, die bei einschlägigen TV-Quizshows wohl schon mindestens 125 000 Euro wert gewesen wäre, wurde es dann jedoch für alle knifflig – ehrlich gesagt, hätten Christian und ich bis zu dem Zusammentreffen mit Stefans Inserat auch einen Joker gebraucht: Kasachstan, China, Tadschikistan und Usbekistan, die quasi jeweils eine Himmelsrichtung für sich beanspruchen.

Vielleicht hat der Durchschnittseuropäer beim Gedanken an diese Gegend unserer Erde dieselben Bilder im Kopf, wie wir sie damals hatten: weite Steppen, darauf vereinzelte Herden wiederkäuender Tiere und einsame Jurten, also große runde Wohnzelte, in denen genügsame Menschen vor imposanten Gebirgszügen leben. Vielleicht waren unsere Vorstellungen auch etwas übertrieben romantisch, aber zumindest waren wir uns einig: Wunderschön müsse es dort sein. Und so wollten wir nicht nur Kirgistan bereisen, sondern die ganze Gegend unsicher machen. Geplant war, nach einem ausgedehnten Aufenthalt in Kirgistan den Weg nach Süden ins benachbarte Tadschikistan einzuschlagen, um dort mit dem Bus die am zweithöchsten gelegene Fernstraße der Welt, den Pamir Highway, zu befahren. Dabei sollte sich der Umbau des Kühlsystems bezahlt machen, den Stefan und Christian im April bewerkstelligt hatten. Der *High*way schlängelt sich nämlich teils in weit über 4000 Meter Höhe durch das Pamir-Gebirge, wo der Siedepunkt von Flüssigkeiten deutlich niedriger ist als auf Meeresniveau. In diesen luftigen Lagen verabschiedet sich die Kühlflüssigkeit bei einem offenen Kühlkreislauf recht flott und auf Nimmerwiedersehen in die Atmosphäre. Das freilich gefällt dem systemteilnehmenden Motor nicht. Unser Bus besaß einen solch hitzköpfigen Kühlkreislauf, der Stefan bereits auf seiner letzten Reise Probleme bereitet hatte. Wenn sich der Subaru an unseren Plan hielt, würden wir den Pamir Highway aber dank des Umbaus problemlos meistern. Anschließend wollten wir uns noch ein bis zwei Wochen Zeit für die Erkundung Usbekistans nehmen und schlussendlich von dort mit dem Bus zurück nach Österreich flitzen. Unseren Berechnungen zufolge lagen mindestens 8000 Straßenkilometer vor uns, bevor wir im Herbst unser maisgelbes Gefährt neben meinem Hermann und Christians rostfreien Sechsjährigen würden parken können.

Aller Anfang ist schwer – dann wird es schwerer

(E. H. Bellermann)

Wie uns Bischkek gefangen hielt

Wie uns Bischkek gefangen hielt

Der siebenstündige Flug nach Bischkek verlief – abgesehen von einem tollwütigen Kind im Grundschulalter mit äußerst gut trainierter Sopranstimme – unspektakulär. Am ersten August landeten Christian und ich in der Hauptstadt Kirgistans. Es war heiß. Keine Spur des kühlen Steppenwindes, den ich mir zu Hause noch so schön ausgemalt hatte. Stattdessen beobachtete ich skeptisch das Hitzeflimmern über den Dächern der Vorstadt, in die wir mit unserem Taxi eintauchten. Über den zahlreichen Schlaglöchern, die wir durchrumpelten, wirbelten im Rückspiegel ockerfarbene Staubwolken auf. Im Winter hatten die Temperaturspitzen der Klimadiagramme Kirgistans noch einladend gewirkt, jetzt regten sie unsere Schweißdrüsen an. Ich hatte mir die Gegend etwas grüner und saftiger vorgestellt, aber da hatte ich der Niederschlagskurve wohl zu wenig Beachtung geschenkt. Wassergeschwängerte Wolken verirren sich im Sommer ganz offensichtlich nur selten nach Bischkek. Die, die es tun, bleiben bei ihrer Durchreise mit etwas Glück an den Hausbergen der Stadt hängen, die sich im Süden auftürmen. Kirgistan wird ja gerne die Schweiz Zentralasiens genannt. Ich finde, das ist eine Untertreibung. Kirgistan hat eine betörend raue Schale: Über – Achtung, festhalten! – neunzig Prozent der Landesfläche sind gebirgig, und alleine unmittelbar vor Bischkek stehen fast so viele Viertausender wie auf dem gesamten Schweizer Territorium. Das muss man sich mal vorstellen, da wird ja selbst der stolzeste Bergfex neidisch!

Christian und ich ließen unsere Rucksäcke im Garten eines Hostels auf den Boden plumpsen und blickten über die Umzäunung. Vereinzelte Wohnblöcke sowjetischer Bauart ragten aus einem Meer aus unzähligen Vorstadthäusern hervor. Dahinter säumte ein beeindruckendes Massiv aus schneebedeckten Gipfeln das Bild der

Wie uns Bischkek gefangen hielt

Stadt. Die Bischkeker lieben ihren Ala-Artscha-Nationalpark, versicherte uns eine Mitarbeiterin des Hostels, er sei besonders am Wochenende ein beliebtes Ausflugsziel zum Bergsteigen, Wandern und Picknicken.

Wir hatten keine Zweifel daran, dass man sich im Tian Shan, dem Himmelsgebirge, zu dem der Nationalpark gehört, ganz wunderbar die Zeit vertreiben konnte. Fürs Erste rissen wir uns aber vom Anblick jenseits des Gartenzauns los und wandten uns wieder unserem Berg an Habseligkeiten zu.

Wir waren in Begleitung von knapp siebzig Kilogramm Gepäck. Ich würde ja gerne behaupten, dass es sich dabei um eine wohldurchdachte Auslese aus Equipment, Breitbandantibiotika und Unterhosen handelte. Gut, seine Fotoausrüstung hatte Christian als Fotograf von Natur aus großzügig bemessen. Aber es hatte sich auch ein Sammelsurium verschiedener Luxusgegenstände eingeschlichen. Eine Frisbee-Scheibe zum Beispiel. Eine zusätzliche Isomatte zur turnerischen Prävention von Christians Rückenbeschwerden. Und acht USB-Sticks vollbeladen mit erlesenster Musik.

Entgegen unserer Reiseerfahrung hatten wir außerordentlich großzügig gepackt. Die Versuchung war einfach zu stark gewesen, wir waren schließlich keine Backpacker mehr, die jedes Gramm Gepäck zu viel zähneknirschend auf ihren strapazierten Schultern tragen mussten. Nein, wir durften uns nun zu den waschechten *Overlandern* zählen, also Reisenden mit eigenem fahrbaren Untersatz. Uns eröffnete sich damit eine ganz neue Welt, die aber ihre eigenen Tücken hatte, wie wir bald feststellen würden. Busfahrpläne und Blasen an den Füßen sollten uns zwar nicht mehr beschäftigen, dafür defekte Temperaturanzeigen und der Geruch und die Konsistenz diverser aus dem Bus austretender Flüssigkeiten. Aber ich greife vor.

Wie uns Bischkek gefangen hielt

Unsere Reise hatte alles in allem also recht gut begonnen, weshalb wir vielleicht eine Klitzekleinigkeit verdrängten: Auf dem Privatparkplatz, wo unser Subaru sich die letzten Monate mit Warten vertrieben hatte, war ein ebenfalls kosmopolitischer VW-Bus dauergeparkt gewesen. Joe, sein Besitzer und Österreicher wie wir, hatte uns etwa zwei Wochen vor unserem Aufbruch kontaktiert: Sein Bus war ausgeräumt worden. Autoradio weg, Batterie weg. Oder besser gesagt: substituiert. Denn die Gauner hatten – der Teufel weiß warum – anstatt des Diebesgutes ein jeweils nicht funktionierendes »Ersatzteil« eingebaut. Kein Scherz. Joe hatte bei seiner Rückkehr nach Bischkek in seinem VW-Bus eine andere Batterie und ein anderes Autoradio vorgefunden. Beide nicht funktionstüchtig. Das Schlimmste aber war, dass auch alle seine Ersatzteile und das High-Quality-Werkzeug aus Europa aus dem VW-Bus gestohlen, gleichzeitig aber *nicht* substituiert worden waren. Solch hochwertiges Material konnte man in Kirgistan gut zu Geld machen.

Christian und ich hatten die Nachricht mit Fassung aufgenommen – zu dem Zeitpunkt hätten wir, wäre unser Bus auch ausgeraubt worden, ohnehin nichts mehr daran ändern können. Außerdem hatten wir zu Hause noch ein gutes Gefühl gehabt, dass mit dem Subaru sicher alles in Ordnung wäre.

Als wir beide uns nun in einem Taxi auf den Weg zu dem Platz außerhalb der Stadt machten, an dem der Bus hoffentlich unversehrt parkte, überkam uns langsam doch ein zart mulmiges Bauchgefühl. Nach wie vor überwog aber unsere Vorfreude. Von einem kleinen Bildschirm aus plärrten und tanzten uns Modern Talking entgegen, die sich in Kirgistan ungebrochener Beliebtheit erfreuen. Der zur Musik wippende etwa 50-jährige Taxifahrer trat ordentlich aufs Gaspedal. Und überfuhr mit lautem Rumpeln eine fette Taube, die nicht schnell genug das Weite gesucht hatte. Durch das

Wie uns Bischkek gefangen hielt

Heckfenster sah ich den hochwirbelnden Federn mitleidig hinterher, während wir in rasantem Tempo weiterbrausten.
Ich versuchte, mich nun mehr auf die Landschaft zu konzentrieren, während Thomas Anders und Dieter Bohlen sich weiter penetrant bemühten, gute Laune zu verbreiten. Die asphaltierten Straßen hatten wir inzwischen hinter uns gelassen, und es wurde hügeliger – wir fuhren direkt auf das Himmelsgebirge zu. Das Taxi schaukelte uns durch eine karge Gegend mit vereinzelten bescheidenen Häusern.

Wir hielten am Tor einer Datscha. Auf dem Grundstück des Wochenendhauses wartete unseren Plänen und Erwartungen zufolge, gut versteckt unter einer Plane, der Bus auf uns. Herzklopfen. Unser Reisegefährt! Nach monatelangem Warten. Bewegungs*auto*nomie! Freiheit!
Irrtümlicherweise hatte ich den unerfreulichen Vogel-Vorfall nicht gleich als schlechtes Omen erkannt, aber es muss sich wohl um eine letale Kollision mit einer Friedenstaube gehandelt haben. Die Begegnung hatte ganz offensichtlich für einen empfindlichen Punkteabzug auf unserem Karma-Konto gesorgt: Unser Bus war nämlich auch geplündert worden. Wir standen im kirgisischen Hinterland vor einem malträtierten Subaru.
Die Hochsommersonne brannte auf unsere Köpfe. Mein Zetern übertönte Christians, eine lange Weile war ich damit beschäftigt, die Diebe und all ihre Nachkommen aufs gröbste zu verfluchen. Wie gemein sie doch waren! Wie konnte man ein Autoradio bloß so unsanft seiner Wiege entreißen? Und wie kaltherzig musste man erst sein, um einem Reisenden so essenzielle Dinge wie den wärmenden (und sauteuren) Schlafsack zu entwenden? Denn vieles an Equipment, das im Bus gewesen und entwendet worden war, hatte Christian im April bereits mit nach Kirgistan gebracht. Wie

gut, dass ich seinen Schlafsack nicht gewaschen hatte, viel Freude damit! Und sogar mein Nähzeug hatte dran glauben müssen, alles weg! Irgendeine schadenfrohe Diebesgemahlin würde wohl in wenigen Monaten vergoldete Nähnadeln samt einer breiten Farbpalette an Garnen unter dem Weihnachtsbaum finden oder nach dem nächsten Ramadan beim Fest des Fastenbrechens als Überraschungsgeschenk von ihrem stolzen Gatten überreicht bekommen. Ironischerweise war auch unsere supertolle diebstahlsichere Tasche geklaut worden – die nur dann diebstahlsicher war, wenn man sie auch ankettete. Als besonders schmerzhaft empfanden wir aber, dass unser ganzes Markenwerkzeug verschwunden war. Wegen der fehlenden zwei abgefahrenen felgenlosen Reifengummis waren wir ihnen hingegen weniger böse, denn den einzigen Reservereifen *mit* Stahlfelge hatten sie dagelassen – der war ihnen wohl zu schwer gewesen. *Luschen.*

Als wäre das allein noch nicht genug gewesen, war auch die Beifahrertür beschädigt, und die Heckklappe ließ sich nicht mehr öffnen. Letzteres war besonders ungünstig, da wir dadurch keinen Zugang zum Motorraum hatten und somit weder Ölstand noch Kühlflüssigkeit kontrollieren konnten. Kurzfristig fühlten Christian und ich uns so, als wären wir mitten im Tartaros der Overlander gelandet – der griechischen Mythologie zufolge dem schwärzesten Strafort und qualvollsten Teil der Unterwelt.

Der ganze Ärger fiel aber bald unserem Tatendrang zum Opfer, denn: Im Gegensatz zur restlichen Ausrüstung waren unsere Fahrzeugersatzteile größtenteils noch da – die brauchte ja niemand in Kirgistan, Subaru Liberos fuhr hierzulande kein Mensch, wohingegen man VW-Busse, so einen wie Joe ihn hatte, deutlich öfter sah. Außerdem hatten sich die Gauner auch nicht an unserer Batterie vergreifen können, da sie das Schloss der Heckklappe beim Versuch, es zu knacken, ramponiert hatten …

Wie uns Bischkek gefangen hielt

Das Allerbeste war jedoch, dass der Bus ansprang. Problemlos. Wir atmeten erleichtert auf – und dabei intensiv Abgase ein. Die Motorraumabdichtung zum Passagierbereich wurde ihrer Aufgabe nach fast dreißig Jahren Dienstzeit wohl nicht mehr ganz gerecht, weswegen ich dem Bus entgegen aller Proteste Christians augenblicklich den passendsten aller Kosenamen verpasste: Stinki.

Bei uns machte sich ein Gefühl irgendwo zwischen Frust und Erleichterung breit. Auf unserer Fahrt in Dreisamkeit zurück zum Hostel blickten wir wehmütig auf das klaffende Loch im Armaturenbrett, wo wir unsere acht USB-Sticks gerne ihrer Bestimmung zugeführt hätten. Außerdem schielten wir ständig auf das ehemalige Sorgenkind Temperaturanzeige, aber alles war und blieb im grünen Bereich (keine Sorge, die holprige Straße hatten wir natürlich auch stets im Blick).
Christian war, glaube ich, ziemlich erleichtert, dass ich den Bus gar nicht sooo klein fand. Denn seine Dimensionen waren über die Fotos im Inserat kaum zu erahnen gewesen. Mit einer Länge von 3,40 Meter und einer Breite von 1,40 Meter war Stinki wahrhaftig kein Koloss – aber ein Raumwunder! Das zarte Gefährt erinnerte mich nicht nur farblich an eine Camper-Ausgabe von Mr. Beans Auto. Ein Leergewicht von 922 Kilogramm machte ihn fast hosentaschentauglich, dafür würden wir bei jedem Anschieben noch dankbar sein. Ganz klar: Christian und ich begannen bereits, eine emotionale Bindung zu der Keksdose aufzubauen. Diese aufkeimende Liebe sollte jedoch schon gleich zu Anfang leicht auf die Probe gestellt werden.

Wegen der notwendigen Reparaturen infolge der herzlosen Plünderung machten wir uns direkt am nächsten Tag auf den Weg ins Autoviertel von Bischkek. Doch die Fahrt endete schon nach zwei

Kilometern. Man würde vermuten, weil Stinki uns im Stich ließ. Von wegen, Stinki schnurrte anstandslos! Aber wir begegneten erstmals den Plagegeistern, die uns auf dieser Reise noch häufiger beschäftigen sollten: Ein Polizist hatte uns zur Seite gewunken. Wir waren so blöd gewesen, das vordere Kennzeichen nur hinter die Windschutzscheibe zu legen. Damit war es nicht ordnungsgemäß montiert. Das erschien sogar den kirgisischen Ordnungshütern äußerst verdächtig und bedurfte einer besonders eingehenden Prüfung. Dass das Schraubengewinde der Kennzeichenhalterung kaputt war, interessierte den Beamten zu unserem Leidwesen *gar nicht*. Wir hatten wirklich gedacht, dass die paar Kilometer bis zum Automarkt kein Problem werden würden, schließlich befanden wir uns in Kirgistan und nicht unter der bürokratischen Fuchtel Österreichs. Außerdem konnte es unserer Logik zufolge nach unserem holprigen Start am Vortag nur noch bergauf gehen. Aber, falsch gedacht, das Schicksal ist ein Wadenbeißer.

Bevor ich euch den Ausgang dieser unangenehmen Begegnung schildere, ein kurzes Wort zum kirgisischen Verkehr: Für asiatische Verhältnisse empfanden wir das Straßentreiben hier als äußerst geordnet! Christian und ich waren echt überrascht, dass die ganzen Lexus, BMW und Toyota Land Cruiser tatsächlich stehen blieben, schon bevor die Ampeln auf dunkelrot schalteten. Die Leute blinkten (!) noch vor dem Überholen und bei so gut wie jedem nennenswerten Richtungswechsel. Besonders beeindruckend fanden wir, dass die Kühlerfigur vom Mercedes hier nicht als Fadenkreuz zum besseren Anvisieren hilfloser Fußgänger diente – vielmehr blieben auch an Zebrastreifen ohne Ampelregelung viele Fahrzeuge stehen. So viel Ordnung auf der Straße war uns in asiatischen Städten bislang selten untergekommen. So viele Luxusautos aber auch nicht (Russland ausgenommen).

Zurück zu unserem Polizisten, der uns also energisch (so energisch, dass wir leider nicht einfach hätten weiterfahren können, was – wie wir später feststellten – manchmal einfacher war, da man gute Chancen hatte, dass sie einem nicht hinterherfuhren) von der Straße winkte: *»Kontrol!«* Ich umreiße die eineinhalb Stunden Fahrzeugüberprüfungsdiskussion, in der wir uns gewunden und in die Länge gezogen haben wie ein Strudelteig, hier kurz: Im Prinzip verhandelten wir die ganze Zeit mit zwei Beamten in sowjetisch anmutenden Uniformen um die Strafsumme, die sie uns auferlegen wollten. Sie wurde willkürlich einmal höher, dann wieder niedriger. Aufgrund der Sprachbarriere (wir Englisch, sie Russisch) zeichneten Christian und der Polizist ihre jeweiligen Vorstellungen über die Höhe einer (zugegeben nicht ganz ungerechtfertigten) Strafe auf die staubige Heckscheibe des Polizeiautos. Zur Abwechslung verlegte man den Diskurs mehrmals in das brütend heiße Beamtenfahrzeug, wo auf einem Notizblock weiterverhandelt wurde. Christian und ich durchlebten außerdem ein Wechselbad der Gefühle, da ständig das Wort »konfiszieren« (hier deckt sich einmal mehr der deutsche mit dem russischen Wortschatz) in der Luft lag. Wir verspürten nur wenig Lust, unseren Bus schon nach den ersten fünfzig Kilometern in die staatliche Obhut Kirgistans zu übergeben.

Ich für meinen Teil war während der Verhandlungen devot und freundlich zu den Ordnungshütern, dann sachlich-neutral, aber irgendwann wurde mir das Hin und Her zu bunt, und ich begann, ohne Rücksicht auf Verluste zu zetern. Der Polizist und sein Kollege zeigten sich von meinen Allüren zum Glück relativ unbeeindruckt. Sie wirkten ziemlich entspannt und grinsten sogar regelmäßig, daran konnten auch mein negatives Feedback und die bösen Blicke nichts ändern, die ich ihnen in immer kürzer werdenden Abständen zuwarf. Ihre stoische Gelassenheit verdankte

ich wahrscheinlich auch zu einem großen Teil der Sprachbarriere, denn österreichische Flüche decken sich phonetisch sicher nicht mit den russischen. Bei der dreißigsten angedrohten Beschlagnahmung verfiel ich in hysterisches Lachen und trat resigniert den Rückzug an. Ich beschloss, unseren Untergang lieber aus ein paar Metern Entfernung zu beobachten und Christian das Feld zu überlassen. Der hatte sich die ganze Zeit deutlich weniger aufgeführt als ich.
Aber nicht nur wir beide verfolgten in stiller Übereinkunft die Strategie »good cop – bad cop«. Besonders einer der beiden Polizisten schien recht an uns interessiert. Als Christian mit dem anderen Beamten wieder einmal zu Verhandlungen ins Innere des Polizeiautos verschwunden war, fragte er mich, ob Christian und ich verheiratet seien und Kinder hätten. Solch essenzielle Fragen verstand ich auch ohne jegliche Russischkenntnisse. *Ja,* log ich mit grimmigem Gesicht, bemüht, meiner »bad cop«-Rolle treu zu bleiben, schließlich war ich noch nicht in Versöhnungsstimmung.
Irgendwann schaltete sich über das Smartphone eines der Beamten ein inoffizieller Dolmetscher in die Diskussion ein, der nach langem Hin und Her schließlich etwas entnervt meinte, wir sollten uns nicht so anstellen und einfach bezahlen, mehr wolle man ja gar nicht. Um unsere Würde zu bewahren, bemühten wir uns noch ein bisschen um extraborstige Widerspenstigkeit, entrichteten wenig später dann aber zähneknirschend 4000 statt der anfangs geforderten 8000 kirgisischen Som. Die umgerechnet fünfzig Euro entsprachen knapp dem Wochenverdienst eines durchschnittlichen Kirgisen und hatten die Ausdauer der Beamten bei den Verhandlungen sicherlich ordentlich beflügelt.
Der neugierigere der beiden Polizisten sorgte dann am Ende sogar recht gründlich und abschließend für Zucht und Ordnung, denn er rief einen Freund an, der kurz darauf wiederum mit einigen seiner

Freunde bei uns eintraf. Alle zusammen montierten ordnungsgemäß (und kostenlos) in Teamarbeit unser Kennzeichen. Das fanden wir dann wirklich nett. Fast freundschaftlich verabschiedeten wir uns von der kleinen Menschentraube, nicht ohne beim Wegfahren trotzdem etwas misstrauisch in den Rückspiegel zu blicken.

Nach dieser Feuertaufe erreichten wir mit einiger Verzögerung schließlich das Autoviertel. Hier reihen sich entlang einer Straße in endloser Zahl mehr oder weniger vertrauenerweckende Autowerkstätten aneinander, spezialisiert entweder auf Reifenwehwehchen oder Bremsenwehwehchen oder Lackwehwehchen. Keiner repariert alles, aber jeder ein bisschen was. Die Ausstattung der meisten Werkstätten erinnerte uns eher an die einer etwas besser bestückten mitteleuropäischen Privatgarage. Unser gestohlener Werkzeugkoffer dürfte in Kirgistan also schnell Abnehmer gefunden haben – als brauchbare Start-Up-Hilfe für eine neu eröffnete kirgisische Werkstatt zum Beispiel.

Eine Straße weiter lag das Ersatzteilviertel, ebenfalls eine Aneinanderreihung aus kleinen Geschäften, das Sortiment bunt gemischt und gut sortiert. Wir beobachteten viele junge Laufburschen, die hauptsächlich damit beschäftigt waren, mit Ersatzteilen zwischen Werkstatt- und Ersatzteilviertel hin und her zu rennen.

Optimistisch suchten wir Hilfe für Stinkis Wehwehchen. Für das Schloss an der Heckklappe sah es kurzzeitig jedoch düster aus. Überall ernteten wir von den Kirgisen nur hartnäckiges Kopfschütteln und wurden von einer Werkstatt zur nächsten geschickt. Irgendwann landeten wir in einem unscheinbaren finsteren Laden, dessen Besitzer sich endlich der Aufgabe gewachsen fühlte. Mit Recht: Nach der Demontage unseres halben Kofferraumes gab's doch ein Happy End für Stinkis Schloss, es war nun im wahrsten Sinne des Wortes wieder *quietsch*fidel. Juhu! Das zweite Mal an diesem Tag floss kräftig Geld (zu diesem Zeitpunkt konnten wir noch nicht einschätzen, was etwas hier kosten *durfte,* und außerdem zeigten sich manche Kirgisen unglaublich verhandlungsresistent gegenüber Touristen).

Nach diesem Erfolgserlebnis fuhren wir leicht euphorisch zum nächstgelegenen Markt, wo sich gefühlt die Hälfte der fast eine Million Einwohner Bischkeks versammelt hatte. Der Osch-Basar bietet auf engem Raum alles, was das Herz begehrt: In schmalen, stickigen Gängen, die verstopft waren mit einer geschäftigen, zähen Menschenmasse, schoben wir uns vorbei an Polyesterkleidung, Angelruten, Filzdecken, Plastikspielzeug und Haushaltswaren. Und *Komuzen* (oder heißt es *Komuzi* oder *Komuzes*?). Bei einer Komuz handelt es sich um ein dreisaitiges, gitarrenähnliches Instrument ohne Bünde. Lange Zeit vor meinem Besuch am Osch-Basar war ein zartes Pfirsichbäumchen geduldig irgendwo im warmen Licht der Sonne Kirgistans gewachsen, dessen wohlklingendes Holz …

Ja, ich geb's zu, ich konnte nicht umhin, mir als Allererstes eine Komuz zu kaufen. *Gitarre* stand sowieso auf der Einkaufsliste. Außerdem hatten sich unter die Luxusgegenstände unseres Reisegepäcks auch eine Mundharmonika und eine Maultrommel eingeschlichen. Christian und ich waren höchst motiviert, bald als sehr erfolgreiche Unterhaltungskünstler in Jurten aufzutreten. Auch für alle zukünftigen Neuzugänge unserer Band sorgten wir bei dem Besuch am Markt aus: Im neu erstandenen *Made-in-China*-Werkzeugkoffer fanden sich nämlich weitere tolle Instrumente wie Ratschen, Hammer und Sechskantschlüssel.

Wer es schon geahnt hat, erhält jetzt die Bestätigung: Wir bekamen nach dem Marktbesuch große Platzprobleme in unserem Bus. Und es hat übrigens durchaus seine Berechtigung, dass ich dem Thema Gepäck und Ausrüstung hier so viel Aufmerksamkeit schenke. Nicht

Wie uns Bischkek gefangen hielt

weil es so interessant ist, was wir alles eingepackt hatten, sondern weil es schlichtweg das zweitwichtigste Thema gleich hinter Bus-Wehwehchen war, das uns während der Reise beschäftigen sollte. Christian und ich mussten uns immer wieder eingestehen, dass unser Berg an Ausrüstung teilweise mehr Ballast als Hilfe war. Zwar tangierte das Gepäck unsere Schultern kaum, aber der Platz im Bus war doch SEHR beschränkt. Diese Tatsache hielt mich aber nicht davon ab, den Osch-Basar glückselig mit meiner Komuz in der einen und einem dicken Polyesterkopfkissen in der anderen Hand zu verlassen.

Die wieder sanft gewachsene Euphorie des Tages wich im Hostel leider einer erneuten Ernüchterung: Der Bus wollte plötzlich die Kühlmitteltemperatur nicht mehr anzeigen. Und als genügte das nicht, begann er auch noch, Kühlflüssigkeit zu verlieren. Natürlich waren wir äußerst beunruhigt, aber jetzt mal ehrlich, wer wäre das nicht gewesen? Wir waren aber auch verwöhnt, in Europa kommen Fahrzeuge eben nur sehr selten auf die Idee, jegliche Informationsausgabe über die Kühlmitteltemperatur zu verweigern und gleichzeitig Kühlflüssigkeit zu bluten. Das war bisher nicht einmal meinem Hermann eingefallen.

Aber eigentlich waren unsere Sorgen noch Peanuts im Vergleich zu den Problemen manch anderer Overlander, denn wir lernten bald: kleines Gefährt, kleine Sorgen. Großes Gefährt, große Sorgen. Bei unserer Ankunft im Hostel war der hauseigene Parkplatz besetzt gewesen. Von einem *Monster*. Mir war die Kinnlade runtergefallen: ein Unimog in voller Größe, umgebaut zu einem mobilen Heim, Herberge zweier deutscher Abenteurer. Dieser allradgetriebene Kleinlaster der Marke Mercedes-Benz war ein Kaliber anderer Art, da ging nix mehr mit manuell Anschieben oder kurz mal Hochheben zum Reifenwechseln. Beeindruckt waren wir aber nicht nur von dem Gefährt, sondern auch von seinen Besitzern.

Wie uns Bischkek gefangen hielt

Überhaupt bilden die Langzeit-Fahrzeugreisenden eine ganz eigene Gemeinschaft mit teils sehr einzigartigen Geschichten. Manche stecken ihr ganzes Geld in die Konstruktion eines mobilen Heimes so wie andere eben ein Haus bauen. Und fahren damit jahrelang in der Weltgeschichte herum, einige allein, viele zu zweit, manche sogar mit dem Nachwuchs. Praktisch, wenn man dann einen Beruf hat, der reisetauglich ist. Und die Größe der Sorgen scheint durchaus mit der Größe des Fahrzeugs beziehungsweise der Höhe der getätigten Investitionen zu korrelieren. In den kommenden Monaten sollten wir immer wieder besonderen Menschen begegnen, die uns teilhaben lassen würden an ihren Erinnerungen an gebrochene Achsen im hinterländlichen Nirgendwo oder die uns über die Heimtücke von verunreinigtem vermeintlichem Markenmotoröl aufklärten, das die empfindlichen Kolben ihres Motors schnell unbrauchbar werden ließ.

Und so sind die Overlander also von Natur aus ein recht empathisches Volk, das sich besonders dann untereinander verbunden fühlt, wenn jemandes Fahrzeug ein kleines oder größeres Wehwehchen hat. Man hilft sich gegenseitig, wo man kann.

Entsprechend unterstützten uns auch Ananda und Marco, die beiden Unimog-Besitzer aus dem Hostel, nicht nur mit Insiderinformationen und hilfreichen Tipps für Apps und Kartenmaterial, sondern stellten uns außerdem noch ihre Zeit, ihr mechanisches Know-how und eine Elektrobohrmaschine zur Verfügung. Und das mit einer Selbstverständlichkeit, die nur jemand aufbringt, der weiß, wie nahe einem das Kränkeln des eigenen Fahrzeugs gehen kann.

Bei mir äußerte sich die Zuneigung und Sorge um unseren Bus – ähnlich wie bei einer besorgten Katzenmutter – in Form eines Putzfimmels: Ich tänzelte um unseren Schützling herum,

der sich widerstandslos einer küchenschwämmchen- und spülmittelbasierten Generalreinigung unterziehen ließ. Die Sinnlosigkeit des Unterfangens in Anbetracht der staubigen Straßen in Kombination mit der dem Alter geschuldeten Steifigkeit der Türdichtungen war mir durchaus bewusst.
Währenddessen tüftelten Marco und Christian gemeinsam an der streikenden Temperaturanzeige und der neongelben Kühlwasserblutung herum. Hin und wieder musste ich mein Schwämmchen beiseitelegen und mich mit meiner neuen Rolle als Thermometer vertraut machen: »Vanessa, fühl mal! Wie heiß ist denn das? Eher sechzig, siebzig oder sogar achtzig Grad? Müsstest du ja wissen, vom Kochen.«

Das Ergebnis jenes Nachmittags war, dass Stinki sich optisch wirklich sehenlassen konnte. Aber trotz meiner doch recht geringen Messabweichung von plus/minus sieben Grad Celsius erwies sich das Problem mit der auslaufenden Kühlflüssigkeit als äußerst hartnäckig. Vermutlich war eine defekte Dichtung der Wasserpumpe der Übeltäter, und die Wahrscheinlichkeit, ein Ersatzteil für dieses seltene Subaru-Modell in Kirgistan zu finden, ging gegen null. Aber kein Grund zur Panik – *njet problem!*, kein Problem. Das nötige Ersatzteil-Kit dafür war, wie auch viele, viele andere Ersatzteile, in Stefans Bus-Komplettpaket mit dabei und wartete nur auf seinen Einsatz. Aus Mangel an geeignetem Werkzeug und auch aus Furcht, wir könnten irreversiblen Schaden an der Wasserpumpe anrichten, beschlossen wir, die Reparatur in professionelle Hände zu geben. Es gab sie nämlich doch, die Allround-Werkstätten mit Topausstattung. Gerüchten zufolge existierten circa zehn Stück davon in Bischkek, und über unsere neuen Verbindungen zur Overlander-Gemeinschaft konnten wir Kontakt zu einer solchen aufnehmen.

Wie uns Bischkek gefangen hielt

In der besagten Werkstatt trugen die Mechaniker sogar einheitliche Latzhosen, ein untrügliches Zeichen für vertrauenswürdige handwerkliche Kompetenz! Wir hatten das Gefühl, dass die Reparatur unseres Busses neben all den auf Hochglanz polierten (gut, in diesem Punkt konnte Stinki dank der Küchenschwämmchenkur zumindest äußerlich kurzzeitig auch mithalten) BMW, Audi, Mercedes und Lexus für die Mechaniker richtig erfrischend war – *endlich mal wieder gescheit ölig werden*! Die Männer aus der Werkstatt hatten aber sicher nicht nur deshalb ihren Spaß. Christian und ich merkten deutlich, dass sie schwer belustigt anzweifelten, dass wir es mit *dem* Gefährt nach Europa schaffen würden. »Wir schicken euch ein Foto«, versprachen wir, »sobald wir dort sind!«

Am Schluss sorgte ich dann noch für ordentlich Erheiterung bei den Mechanikern, als ich sie etwas verwundert fragte, wie sie denn die Heizung im Bus zum Laufen gebracht hätten, denn weder Christian noch ich hatten einen Schalter dafür gefunden. Dabei war einfach der Hebel zum Regeln der Lüftung nicht nur horizontal verschiebbar, sondern auch herausziehbar. Echt durchtrieben die japanischen Konstrukteure, da wären wir von alleine wohl nie drauf gekommen. Danke, Jungs!

Beim Begleichen der Rechnung dann die nächste Überraschung: Jetzt merkten wir, wie viel zu viel wir am Automarkt für die Reparatur des Schlosses bezahlt hatten … Arbeitszeit kostet in Kirgistan anscheinend so gut wie nichts. Aber Küchenschwämmchen drüber. Die Kühlflüssigkeit schien nun endlich dazubleiben, wo sie hingehörte, und die wackelkontaktige Kühlmittel-Temperaturanzeige funktionierte so weit auch wieder. Christian und ich hatten unsere Gute-Laune-Gesichter zurück.

Alles in allem klingt das jetzt fast so, als wären wir im Umgang mit Stinkis Wehwehchen ziemlich ahnungslos gewesen, oder? Aber noch am selben Tag stand Christian am Parkplatz des Hostels (den wir zu unserer persönlichen Miniautowerkstatt umfunktioniert hatten) vor mir, mit schwarzen Fingern und einem dicken Grinser im Gesicht: Soeben hatte er seine erste Reparatur am Bus ganz alleine hinbekommen und den Status der Scheibenwischanlage von *geht nicht* auf *voll funktionsfähig* geändert. Jippie! Das erste echte Do-It-Yourself-Erfolgserlebnis! Damit waren wir angekommen im Alltag der Overlander, die – darf man ihren Erzählungen Glauben schenken – alle so klein angefangen haben wie wir. O. k., vielleicht nicht mit einem sooo kleinen Gefährt. Aber bei allen schien die Devise zu lauten: *Learning by doing!*

Nach unseren ersten Tagen in Kirgistan waren wir also bereits um einiges schlauer, was Automechanik anging, aber auch von Land und Leuten sammelten wir schnell viele kleine Eindrücke. Zwischen den Reparaturarbeiten am Bus erkundeten wir Bischkek zu Fuß und mit öffentlichen Verkehrsmitteln – in diesem Fall *Marschrutkas,* so die russische Bezeichnung für eine Art Kleinbus-Sammeltaxi mit fester Route, die sich, wer hätte das gedacht, vom deutschen Wort »Marschroute« ableitet. Sowohl Fahrzeuge als auch Fahrer sind von sehr unterschiedlicher Verkehrstauglichkeit, aber mit nur zehn bis fünfzehn Eurocent kann man damit durch die halbe Stadt düsen, ohne dabei Gefahr zu laufen, von irgendeinem Verkehrspolizisten drangsaliert zu werden.
Kirgistan ist ein nomadisch geprägtes Land, dessen Bewohner seit Jahrhunderten regelmäßig von Sommer- zu Winterweide umsiedeln und wieder retour. Das Konzept »Stadt« war deshalb lange relativ unbedeutend. Eine solche Kulturraumverdichtung brauchten die umherziehenden Halbnomaden schlicht nicht. So war Bischkek zu Zeiten der Seidenstraße nicht mehr als eine Karawanenstation. Erst zur Zeit der Sowjetunion wuchs sie zur Metropole heran, weshalb es in Bischkek kaum historische Bauwerke im klassischen

Sinne gibt. Stattdessen spiegelt sich die sowjetische Geschichte unverkennbar im Stadtbild wider. Christian und mich störte diese Tatsache nur wenig, da wir aufgrund des erhöhten Aufmerksamkeitsbedarfes unseres Busses in den ersten Tagen unserer Reise ohnehin einen leichten Hang zur Kulturbanauserei an den Tag legten. Wir folgten keinen Sightseeingrouten, sondern erkundeten planlos die breiten Boulevards und grünen Parks, die mit wuchtigen Statuen zu Ehren irgendwelcher großen Persönlichkeiten gespickt waren. Allesamt mussten sie sehr tapfer, muskulös und wohlgeformt gewesen sein, bei den Skulpturen gab es keine Spur von napoleonischem Kleinwuchs, Buddha-Bauch oder Habsburger Unterlippen.

In den Abendstunden, wenn es etwas abkühlte, taten Christian und ich es den Bischkekern gleich und schlenderten gemütlich über die weitläufigen Plätze, vorbei an Springbrunnen und Blumenrabatten, die die Schwere der grauen Außenfassaden der öffentlichen Gebäude etwas auflockerten.

Obwohl es zu dieser Jahreszeit wenig regnete und es auf den Straßen ziemlich staubig war, machte die Stadt auf uns einen sehr gepflegten Eindruck. Wir lernten Bischkek als eine weltoffene Stadt auf dem Weg in die Moderne kennen. Überall wurde gebaut, asphaltiert und repariert. Auch die alten Sowjetbauten wurden nach und nach durch zeitgemäße Gebäude ersetzt.

Wir hatten ursprünglich erwartet, auf eine eher konservative Gesellschaft zu treffen, schließlich sind drei Viertel der Bevölkerung Kirgistans sunnitische Muslime und ein Fünftel russisch-orthodoxe Christen. Zu Zeiten der Sowjetunion wurde jedoch ein staatlich verordneter Atheismus eingeführt, man schloss Moscheen, Koranschulen und Kirchen. Seit Ende des Einparteienstaates erleben die Religionsgemeinschaften zwar neuen Aufschwung, nichtsdestotrotz wirkt die antireligiöse Staatsdoktrin der UdSSR weiterhin nach. Und so zeigte sich uns die Hauptstadt Bischkek und später auch der überwiegende Rest des Landes recht liberal. Das Tragen des Kopftuches nach der muslimischen beziehungsweise russisch-orthodoxen Tradition beobachteten wir jedoch vermehrt in den ländlichen Regionen.

Besonders die jungen Bischkeker waren auffallend modebewusst und sehr auf ihr Äußeres bedacht. Für die Kalibrierung ihrer modischen und teils auch sozialen Maßstäbe schienen sie ihre Blicke auf Europa beziehungsweise die USA zu richten. Viele von ihnen begegneten uns dementsprechend interessiert und suchten das Gespräch. So auch Natia, eine gebildete junge Kirgisin, die uns in einer Marschrutka aufgabelte. Sie hatte bereits eine Weile in den USA gelebt, arbeitete nun in Bischkek und plauderte, nachdem wir gemeinsam zu einem Milchshake eingekehrt waren, munter drauflos. Ganz ohne Scheu erzählte sie uns, dass sie einen geheimen Freund hatte. Der nicht ihr erster war. Ihre Eltern wollte sie davon aber lieber nicht in Kenntnis setzen. Das offene und modische Auftreten hatte uns im ersten Moment darüber hinweggetäuscht, dass der Aufgeschlossenheit vieler junger Menschen nach wie vor starke soziale Grenzen gesetzt sind.
Je länger Christian und ich uns durch die Stadt bewegten, desto mehr fiel uns auf, dass Bischkek die Heimat vieler verschiedener Ethnien ist. Bis dahin hatten wir in Asien so gut wie nirgendwo eine so bunte Mischung an Gesichtern gesehen: von chinesisch oder mongolisch anmutenden bis hin zu solchen, die uns an Westrussen oder Skandinavier erinnerten. Auch wenn dadurch unsere Antlitze im Bischkeker Getümmel vielleicht gar nicht aufgefallen wären, so enttarnten unsere wenig modebewusste, dafür funktionelle Kleidung und die bunten Rucksäcke uns schon von weitem als Fremde.

Und auch sprachlich wurden wir natürlich meist schnell entlarvt. Mit Englisch kamen wir nur selten weiter, weshalb wir uns bemühten, uns die wichtigsten Fetzen Kirgisisch anzueignen und unser Russisch aufzufrischen. Ein bisschen neidisch schielte ich wieder einmal auf Christians sprachliches Talent. Während ich mich plagte, die Russisch-Basics wieder aus meinem Hirn hervorzukramen, die ich mir auf den letzten Reisen mühevoll erarbeitet hatte, war Christian als beinahe Russisch-Neuling schon bald in der Lage, mühelos Mikrokonversation zu betreiben.

Dafür konnte ich gut kochen, was uns noch häufiger vor einer Fleischvergiftung bewahren sollte. Ich spiele damit keineswegs auf eine Lebensmittelvergiftung aufgrund verdorbener Zutaten an, sondern auf das besonders in kirgisischen Städten überwältigende Angebot an fleischhaltigen Speisen. Die waren zwar wirklich lecker, als Vegetarier hätten wir es im ganzen Land aber durchaus schwergehabt. Alternativ hätten wir uns allerdings von Bier und billigem Wodka flüssig ernähren können, Alkoholika gibt es nämlich nicht nur in Bischkek reichlich. Die (konservativeren) Muslime lassen davon natürlich die Finger. Sie greifen stattdessen zu den traditionellen, fermentierten Getränken aus Milch, Getreide oder Früchten, die an jeder Straßenecke aus Fässern verkauft werden. Bei Temperaturen jenseits der dreißig-Grad-Marke konnten auch wir ihnen nicht widerstehen. Die Verkäuferinnen hatten sichtlich Freude daran, uns alle möglichen Variationen ihrer Säfte anzudrehen, und so freundeten wir uns ziemlich schnell mit den unterschiedlichen Geschmäckern der prickelnden Flüssigkeiten an.

Tadelnde Blicke erntete ich natürlich aus diversen Gründen auch bald. Erstens hatte ich vergessen, dass unbeschwertes Naseputzen in der Öffentlichkeit ganz oben unter den *Don'ts* im Russland-Knigge steht, der auch noch Gültigkeit in den meisten zentralasiatischen Ländern hat.

Zweitens lebten Christian und ich in wilder Ehe. Und da spätestens die zweite Frage nach dem Kennenlernen in Kirgistan die nach dem Familienstatus ist, beschlossen wir, um die doch eher traditionsbewussten Kirgisen nicht allzu sehr vor den Kopf zu stoßen, kurz nach unserer Ankunft in Bischkek zu heiraten (genauer gesagt – und um weiteren verspäteten Glückwünschen vorzubeugen – eine äußerst intakte Scheinehe einzugehen). Der Osch-Basar erschien uns spontan als der geeignetste Ort dafür, da dort die Auswahl an Ringen am größten war.

Mit unserer Spontanhochzeit beugten wir aber nicht nur den missbilligenden Blicken vor, die wilde Ehen ernten, sondern auch einem möglichen Brautklau. Den gibt es in Kirgistan (inoffiziell) nämlich im wahrsten Sinne des Wortes, wie uns sehr drastisch geschildert wurde.

Und diese Praktik, die in Kirgistan *Ala Kachuu* genannt wird, ist wenig heiter. Denn im Gegensatz zu den spielerischen Brautentführungen, die in Mitteleuropa am Hochzeitstag meist ausgelassen und mit Einverständnis der Braut begangen werden, gestaltet sich diese in anderen Kulturkreisen häufig problematisch für die betroffenen Frauen.

Ala Kachuu bedeutet wörtlich »packen und wegrennen«. Diese Bezeichnung ist Programm! Junge Mädchen werden dabei meist von einer ganzen Gruppe von Männern entführt und in das Haus der Familie des selbsternannten Bräutigams gebracht. Dort gibt dann der Großteil der Mädchen dem enormen Druck nach, den die weiblichen Familienmitglieder des Bräutigams auf sie ausüben. In Kirgistan, wo Familie und Fortpflanzung allerhöchste Priorität genießen, wiegen angedrohte Verwünschungen über späteres Unglück in der Ehe und Unfruchtbarkeit schwer. Manch einfallsreiche Familie bedient sich darüber hinaus einer ganz gewieften Methode, um die gestohlene Braut von einer Flucht abzuhalten: Sie legen einfach die Oma vor die Haustür. Ob ein tugendhaftes Mädchen in ihrer Verzweiflung tatsächlich so viel Respekt vor dem Alter hat, um nicht über die alte Frau zu steigen, mag aber bezweifelt werden. Sobald das Mädchen mehr oder eher weniger freiwillig den *Jooluks,* den weißen Brautschleier, angelegt hat, kann man aufatmen und der Oma wieder auf die Beine helfen. Die Braut hat damit nämlich in die Hochzeit mit einem Mann eingewilligt, den sie in den meisten Fällen nicht oder nur flüchtig kennt.

Nicht selten ist der Raub mit (sexueller) Gewalt verbunden, im Internet kursieren unzählige Schauergeschichten betroffener Frauen. Ala Kachuu ist in Kirgistan nicht legal, nichtsdestotrotz werden Schätzungen zufolge fast die Hälfte aller Ehen nach einer solchen Brautentführung geschlossen. Durch die soziale Drangsal und die Angst vor gesellschaftlicher Ächtung landen auch junge Frauen mit fortschrittlichen Zukunftsvorstellungen von Karriere und Unabhängigkeit schnell schwanger vorm Herd und müssen ihre begonnene Ausbildung abbrechen. Unweigerlich musste ich bei der Schilderung solcher Ungeheuerlichkeiten an unsere kurze Begegnung mit Natia denken und daran, ob sie ihre Zukunft wohl selber bestimmen kann.

Scheinverheiratete Touristinnen – auch wenn sie im besten Alter sind – passen zwar bestimmt nicht ins Beuteschema junger heiratswilliger Kirgisen, dennoch wäre ich nach realistischer Selbsteinschätzung keine ganz schlechte Partie gewesen. Gut, vielleicht war ich ein bisschen alt für kirgisische Verhältnisse, aber zumindest 25 Schafe war ich damals allemal noch wert. Und da unter anderem ja auch deshalb geklaut wird, weil eine Entführung billiger ist, als das Brautgeld (etwa im Wert von 25 Schafen) zu bezahlen, waren meine Ängste vielleicht also doch nicht ganz unberechtigt. Außerdem waren meine dürftigen Kenntnisse der hiesigen Sprachen streng genommen sogar als Wertsteigerung zu sehen, schließlich hätte mein loses Mundwerk langfristig die größte Gefahr für eine harmonische Ehe mit einem unerwünschten Ehemann dargestellt. Anfangs war ich mir sicher gewesen, dass es sich bei Ala Kachuu einfach »nur« um eine blöde alte Tradition handelte, die sich in den nächsten Jahren dank global erfolgreicher Dating-Apps verlässlich in die Geschichtsbücher verabschieden würde. Irgendwann würde ich Kirgistan gänzlich sorgenfrei besuchen können (spätestens wenn mein Schafwert nach erloschener Fruchtbarkeit auf null gesunken wäre). Aber damit habe ich mich, glaube ich, gewaltig verschätzt, denn bei Ala Kachuu handelt es sich in seiner modernen Form mit körperlicher Misshandlung und Vergewaltigung beileibe nicht um ein aussterbendes Verhalten. Die verfälschte Vorstellung der Kirgisen von dieser angeblichen »Tradition« lässt sich im historischen Kontext erklären: Mitte des 20. Jahrhunderts kam es zu einer Stalinisierung der Sowjetrepubliken, die gewaltige Umwälzungen in den Gesellschaftsordnungen zur Folge hatte. Dabei nahmen die staatlichen Eingriffe ins Alltagsleben zu, alles Religiöse wurde rücksichtslos eingestampft, eine neue Alltagssprache (Russisch) eingeführt und die Geschlechterrollen zugunsten der Gleichberechtigung der Frauen verändert (damit sie besser beim Aufbau des Sozialismus mithelfen konnten). Auch große Teile der regionalen Volkskultur unterlagen Repressalien. *Traditionen? Folklore? Alles Überbleibsel aus einem rückständigen Zeitalter. Außerdem viel zu individualistisch!* Schließlich wollte man in der Moskauer Zentrale die Kontrolle über die bunt gemischte Bevölkerung der Sowjetunion behalten. Gleichheit wurde ein Grundwert. Nach dem Ende des Einparteienstaates suchten die Kirgisen dann zur Identitätsfindung verstärkt nach vergessenen Bräuchen, viele wurden jedoch in völlig veränderter Weise reaktiviert und hatten mit den alten Traditionen ihrer nomadischen Vorfahren nur noch wenig gemeinsam.

Seit Anfang der 1990er Jahre nehmen Eheschließungen nach Ala-Kachuu-Art zu und sind zu einem verbreiteten, wenn auch illegalen Brauch geworden. Die Diskriminierung von Frauen ist zweifelsfrei ein universelles Thema, das in den verschiedenen Regionen dieser Welt in unterschiedlicher Form und Stärke in Erscheinung tritt.

Ich jedenfalls war gespannt, ob der Ehering mein Leben auf dieser Reise erleichtern würde. So viel sei aber verraten: Ich sollte mich in den kommenden Wochen kein einziges Mal, weder als Frau noch als Ausländerin, ernsthaft bedroht oder geringgeschätzt fühlen.

Unser kleines Tschernobyl

Wie aus Fahrtwind Gegenwind wurde

Wie aus Fahrtwind Gegenwind wurde

Nach einer Woche Aufenthalt in Bischkek hatten wir nicht nur alle Boulevards beschlendert, sondern endlich auch die letzten Schönheitsfehler am Bus beseitigt. Dank einer Dose eines chinesischen WD-40-Kriechöl-Imitats schwangen die Türen jetzt so gut, dass – Obacht, Finger! – der kleinste Windhauch sie zublies. Nur die starrsinnigen Holme der Heckklappe quietschten noch immer, dafür hatte ich am Markt passende Zierkäppchen für einige der verlassenen Schraubenlöcher der Innenverkleidung ergattert, deren Verschluss mir äußerste Befriedigung verschaffte.

Inzwischen hatte sich Stinki aufgrund seines einzigartigen Charakters bereits mindestens so viele Freunde im Hostel gemacht wie Christian und ich. Einen davon, einen jungen verwegenen Schotten, luden wir stolz zur Feier des Tages als ersten Besucher überhaupt auf ein Dosenbier in unser kleines geputztes, endlich fahrbereites Reich ein. Natürlich nutzten wir die Gelegenheit sogleich, um die ganzen Raffinessen, die der Bus zu bieten hatte, zum Besten zu geben: schwuppdiwupp, Sitze umgeklappt, und fertig ist die Subaru-Liegewiese! Flott dann noch die Lehnen aufgestellt und die Vordersitze um 180 Grad rotiert, und da ist sie, die Subaru-Indoor-Sitzgarnitur! O. k., zugegeben, ganz so schwuppdiwupp und flott verlief die Vorstellung nicht, ein bisschen Rütteln und tollpatschiges Herumprobieren an den zig Hebeln war schon notwendig (wir vernahmen derweil leises Hüsteln aus dem Publikum). Noch waren wir nicht ganz vertraut mit all den Gadgets unseres Busses (ich erinnere an die überraschende Ingangsetzung der Heizung). Nach dieser eigentlich nicht nennenswerten Blamage war unser Freund Alistair aber dann doch äußerst beeindruckt von der durchdachten Wandlungsfähigkeit und dem für seine Ausmaße recht großzügigen Innenleben des Subaru. Ich übrigens ebenso. Ein solcher Umbau würde uns jetzt jeden Tag,

an dem wir beabsichtigten im Bus zu schlafen, bevorstehen und sollte uns bald sehr leicht von der Hand gehen.
Während es rundherum finster und kühl wurde, saßen Christian und ich an jenem Abend auf der äußerst gemütlichen Subaru-Sitzgarnitur und träumten nicht nur von stillen Steppennächten unter zentralasiatischem Sternenhimmel, sondern auch von lauen, europäischen Sommernächten mit Bus am Max-Mustermann-See oder Max-Mustermann-Bach oder Max-Mustermann-Strand ... Kein Zweifel, der Stinki musste einfach mit nach Hause!

Am Tag null – dem für uns eigentlichen Start unserer Reise – spielten wir noch ein Weilchen Tetris, bevor wir uns endgültig aus dem Staub machen konnten. Gott sei Dank befanden sich Christian und ich etwa auf dem gleichen Niveau, was Ordnungsliebe betraf. Das Einräumen unserer Kisten und Rucksäcke, das aufgrund des beschränkten Stauraumes mit System erfolgen musste, meisterten wir also ganz harmonisch.
»Die Frisbee-Scheibe muss in die Hobby- und Freizeittasche!«
»Die Unterlegscheibe gehört in das Kleinteile-Döschen!«
»Das Klopapier bitte unbedingt unter den Fahrersitz, falls es mal schnell gehen muss!«
Aber der Eindruck tauscht, kleinkariert waren wir keinesfalls. Eigentlich hätten wir sogar als ziemliche Draufgänger durchgehen können. Denn erstens transportierten wir zwei prall gefüllte Blech-Benzinkanister auf dem sonnenexponierten Dachträger unseres Busses. Zu der von mir befürchteten Explosionsgefahr bei starker Sonneneinstrahlung hatte ich mir mehrere, voneinander unabhängige Expertenmeinungen eingeholt, und die Antworten waren einhellig gewesen: »Machen alle so.« Beziehungsweise: *Njet problem.* (An diesem Beispiel wird die wahre Tragweite der Bedeutung dieser entwaffnenden Allzweckfloskel, die wir noch sehr oft hören

sollten, erkennbar.) Sowohl diese einleuchtenden Beschwichtigungen als auch die hohe Zündtemperatur für Motorenbenzin von über 220 Grad Celsius hatten mich dann schlussendlich beruhigt. Und zweitens (bezüglich unseres tollkühnen Draufgängerdaseins) gab Christian gleich energisch Gas, als ein Polizist nach den ersten sieben Kilometern unseres Tages null versuchte, uns zur Seite zu winken. Bestimmt war er hochmotiviert, uns die Laune nachhaltig zu vermiesen! Aber nein, zu unserer Überraschung war er Gott sei Dank zu faul, uns zu verfolgen. *Haha!* Lautes Juchzen und Lachen im Bus, ein High Five, und wir waren uns sicher: In Zukunft würden wir die Probleme mit der Exekutive besser im Griff haben! Christian wurde daraufhin glatt übermütig und hielt später an diesem Tag für eine kurze Picknickpause *direkt* vor einer Polizeistation mit drei gelangweilt herumlungernden Polizisten. Russisches Roulette, dachte ich nur und versagte Christian sofort jeglichen Garantieanspruch auf meine Beteiligung an einer möglichen Strafzahlung. Aber glücklicherweise rochen sie meine Anspannung nicht und ließen uns unbeirrt, gefühlt unbesiegbar und mit vollen Mägen weiterfahren.

Unser erstes Reiseziel war eine der größten Sehenswürdigkeiten Kirgistans, der Issyk-Kul-See. Hatten wir im flachen Stadtgebiet noch vollstes Vertrauen in die 1189 Kubikzentimeter Hubraum und fünfzig Pferdestärken unseres Gauls gehabt, so begannen wir langsam doch, an die steile Streckenführung unserer geplanten Route zu denken, und nahmen uns zu Herzen, was schon Jean Baptiste Racine wusste:

Wer weit zu reisen gedenkt,
muss sein Reittier schonen.

Und so flogen wir auf einer Wolke der Unbeschwertheit mit gemütlichen sechzig Stundenkilometer auf überraschend gut asphaltierten

Straßen stetig leicht bergauf durch die steppenartigen Landschaften des Tschüi-Tals in Richtung Osten des Landes. Denn das, was auf dem Weg an uns vorbeizog, empfanden wir nach den staubigen Tagen in Bischkek als unglaublich schön.

In einem weiten Tal sprenkelten grüne Oasen großzügig die sonst trockene Landschaft. Stellenweise zogen schmale Auenlandschaften an uns vorbei, während die angezuckerten Gipfel des Tian-Shan-Gebirges unsere ständigen Begleiter am Horizont blieben.

Trotz des vergleichsweise geringen Niederschlags ist das Tschüi-Tal landwirtschaftlich ertragreich, verantwortlich dafür ist der Tschüi, einer der wichtigsten Flüsse Kirgistans. Er entspringt im Tian-Shan-Gebirge, dessen bis weit über 7000 Meter hoch ragende Gipfel immer mehr in unsere Nähe rückten. Auch auf unserer Landkarte tummelten sich in Reichweite viele Flüsse, Gebirge und Gipfel, deren exotische Namen ich irgendwann schon irgendwo gehört hatte, höchstwahrscheinlich bei *Universum*, einer wöchentlichen TV-Dokumentationsserie des Österreichischen Rundfunks, die ich als Kind nie, wirklich *nie* verpasst habe und der ich einen Gutteil meiner Vorliebe fürs Reisen in Gegenden verdanke, die etwas abseits der klassischen Touristendestinationen liegen.

Wir waren glücklich, hier zu sein, hier sein zu können, hier sein zu dürfen – wir sahen es nicht als selbstverständlich an. Es war eine Sache, sich fremde Landschaften, die Menschen und ihre Geschichten auf dem Fernsehbildschirm zu Gemüte zu führen, aber eine ganz andere, sich dort selbständig zu bewegen und ein Land mit allen Sinnen zu erleben.

Zu den sinnlichen Erlebnissen gehören natürlich auch alle Arten von kulinarischen Begegnungen. In Kirgistan mussten wir uns keinerlei Sorgen um einen schwindenden Bauchumfang machen: Bei unseren Besuchen von Imbissen und Restaurants bestellten

Wie aus Fahrtwind Gegenwind wurde

wir aufgrund sprachlicher Barrieren und wegen unserer fehlenden Interpretationsfähigkeiten bezüglich der Mimik des hiesigen Bedienungspersonals unabsichtlich gern auch mal für vier Personen. Wer konnte denn wissen, wie groß portioniert Vorspeisen sein konnten? Einen Maßstab fanden wir selten unter den Abbildungen in den Speisekarten, wenn es denn welche gab. Wir orderten also anfangs oft ins Blaue hinein, frei nach dem Motto: *Was sich gut anhört, schmeckt auch gut!* (Und wirklich: *Chleb, Manti, Samsa, Oromo, Hoshan, Ploff, Schaschlik* und *Laghman,* alles furchtbar lecker!) Und vorsichtshalber zu viel als zu wenig, die Reste konnten wir ja einpacken lassen ... Zudem ist die kirgisische Küche sehr reichhaltig. In Kirgistan wird nämlich gekocht wie bei Oma Resi:

> *A wengal a Schwartnfett dazuagschnittn, dass bessa schmeckt, duat nu a bissl an Båtzn Schmalz drauf und da nu an Löffel Grammelfettn drunta, und dass ned goa so fad duat, a Stamperl oder drei Öl dazua. Und hernach gibt's a boa Keksal und Zuckal! Und a weng a Marmalad kriagst a in Tee eini, goi, des schodt da sicha ned, Dirndl!*

Wäre Oma Resi gewillt, ihr Oberösterreichisch-Bairisch einem breiteren Leserpublikum zuliebe abzulegen, hätte sie ihre gut gemeinte Aufwertung aller Speisen in etwa so ausgedrückt: »Ein bisschen Schwartenfett dazu geschnitten, damit es besser schmeckt, dort noch einen Batzen Schmalz drauf und da noch einen Löffel Grammelfett drunter, und damit es nicht so fade ist, ein Schnapsgläschen oder drei Öl dazu. Und danach gibt es ein paar Kekse und Bonbons! Und ein bisschen Marmelade bekommst du auch in den Tee hinein, gell, das schadet dir sicher nicht, Mädchen!«

Wie aus Fahrtwind Gegenwind wurde

Nur dass ich in Kirgistan nicht sagen konnte: »*Oma, danke, gnuagt scho, reicht scho, i kann nimma!*« Einem echten Kirgisen tut die hiesige Kost offensichtlich gut, bewegt der sich doch auch aktiv (zu Fuß oder, wahrscheinlicher, per Pferd) durch die Steppe und in alpinen Höhen und badet in kalten Gewässern! Wir beiden verweichlichten Europäer jedoch, wir Warmduscher, wir uns passiv fortbewegenden Overlander waren auf diese üppige Nahrungszufuhr schlichtweg schlecht vorbereitet. Aber natürlich ist meine Darstellung wie immer maßlos übertrieben, gab es doch stets Salat als Beilage.

Und jetzt bitte Vorsicht, ihr alle, die ihr soeben an eurem mittäglichen Eiweißriegel knabbert, an eurem Gerstengras-Smoothie nippt oder das Leberkässemmerl von der Frühstückspause wiederkäut: Ein neugieriger ausgiebiger Blick in eines der zahlreichen Plumpsklos verriet uns, dass kirgisische Häufchen auch nicht gerade dem gastroenterologischen Idealbild entsprechen. (Für intensiv Klo-Interessierte: Die vorherrschende Toilettenart in Zentralasien ist übrigens die Hocktoilette. Ausführungsvarianten sind das äußerst umweltfreundliche und wassersparende Hock-Plumpsklo und das Hock-Spülklo, wobei bei Letzterem wieder unterschieden werden kann zwischen Spülkastenspülung und Plastikbecherspülung.)

Nun aber wieder zu schöneren Themen. Stinki, Christian und ich ließen das Tschüi-Tal hinter uns, die Gegend wurde wieder trockener, statt Grün zog jetzt hauptsächlich Ocker an uns vorbei. Nur wenige Kilometer von der Hauptstraße entfernt versteckte sich hinter einer unscheinbaren Abbiegung das Fairy Tale Valley (auch bekannt als Skazka-Tal). Vor unseren Augen richtete sich in diesem verzweigten Canyon das Gesteinsmaterial, das sich vor Millionen von Jahren abgelagert hatte, senkrecht auf. Die Erde war hier von einer unbekannten Kraft aufgerissen worden und zeigte nun ihr verletzliches Inneres. Alle nur erdenklichen Erdfarben krochen wie bunte Bänder durch die vergänglich wirkendenden Lehm- und Sandsteinformationen. In der sengenden Sonne leuchteten sämtliche Farbnuancen von Fahlgelb bis Zinnoberrot miteinander um die Wette. Und endlich, *endlich* begegnete ich während einer kleinen Wanderung durch dieses märchenhafte Tal auch ein paar Franzis (*Franzi* ist mein Universal-Kosename für alle hübschen Insekten, Spinnen, Amphibien und Reptilien – nach dieser Taufe sind sie alle potenzielle Opfer meiner sorgsamen Biologenhände). Von Eidechsen bis Gottesanbeterinnen waren alle vertreten.

In der Gluthitze verging uns die Wanderlust leider schnell. Christian und ich suchten Schutz im Bus, wo sich die Wärme aufgrund des minimalst möglichen Fahrtwindaufkommens, das wiederum den äußerst widrigen Straßenverhältnissen geschuldet war, ähnlich unerträglich staute. Erst später bemerkten wir, dass wir einen heftigen Sonnenbrand bekommen hatten, der uns unerwartet hinterhältig über die Lichtreflexion am Armaturenbrett in die Haut gekrochen war.

Am Abend schlugen wir unser Lager am Issyk-Kul-See auf. Dieses Gewässer im Osten Kirgistans ist einer der größten Gebirgsseen der Erde und über 180 Kilometer lang, bis zu sechzig Kilometer breit und bis zu fast 700 Meter tief. Es wird auch das Kirgisische Meer genannt und erfreut sich großer Beliebtheit sowohl bei in- als auch ausländischen Touristen (vor allem bei Russen und Kasachen). Der See liegt auf über 1600 Meter Höhe im Tian-Shan-Gebirge und erinnert an ein mächtiges azurblaues Auge mit steinernen Lachfalten drumherum. Ein Auge, das nie weint, weil es zwar viele Zuflüsse, aber keinen einzigen bekannten Abfluss hat. Und es blinzelt auch nicht, da es selbst bei eisigen Lufttemperaturen von minus zwanzig Grad Celsius niemals gefriert. Das liegt an der raschen Wasserumwälzung im See und an dessen Salzgehalt von 0,6 Prozent. Das klingt zwar nach nicht viel, wollte man aber das Issyk-Kul-Seewasser

Wie aus Fahrtwind Gegenwind wurde

zu Hause authentisch nachkochen, benötigte man immerhin einen gut gehäuften Teelöffel Salz auf einen Liter Leitungswasser (und ein kleines bisschen Zyanid, aber dazu später). Somit konnten wir aus dem Gewässer zwar nicht trinken, aber zumindest verspürten wir beim Zähneputzen keinen Würgereflex, und wir brauchten unsere Spaghetti nach dem Kochen auch nicht nachzusalzen (was praktisch war, denn ich hatte vergessen, Salz einzukaufen). Übrigens wurden aus unseren *Spaghetti al pomodoro* leider keine *Spaghetti con sugo di pesce*, denn der Großteil der ursprünglichen Fischpopulation des Issyk Kul ist bereits verschwunden oder verspeist.

Aber Fakten hin oder her: Das salinische Gebirgsplanschbecken sah schon sehr genial aus mit all den vergletscherten Siebentausendern im Hintergrund, besonders als die untergehende Sonne die weißen Bergspitzen in der Ferne in blutiges Rot tauchte. Während Christian das Spektakel fotografierte, ergriff ich mit meiner Komuz bald die Flucht in den Bus. Denn das Konzert, das die romantische Luft am See nun erschütterte, stammte nicht mehr nur von meinen ersten Gehversuchen auf dem Pfirsichbaumsaiteninstrument. Eine Trillion blutlechzender Franzis hatte uns gewittert und erfolgreich begonnen, unsere bereits übelgelaunte Haut weiter zu malträtieren. Die verfressenen Stechmücken vermiesten uns sogar den nächtlichen Blick auf die Milchstraße, Stinkis Dachluke blieb bis auf weiteres geschlossen.

Wir träumten super in jener Nacht, und vor der traumhaften Szenerie des Issyk-Kul-Sees blieben sogar unsere nächtlichen Rangeleien um wertvollen Schlafplatz im Subaru aus. Kurz nach Sonnenaufgang wurde ich dann aber etwas unsanft geweckt. Der Bus schaukelte. *Ernsthaft?* Wir kannten das schon. Die Kirgisen fanden unseren Stinki nämlich so prima, dass sie keine Gelegenheit ausließen, dran zu rütteln und zu schütteln. Sie wollten sich und der Welt ringsum damit beweisen, dass er sich genau so niedlich anfasste, wie er aussah. Zugegeben, man konnte ihn mit einem trainierten kleinen Finger schon ziemlich aus dem Lot bringen. Und wir ließen den Kirgisen auch meistens ihre Freude, zumindest solange sie nicht allzu übermütig wurden. Aber dass jemand wirklich die Frechheit besaß, in aller Herrgottsfrühe den Bus samt menschlicher Ladung auf Achterbahnfahrt zu schicken, das ging mir dann doch zu weit. Christian schlief seelenruhig, während ich mich mit furchterregender Miene – die eher meiner Anfälligkeit für Seekrankheit als meinem Ärger zuzuschreiben war – aus dem Schlafsack schälte. Aber draußen war niemand. Langsam begann ich, an meinem Verstand zu zweifeln. Seit zwei Tagen hörte ich nämlich auch Geräusche im Bus, die Christian nicht vernahm, und ich erfühlte mit meinen Zehen Erschütterungen in der Bodenplatte des Busses, die Christian nicht spürte. Einzig die wiedergekehrten Kühlwassertropfen, die sich in einer beunruhigenden Regelmäßigkeit von der Unterseite der Wasserpumpe auf den Boden fallen ließen, sah er auch, meine Augen waren also noch in Ordnung. Vielleicht war ich zur Hypochonderin mutiert, eine leichte Veranlagung hatte ich ja, das konnte ich nicht abstreiten. Aber der Waschbeutel am Haltegriff, ein verlässlicher Zeuge der Geschehnisse, schaukelte noch immer, ich war ja nicht blöd. Ein Erdbeben musste es gewesen sein, reimte ich mir zusammen und weckte mit dieser bahnbrechenden Erkenntnis umgehend Christian auf. »Du spinnst«, meinte der.

Aber ich sollte recht behalten. Mit *allem*. Im nahen China hatte die Erde gebebt, berichtete eine Onlinezeitung wenig später. Und auch der Bus hatte die letzten Tage sehr wohl hör- und fühlbare Äußerungen von sich gegeben: Die Verzurrung der Benzinkanister am Dach war nämlich locker geworden, Gott sei Dank bemerkten wir es rechtzeitig, sonst hätten wir womöglich auch eine demolierte

Wie aus Fahrtwind Gegenwind wurde

Windschutzscheibe gehabt. Und dann war da noch das Kühlwasser: Trotz der Reparatur in Bischkek hatte Stinki wieder angefangen zu bluten, mal mehr, dann wieder weniger. Wir parkten also nirgendwo mehr, ohne einen Behälter unterzustellen, und beschlossen, schnellstmöglich nach Karakol ans östliche Ende des Issyk-Kul-Sees zu fahren. In der drittgrößten Stadt Kirgistans, die nur wenige Fahrstunden entfernt lag, fänden wir bestimmt jemanden, der uns würde helfen können.
Denkste!

Über unser wachsendes Netzwerk an Schrauberbekanntschaften bekamen wir schnell eine Werkstatt empfohlen. Sie sah, obwohl die Mechaniker keine Latzhosen trugen, auch einigermaßen vielversprechend aus, und so übergaben wir Stinki erneut vertrauensvoll in die Obhut eines Rudels kirgisischer Fachleute. Ein kapitaler Fehler, wie sich herausstellen sollte. Denn wir verloren in den knapp sechs Stunden, die wir in dieser Werkstatt verbrachten, nicht nur Nerven und noch mehr Kühlflüssigkeit, sondern – *olé, olé* – einer der Kfz-Mechaniker schrottete aus Tollpatschigkeit eine für die Dichtheit der Wasserpumpe essenzielle Keramik-Unterlegscheibe. Zwar hatten wir die ganze Zeit über um die Arbeiter gekreist und mit Adleraugen über jeden ihrer Handgriffe gewacht, trotz stärker werdender Magenschmerzen hatten wir aber im entscheidenden Moment nicht die Reißleine gezogen, denn wie überall lässt sich auch der Fachmann in Kirgistan nicht gerne reinreden. Und so blickten wir bald verstört auf das, was einmal eine Keramik-Unterlegscheibe gewesen war. *Sch...!* Das Ersatzteil gab es höchstwahrscheinlich nirgendwo im Umkreis von 4000 Kilometern. Verzweiflung und Ratlosigkeit unsererseits. Aber: *Njet problem!,* wenn es nach unserem Mechaniker ging. Er klebte den Scherbenhaufen unter unseren skeptischen Blicken kurzerhand freestyle mit Superkleber.

Quetschte das so entstandene Teil in seine ursprüngliche Position. Und wusste dann nicht mehr, wie er die restlichen Teile des Busses wieder zusammenbauen sollte. Wir halfen ihm.

Hierzu ein kurzer Steckbrief der kirgisischen Kfz-Mechaniker: In Kirgistan dient die Bezeichnung Kfz-Mechaniker der Beschreibung einer Person, die sich in Eigenregie fahrzeugmechatronische Kenntnisse mit Hilfe der Trial-and-Error-Methode unter Inkaufnahme irreversibler Fehlschläge angeeignet hat. Die tatsächlichen fachlichen Qualitäten der einzelnen kirgisischen Kfz-Mechaniker sind sehr variabel und liegen in der Realität irgendwo zwischen Grundkenntnissen in der Bedienung eines Sechskantschlüssels und ausgefeilter Expertise in der Reparatur von Automatikgetrieben von Toyota Land Cruisern, wobei die statistische Verteilung keiner normalverteilten Gauß'schen Glockenkurve folgt, sondern eine äußerst linkssteile Verteilung ist (vgl. Abbildung).

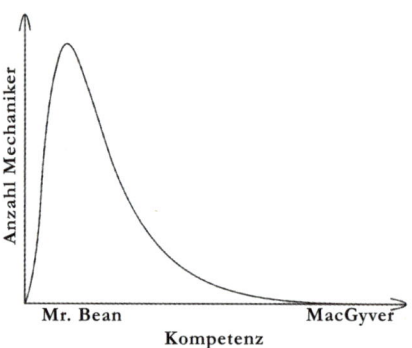

Fachliche Kompetenz-Verteilung
kirgisischer Kfz-Mechaniker

Christian und ich hatten uns aber nicht nur eindeutig zu spät eingemischt, sondern angesichts des Mangels an Alternativen resigniert

Wie aus Fahrtwind Gegenwind wurde

ein Teil einbauen lassen, das Picasso nicht treffender hätte zeichnen können. Am Ende ergriffen wir mit unserem Bus fassungslos die Flucht und hofften, damit zumindest zurück nach Bischkek zu kommen, wo die Chance noch am größten war, ein Ersatzteil ausfindig zu machen.

Wir beide hatten ja bekanntermaßen keine Ahnung von Autos, aber die Mechaniker hier untertrafen uns offensichtlich noch. So viel Inkompetenz hatte ich schlichtweg nicht für möglich gehalten. Aber alle Overlander, mit denen wir im Laufe unserer Reise plaudern sollten, versicherten uns mit hochgezogenen Augenbrauen: »Ihr habt mit euren Mechanikern kein Pech gehabt, nein, das ist schlichtweg einfach so.« Bereits bei der ersten Wasserpumpenreparatur hatten wir also die Goldene Overlander-Regel gebrochen:

> *Lass niemals jemanden an dein Gefährt,*
> *ohne ihm zumindest über die Schulter zu schauen,*
> *allzeit bereit einzugreifen. Niemals.*

Für diesen Regelbruch sollten wir noch schwer bezahlen.

Also fuhren wir mit unserem Patienten wieder in Richtung Westen, zurück nach Bischkek, je ein Auge konstant auf der Temperaturanzeige, das andere abwechselnd zwischen Straße und Szenerie hin und her schweifend. Am Issyk-Kul-See lockte uns unverhofft ein verlassen wirkendes, landschaftlich vielversprechendes Seitental, das Barskoon-Tal. Draufgänger, die wir waren, rissen wir das Lenkrad herum – nur kurz ein paar Kilometer reinfahren, die Sonne stand doch gerade so schön! Vorbei an einer kleinen Jurte, fünf Schafen, drei Pferden und einem skeptisch dreinblickenden Reiter, oh, und da vorne vielleicht noch ein bisschen die Serpentinen hoch? In etwa so weit kamen wir. Dann plötzlich: Neongelbes

Wie aus Fahrtwind Gegenwind wurde

Kühlwasserblut sprenkelte die staubige Schotterstraße. Stinkis Aorta musste soeben geplatzt sein, wir blickten verzweifelt auf das Malheur, das sich eindeutig im Rückspiegel abzeichnete. Aber noch wollten wir nicht an den Untergang glauben, drehten um und traten aufs Gas, Hauptsache schnell raus aus dem verlassenen Tal.

Aber zu spät, eine persönliche kleine Tschernobyl-Katastrophe drohte uns zu vernichten (bitte äußerst dramatische Hintergrundmusik vorstellen). Denn nun begann auch noch gegen jede Logik, die Nadel der Temperaturanzeige kontinuierlich zu *sinken*! Der Motor musste eigentlich bereits heißer laufen, als für ihn gesund war, die verbliebene Kühlmittelflüssigkeit musste quasi kochen. Ich hatte wenige Monate zuvor eine offenbar sehr einprägsame Dokumentation über den technischen Hergang des Reaktorunfalls von Tschernobyl gesehen und teilte mein Wissen über alle Hintergründe, die mir in diesem Augenblick relevant erschienen, umgehend mit Christian. Und so war uns beiden Ingenieuren sofort klar: Da konnte etwas nicht stimmen, die angebliche Temperatur des Kühlwassers war viel zu niedrig, der Sensor musste im Trockenen liegen! Im Fahrer- und Kontrollraum unseres Busses kam Hektik auf, in unseren Köpfen arbeiteten wir fieberhaft an einer SOP (*Standard Operating Procedure,* kurz SOP; bezeichnet eine Standardvorgehensweise insbesondere in Bereichen kritischer Vorgänge mit potenziellen Auswirkungen auf Umwelt, Gesundheit und Sicherheit). Selten waren Christian und ich uns so einig gewesen wie über das weitere Vorgehen im Fall Kühlwasserkrise. Erst betätigte Christian energisch das Bremspedal, woraufhin ich augenblicklich den Kontrollraum verließ und flink den Heckklappenöffnungshebel bediente, um uns Zugang zu Laderaum und Kühlwassertanköffnung zu verschaffen. Es zischte, heißer Dampf entstieg dem Behälter. Nachdem sich der Nebel gelichtet

Wie aus Fahrtwind Gegenwind wurde

hatte, bekam ich freie Sicht auf … gähnende Leere! Auch Christian war inzwischen herbeigeeilt, vorgewarnt durch mein Rohrspatzengezeter. Bewaffnet mit einem eierschalenfarbenen Kunststoff-Spezialtrichter (Marke Fackelmann, Durchmesser 120 Millimeter) und einem noch prall gefüllten fünf Liter Kanister neongelben Qualitätskühlwassers (Marke SiberiaAntiFreeze, Wirkungsbereich minus 40 bis plus 120 Grad Celsius) versuchten wir, das Übel abzuwenden. Aber es rann fast ebenso viel Kühlwasserblut wieder irgendwo aus den Tiefen von Stinkis Unterboden raus, wie wir nachfüllten. Also sprangen wir immer wieder zurück in den Kontrollraum, setzten alle Hebel in Bewegung, fuhren ein paar hundert Meter weiter und füllten dann erneut Kühlflüssigkeit nach. Aus dem SiberiaAntiFreeze wurde irgendwann kühles Gebirgsbachwasser mit deutlich verringertem Wirkungsgrad.

Trotzdem erreichten wir mit dieser Strategie einige Kilometer später ein kleines Dorf am Eingang des Barskoon-Tals. Nachdem wir den Bus abgestellt hatten, verlor Christian seine Contenance, und so bekam Stinki zum ersten Mal väterliche Strenge in Form eines hochenergetisch fliegenden Flip-Flops zu spuren. Zu diesem Zeitpunkt verspürten wir beide große Lust, ihn umzutaufen in *Spucki*, *Lecki* oder *Blödi*. (An der Beibehaltung der Endung *-i* kann man allerdings erkennen, dass wir noch immer so etwas wie unerschütterliche Zuneigung für ihn empfanden und selbstverständlich nicht gewillt waren, ihn dort im kirgisischen Nirgendwo auszusetzen.) Schnell scharten sich ein paar hilfsbereite Leute um uns, und der Bus musste sich dem gewohnten Wackeltest unterziehen. Wir versuchten pantomimisch, unser Unglück möglichst dramatisch darzustellen, und konnten mit dem generierten Mitleid sogar ein Taxi organisieren, das uns fünfzig Kilometer weit abschleppte. Die Kraft des Toyota Corolla reichte zwar nicht bis nach Bischkek, aber zumindest bis Bokonbaevo.

Wie aus Fahrtwind Gegenwind wurde

Dort strandete sie dann also, die erschöpfte Besatzung, in einer 10 000 Einwohner zählenden Stadt am idyllischen Ufer des Issyk-Kul-Sees. Es dämmerte bereits, als wir unser Quartier in einer kleinen Frühstückspension am äußersten Rand der Stadt bezogen, und wie es sich für Touristen gehörte, schliefen wir in einer Jurte. Unsere Scheinehe entfaltete dabei bereits ihre angenehme Wirkung: Weil wir jetzt ja offiziell verheiratet waren, schob man uns gleich grinsend zwei der fünf dünnen Matratzen, deren Kopf- und Fußenden sich sonst keusch aneinanderreihten, nebeneinander am Boden zusammen.
Die Unterkunft sollte sich übrigens noch als Glücksgriff herausstellen, denn der Besitzer Abdyrasul und seine liebenswerte Familie würden uns während unseres Aufenthaltes nicht nur mit Rat und Tat zur Seite stehen, sondern auch ein bisschen kirgisische Familienluft schnuppern lassen.

In Bokonbaevo ließ ich nach dem Drama des Vortages mütterliche Milde walten und opferte meine Zahnbürste, um Stinkis Wunden zu säubern. So kam auch ans Licht, dass das Kühlwasser ganz nach Vorschrift aus einer Soll-Ablauföffnung der Kühlwasserpumpe geflossen war. Dort sollte aber nur was rauskommen, wenn in der Pumpe selber etwas nicht stimmt. Ergo konnte in der Pumpe gewaltig etwas nicht stimmen. Immerhin, wir lernten langsam unser Fahrzeug kennen.
Dank des erstaunlich verlässlichen WLANs in der Jurte ermunterte Joe (der Besitzer des ausgeräumten VW-Busses auf dem Dauerparkplatz in Bischkek) uns dann per Smartphone, Stinki selbst zu zerlegen. Unsere Berührungsängste abzubauen. »Das ist ganz einfach«, meinte er, »da könnt ihr nix falsch machen. Alles gut dokumentieren, aufschreiben, aufzeichnen, dann geht auch nix schief.« Wichtig sei nur: Die Verbindungen müssten sich leicht

Wie aus Fahrtwind Gegenwind wurde

lösen lassen, das ginge alles ohne Gewalt. Schuldbewusst dachten wir an unseren letzten Werkstattbesuch, bei dem die Mechaniker die empfindlichen Schraubverbindungen unseres Busses mittels Hebelwirkung durch Rohrverlängerung malträtiert hatten. Wir fühlten uns augenblicklich so elend wie Pumuckl, als er merkte, dass man Goldfische nicht mit Wurst füttern soll. Ich hoffte sehr, dass unser Stinki nicht auch bald mit dem Bauch nach oben schwamm.

Zur Wiedergutmachung gaben Christian und ich unser Bestes: Wir fotografierten gewissenhaft alle Schritte zur Dokumentation, beschrifteten penibel jede einzelne demontierte Schraube. Zärtlich streichelten wir das rechte Hinterrad von der Achse, überredeten einfühlsam den äußerst anlehnungsbedürftigen Deckel des Wasserpumpengehäuses, sich doch bitte endlich abzulösen, kitzelten sanft das Flügelrad der Pumpe heraus und sahen, dass die flegelhaft eingebaute Picasso-Keramik-Unterlegscheibe gnadenlos eine dahinter liegende Gummidichtung zerfleischt hatte. Beides waren Teile, die wir in Bischkek hatten wechseln lassen, und somit Teile, die wir nicht mehr in unserer Ersatzteilkiste vorfanden. Unsere Befürchtungen hatten sich bestätigt: Wir brauchten einen neuen Wasserpumpenflügelradbausatz, und zwar aller Wahrscheinlichkeit nach aus Europa.

An alle, die sich jetzt denken, wir hätten, als wir da so leicht genervt im Innenhof von Abdyrasuls Frühstückspension standen und mit glänzenden Augen das Dichtungspüree in unseren Händen betrachteten, übertrieben weinerlich den Teufel an die Wand gemalt (ich kann euch nämlich hören: »Teil in Europa bestellen, UPS-Expressversand, sechs Tage nach Bischkek und gut is', nicht so viel jammern!«): Euch möchte ich hiermit mit der russischen Zollunion bekanntmachen, der Kirgistan angehört. Die hat es nämlich in sich. In Georgien, das ebenfalls Teil dieser brüderlichen Verbindung ist,

Wie aus Fahrtwind Gegenwind wurde

hatte eines unserer Päckchen einmal ganze zwei Monate im Zoll verbracht – trotz korrekt ausgefülltem Custom-Schein und legalem Inhalt. Sich das Aortenklappen-Ersatzteil aus Europa schicken zu lassen, wäre also nicht nur mit hohen Kosten, sondern wahrscheinlich auch mit einer langen Wartezeit verbunden gewesen, die womöglich die Restdauer unserer Reise aufgefressen hätte. Wir kämpften bei diesem Gedanken mit ziemlichen Magenschmerzen, die alle bisherigen Magenverstimmungen bei weitem in den Schatten stellten. Es war schon erstaunlich, welch Leiden zwei so kleine Bauteile erzeugen konnten.

Als letzter Ausweg blieb uns eigentlich nur, alles an Kontakten und Kontakten von Kontakten auszureizen, um an das Ersatzteil zu kommen. Wir starteten sogar einen kleinen Aufruf in den sozialen Netzwerken, wäre ja schließlich fein gewesen, wenn zufällig jemand jemanden kannte, der jemanden kannte, der demnächst nach Kirgistan fliegen und uns ein 200 Gramm schweres Päckchen mitbringen würde …

Das hört sich jetzt vielleicht so an, als hätten wir tagelang nur geschraubt, telefoniert und in die Tasten gehauen. Für die meiste Zeit in Bokonbaevo stimmte das auch, aber dazwischen gab es für uns durchaus etwas zu erleben. Wir waren ja schließlich nicht nach Kirgistan gekommen, um unseren Mechaniker-Meister nachzuholen. Außerdem hatten wir uns auch ein bisschen was dabei gedacht, uns ausgerechnet nach Bokonbaevo abschleppen zu lassen. Dort sollte nämlich, wie uns bereits in Bischkek zu Ohren gekommen war, ein eigens für Touristen organisiertes Kultur-Event stattfinden, das »Birds Of Prey Festival«. Obwohl Christian und ich stark allergisch sowohl auf Touristenansammlungen als auch auf pseudokulturelle Veranstaltungen reagieren, trauten wir uns trotzdem hin. Ich mag nämlich Nationalsportarten, in denen tote Ziegen vorkommen.

Wie aus Fahrtwind Gegenwind wurde

Und Pferde. Und Greifvögel. Am besten mit Bergpanorama im Hintergrund. Kurz gesagt, so viel unterschieden Christian und ich uns wahrscheinlich gar nicht von den 150 anderen Touristen, die wir dort antrafen, und uns gefiel das Festival so gut, dass wir sogar den paar mitteleuropäischen Socken-in-Sandalen-Trägern wohlwollend gegenüber standen.

Das Programm umfasste unter anderem traditionell kirgisische Musik, Folklore-Tänze und den Aufbau einer Jurte unter Wettkampfbedingungen. Die Konstruktion aus einem runden Holzgerüst, das mit Filz aus Schaf- und Ziegenhaar (seltener Kamelhaar) und Baumwolltextilien verkleidet wird, ist der halbnomadischen Lebensweise ihrer Bewohner angepasst und lässt sich besonders schnell auf- und wieder abbauen. Auf dem Festival stand das Ding in einer beeindruckenden knappen Viertelstunde, der Weltrekord liegt sogar bei nur etwa acht Minuten!

Die plaudernden Leute, einheimische wie ausländische, standen und saßen in Gruppen auf der Wiese, während der Aufführungen klickten die Kameraverschlüsse eifrig. Traditionell gekleidete Musiker und Musikerinnen gaben stolz Volkslieder zum Besten, und während Christian und ich fast ein bisschen neidisch ihrem Gesang mit Komuz- bzw. Maultrommel-Begleitung lauschten, tobte ein wildes Rudel aus kirgisischen und ausländischen Kindern ausgelassen auf dem Festivalgelände herum, die Pfosten der aufgestellten Schaukeln kippten unter deren Übermut gefährlich weit aus ihrer Verankerung, und die kleinen zukünftigen Reitchampions Kirgistans trieben ihre aufblasbaren Hüpfpferde zu Hochleistungen an. Die Stimmung war ausgelassen.

Zu Mittag kehrte etwas Ruhe ein. Mit vollen Mägen machten wir uns dann am Nachmittag auf, dem Höhepunkt und für uns spannendsten Teil des Programmes beizuwohnen. Hatten wir doch eindrucksvolle Bilder von Greifvögeln vor Augen, die majestätisch auf den Armen stolzer Männer mit Fellmützen sitzen, deren strenge, vom Wetter gegerbte Gesichter in die weite Ebene blicken. Und genau so oder so ähnlich stellten wir uns das Kommende vor, schließlich hatte das Festival mit folgenden Worten für sich geworben:

> *Liebe Freunde und Besucher,*
> *das Birds of Prey Festival ist den Steinadlern und Falken gewidmet, die von den Kirgisen verehrt werden. Seit jeher haben Jäger junge Greifvogel-Küken gefangen und nach Hause gebracht, um sie aufzuziehen und zur Jagd auf Tiere auszubilden. In der Vergangenheit konnte ein einziger Raubvogel eine kleine Siedlung bei der Nahrungsbeschaffung unterstützen. Daher wurden diese Steinadler und Falken hoch geschätzt und häufig als Mitglied der Familie behandelt. Menschen, die die Kunst beherrschen, Raubvögel auszubilden, werden Bürkütchü und Kushchu genannt und mit großem Respekt behandelt.*

Wir wurden von den Bürkütchüs und Kushchus und ihren Vögeln nicht enttäuscht. Und diese eingespielten Teams aus Mensch und Tier beeindruckten nicht nur Christian und mich. Trotz der vergnügten Stimmung ringsherum wurde es während der Vorführung des Jagdtrainings ganz still, fast hatte sie etwas Archaisches. Sogar die Jagd der Vögel auf das flauschige weiße Kaninchen verkrafteten die meisten der ausländischen Kinder recht gut.

Die Wogen im Publikum gingen erst wieder richtig hoch, als die Pferdewettbewerbe begannen. Diesen Lieblingsdisziplinen der Kirgisen war wohl auch der hohe Besucheransturm an Einheimischen zu verdanken. Zur Einstimmung wurde *Oodarysh* – Pferdewrestling – ausgetragen, bei dem zwei Reiter versuchen, sich gegenseitig von ihrem jeweiligen Pferd zu ringen. Das Publikum johlte, die Reiter fielen. Etwas abseits des eigentlichen Schlachtfeldes bemühten sich derweil in Ermangelung eines eigenen Pferdes einige halbstarke Burschen, auf kleinen Eseln eine ebenso gute Figur zu machen, wobei die Reittiere ihrem Ruf alle Ehre machten und eher selten das taten, was ihre jungen Herren von ihnen verlangten.

Das Pferdewrestling wurde von der kühnen Demonstration eines Brautklaus abgelöst, bei dem ein junger Bursche versuchte, ein offensichtlich wenig heiratswilliges Mädchen in der offenen Steppe einzuholen. Natürlich wurde auch diese Disziplin auf Pferderücken ausgetragen, und zu meiner Freude war das Mädchen dem Burschen in zwei von drei Runden überlegen. Mein Herz klopfte, ich drehte dankbar an meinem Ehering.

Die Emotionen der Anwesenden aller Nationen begannen schließlich, regelrecht zu kochen, als es beim *Kokboru* – dem Ziegen-Polo – so richtig zur Sache ging. Bei dieser Sportart kämpfen zwei berittene Mannschaften darum, den Körper einer frisch geköpften Ziege ins fremde Tor (meist ein ausgedienter LKW-Reifen) zu bekommen. Die Siegermannschaft darf sich anschließend über ein Barbecue mit zart geklopfter Ziege freuen. Das mitfiebernde Festival-Publikum hätte sogar die temperamentvollsten Fans einer Fußball-WM alt aussehen lassen. Von Zeit zu Zeit schrie es allerdings nicht vor Begeisterung, sondern vor Schreck, wenn einer der Reiter den Radius seines Ritts im Eifer des Gefechts ein bisschen unterschätzt hatte und den Zuschauern etwas zu nahe kam. Regelmäßig flogen bei den gewagten Manövern auch Erdklumpen aus den Hufen der Pferde in Richtung Publikum. Schnell lag ein frischer Duft von Gras und Humus in der Luft. Die gut trainierten Wettkämpfer rissen sich inbrünstig um den mehr als dreißig Kilogramm schweren Körper der tote Ziege, der bei dem wilden

Wie aus Fahrtwind Gegenwind wurde

Gerangel immer wieder ins Gras plumpste. Kaum lag das »Spielgerät« auf dem Boden, hievte es einer der flinken Reiter sofort erneut auf sein Pferd. Dort wurde augenblicklich von allen Seiten daran gezerrt, wobei die ungeübten Augen des ausländischen Publikums Mühe hatten, die toten und lebendigen Fellknäuel und verschwitzten Körper auseinanderzuhalten. Ich betrachtete fast ehrfürchtig die akrobatische Finesse, mit der sich die Reiter bewegten, denn häufig lehnten sie sich im halsbrecherischen Galopp gefährlich weit aus dem Sattel, um die tote Ziege im Vorbeiflitzen zu ergreifen. Absteigen? Niemals! Das wäre eines echten Kokboru-Kämpfers unwürdig gewesen, das sah sogar ich als Laie ein. Weder Christian noch ich hatten uns bis zu dem Zeitpunkt für eine Sportart derart begeistern können – wir plädieren deshalb für eine österreichische Kokboru-Mannschaft!

Am Ende des Tages stoben vor meinen Augen ausgelassen Pferde im weiten Raum der Finsternis herum, als ich müde an die Decke unserer Jurte blickte. Mich überkam plötzlich ein unstillbares Verlangen, sehr bald eines der wilden kirgisischen Rösser mit meinen eingerosteten Reiterkenntnissen zu beglücken.

Aber anstatt uns mit echten Pferden zu beschäftigen, tüftelten Christian und ich am nächsten Tag wieder an dem Problem unseres kränkelnden Blechgauls herum, wir weigerten uns, Stinki einfach so aufzugeben. Wenn wir beide gerade keinen Schraubenschlüssel oder eine Kamera in der Hand hielten, dann einen Dosenöffner. Seit ein paar Tagen gab es regelmäßig Tomaten-Gurken-Salat mit blubberndem, russischem Dosenfisch oder undefinierbarem, katzenfutterartigem Dosenfleisch. Die Zubereitung dieser kulinarischen Schmankerl ging einfach schneller, als essen zu GEHEN ins weit entfernte Zentrum, wir hatten jetzt ja kein

Wie aus Fahrtwind Gegenwind wurde

(fahrendes) Fahrzeug mehr, und somit war jeder Meter Fortbewegung wieder eine logistische Meisterleistung.

Noch waren unsere Beine aber nicht ganz eingerostet, und um der fortschreitenden Muskeldegeneration entgegenzuwirken, streiften wir nun nicht mehr nur, um uns mit Gemüse, Konservendosen und Melonen einzudecken, regelmäßig durch die staubigen Straßen unserer Nachbarschaft, sondern auch um unsere Füße zu vertreten. Tagsüber begegneten wir dabei überwiegend Kindern und alten Leuten. Die älteren Semester winkten uns herzlich zu sich heran, um uns dann auf Russisch auszufragen. Aufgrund unserer fehlenden Sprachkenntnisse war die visuelle Untermalung des Gesagten unverzichtbar, und so erforderten die Plaudereien auf beiden Seiten Ganzkörpereinsatz. Auch unsere Eheringe leisteten bei diesen Begegnungen gute Dienste.

Im Gegensatz zu den geschäftigen Alten wirkte der Bokonbaevo'sche Nachwuchs gelangweilt und seiner ausgedehnten Sommerferien überdrüssig. So wurden angebundene Kühe mit Steinen beworfen und exotische Besucher übermütig mit rostigen Fahrrädern umkreist. Da Russisch auch in der Schule inzwischen aus der Mode gekommen war, unterhielten sich die Kinder mit uns auf Englisch. Die mutigsten probierten die wichtigsten Sätze, die sie sich über die Ferien gemerkt hatten, an uns aus und freuten sich im Gegenzug über neue Vokabeln und Phrasen rund um Österreich, Reisen, Kühe, Steine, Moral und Empathie. Damit haben die Kinder im anschließenden Schuljahr sicher geglänzt!

So zogen wir unsere Bahnen immer weiter um die Nachbarschaft, bis Christian und ich eines Tages etwas außerhalb von Bokonbaevo vor einem muslimischen Friedhof standen. Mit Stinki waren wir bereits häufig an den stets etwas abgelegenen Gräberfeldern vorbeigefahren, hatten aber aus Pietät nie einen betreten. Hier in der ausgedörrten Landschaft wirkte jedoch sogar der Friedhof verlassen, weshalb wir annahmen, dass weder die Toten noch die Lebendigen etwas dagegen hatten, wenn wir ihn uns aus der Nähe ansähen. Die Anlage war wirklich hübsch, viele Gräber waren lehmfarben und verschmolzen mit den gleichfarbigen Bergen im Hintergrund. Die meisten Ruhestätten waren von geschmiedeten Halbmonden gekrönt, die von weitem wie schwebende Sicheln aussahen und dem Friedhof einen märchenhaft abendländischen Anstrich gaben. Adäquat gekleidet schritten Christian und ich die muslimischen Gräber entlang, die alle nach Mekka, der heiligsten Stadt des Islam, ausgerichtet waren. Die meisten waren bescheiden gehalten und höchstens mit einfachen Inschriften und Mosaiken verziert. Ein paar wenige waren aus Lehmziegeln gebaut und erinnerten an kleine Mausoleen mit bunten Malereien auf weiß getünchten Wänden. Besonders auffallend waren vereinzelte Eisenkonstruktionen, die in ihrer Form Jurten nachempfunden waren und mehrere Meter Durchmesser hatten. So lassen sich wohl jene Kirgisen begraben, die mit Herz und Seele Nomaden gewesen sind und ihrer Lebensweise auch nach dem Tod zumindest symbolisch treu bleiben wollen.

Schließlich führten uns die Erkundungstouren an den Fuß eines angrenzenden Berges, den Christian und ich (keuchend) erklommen. Unsere Mühen wurden belohnt mit einem 360-Grad-Panorama des Tian-Shan-Gebirges. Am Horizont erstreckten sich endlos Berge, die von der untergehenden Sonne in rotes Licht getaucht wurden.

Als wir dort am Gipfel standen und kalter Wind um unsere Ohren blies, trug uns dieser plötzlich ferne Muezzin-Gesänge heran. In dieser Szenerie hörten und fühlten sie sich surreal, aber gleichzeitig irgendwie stimmig an. Und auch wenn wir noch immer stark mit unserem Dichtungsschicksal haderten, ließen uns diese Umgebung und der Ausblick alle unsere neongelben Probleme auf einmal sehr mickrig erscheinen. *Deshalb* waren wir nach Kirgistan gekommen. Und so hatte Stinkis Aortenklappen-Defekt auch etwas Gutes, waren wir doch nun ein wenig davon geheilt, die Landschaft nur aus dem Bus heraus zu bestaunen, und führten zumindest unsere Füße wieder ihrer eigentlichen Bestimmung zu: weg vom Gaspedal, rein in die Wanderschuhe.

Nach sechs Tagen in Bokonbaevo dann Licht am Ende des Tunnels. Hilfe kam schlussendlich von 1300 Kilometern weiter nördlich: Aufgrund unserer Hartnäckigkeit bei der Suche nach Aortenklappen-Lösungen waren wir auf einen perfekt Deutsch sprechenden Russen gestoßen, dessen Beruf, Aktivität und Motivation uns lange Zeit gänzlich mysteriös erschienen. Alexander kannte uns zwar nicht persönlich, legte sich aber von der russischen Stadt Barnaul aus mächtig für uns ins Zeug. Um die zeitraubenden Kontrollen der Zollunion zu umgehen, wollte er ein Ersatzteil in Russland auftreiben. Er hatte Zugang zu Ersatzteilkatalogen, da wäre sogar die NSA neidisch geworden. Er recherchierte und telefonierte für uns von Moskau bis nach Nachodka – eine Stadt im fernen Osten Russlands, noch hinter Wladiwostok, nur drei Fußbreit von Nordkorea und einen Sprung von Japan, der Heimat unseres Stinkis, entfernt – *back to the roots!*
An dieser Stelle eine kurze Lobeshymne zu Alexanders Ehren, der, wie er uns später verriet, als Vertriebsleiter bei einem großen russischen Unternehmen im Straßen- und Bergbau tätig war: Er schaffte es nicht nur, ein Ersatzteil (wahrhaftig aus Nachodka!) zu organisieren, sondern tat das auch ziemlich selbstlos und stellte uns seine Recherchetätigkeit nicht in Rechnung. Der Himmel weiß warum, auf jeden Fall gab's dafür vom Universum bestimmt eine Menge Karma-Pluspunkte.

Wie aus Fahrtwind Gegenwind wurde

Aber nicht nur Alexander setzte alle Hebel in Bewegung, damit wir nicht in Bokonbaevo versauerten. Nachdem Christian und ich eine Weile gerätselt hatten, wofür ein Konsulat alles zuständig sein könnte, riefen wir kurzerhand bei der österreichischen Auslandsvertretung in Bischkek an. Die Antwort: »Kein Problem, ihr könnt die Autoteile an unsere Adresse schicken lassen!« Merke: Man darf den Kompetenzbereich der Konsuln nicht unterschätzen! Außerdem hofften wir, dass die hochrangige Adresse möglichen Komplikationen vorbeugen und die Sache etwas beschleunigen würde. Nun verhielt es sich aber so, dass wir unser Ersatzteil nicht einfach zeitsparend von Nachodka an den rechten Ort beamen konnten. Nein, dazu musste man immer noch DPD beauftragen. Und gut Ding braucht eben Weile. So beschlossen wir, die Wartezeit aufs Christkind als Backpacker zu verbringen, unsere Wanderschuhe standen ja bereits in den Startlöchern. Zurück nach Karakol zum Wandern!

Ach übrigens, Christian und ich waren jetzt nicht nur frisch verheiratet, sondern hatten inzwischen auch (für Freunde und Familie überraschend) Nachwuchs bekommen. In ganz zufälliger Übereinstimmung mit meinem kleinen Bruder, dessen Fotos ich auf meinem Smartphone mit mir herumtrug, war unser Sohn zehn Jahre alt, hieß Noah und verbrachte die Ferien bei seiner Oma in Österreich, damit wir in Ruhe auf Reisen gehen konnten. Wieso wir uns so plötzlich für ein Kind hatten erwärmen können? Damit wir auf die Frage, ob wir Kinder hätten – welche nach »Woher kommt ihr?« und »Seid ihr verheiratet?« die dritte essenzielle Frage eines jeden Kirgisen ist –, nicht immer in so über die Maßen mitleidige Gesichter blicken mussten.

Backpacking, Baby!

Als wir den Subaru gegen eine **Marschrutka** tauschten

Als wir den Subaru gegen eine Marschrutka tauschten

Solange wir mit Stinki in unserer kurzen Episode der Overlander-Idylle durch Kirgistan gecruist waren, war alles eitel Sonnenschein, Regenbogen und Einhörner (okay, bleiben wir realistisch: Pferde) gewesen. Der Totalausfall, den wir ja irgendwie selber heraufbeschworen hatten, transformierte uns nun in Windeseile wieder in Backpacker. Und dazu gehörte – wollten wir von Bokonbaevo nach Karakol gelangen – eben auch die Benutzung öffentlicher Verkehrsmittel. Die Hinfahrt in der Marschrutka war gewohnt kostengünstig, wir bezahlten für knapp 150 Kilometer keine zwei Euro pro Kopf – bei einem Verbrauch von sieben bis zehn Litern Benzin wäre unser Stinki trotz relativ günstiger Spritpreise hier definitiv nicht konkurrenzfähig gewesen. Außerdem verlief sie überraschend angenehm. Zum Beispiel stellten sich uns nicht gleich alle Nackenhaare auf, sobald wir ein bedrohliches Klappergeräusch im Fahrzeug hörten. War ja nicht das eigene. Und auch die erhöhten g-Kräfte aufgrund wilden Fahrstils führten im fremden Bus nicht gleich zu großen Beziehungskrisen, sondern eher dazu, dass Christian und ich noch näher zusammenrückten. Und es hatten schon zu viele Fahrgäste vor uns diese Fahrt überlebt, als dass wir ernsthaft um unser Leben gefürchtet hätten. Darüber hinaus, ich wiederhole mich, waren es ja nicht die eigenen Stoßdämpfer, die Todesqualen litten. Gut, das Gerangel der Taxifahrer, das durch die Sprachbarriere verschärfte Herumirren am Busbahnhof, die in unser verweichlichtes Schulterfleisch einschneidenden Träger der Rucksäcke, das ewige Warten auf die richtige Marschrutka, die nervenzermürbenden Preisverhandlungen, die Kekse schnorrenden Mitfahrer, der stechende Pipigestank als Mahnmal für die Leiden längst vergangener Fahrgäste, die sich herzerweichend in Einmachgläser übergebenden Kinder, das alles lassen wir mal beiseite. Es war eine schöne Fahrt, wirklich. Nur Foto-Stopps machen die

Als wir den Subaru gegen eine Marschrutka tauschten

Marschrutka-Fahrer halt keine, aber irgendein Privileg muss man dem Reisen mit Stinki ja auch zugestehen.

Die Stadt Karakol liegt grün am Fuße des Tian Shan. In der näheren Umgebung befinden sich einige der weltweit längsten Gletscher außerhalb der Polarregionen, beispielsweise der knapp sechzig Kilometer lange Engiltschek-Gletscher. Kaum vorstellbar, dass nur ein bisschen weiter südöstlich, aufseiten Chinas, einer der trockensten Orte der Erde zu finden ist, die Wüste Taklamakan. Auch der mächtigste Berg Kirgistans, der 7439 Meter hohe Dschengisch Tschokusu (besser bekannt unter seinem russischen Namen Pik Pobedy, der übersetzt so viel heißt wie »Sieges-Gipfel« in Anlehnung an den sowjetischen Sieg gegen das nationalsozialistische Deutsche Reich im Zweiten Weltkrieg) war auf den Landkarten nur unweit von Karakol eingezeichnet. Unser erster kirgisischer Siebentausender in Griffweite.

Aber so überambitioniert waren Christians und meine Pläne dann doch nicht. Stattdessen planten wir, eine berechenbare Drei-Tages-Wanderung zu machen. Am ersten Tag wollten wir von Karakol aus in ein Tal bis zum Base Camp des Pik Karakol, einem Fünftausender, hineinmarschieren. Am zweiten Tag würden wir dann in einer Linksschleife zum Alaköl-See aufsteigen, den Alaköl-Pass auf über 3800 Meter überqueren und fröhlich am dritten Tag aus einem Paralleltal wieder heraus zurück nach Karakol wandern. Es war ein schöner Plan. Aber Pläne sind, das lehrt die in Kirgistan besonders schnell wachsende Lebenserfahrung, in erster Linie dazu da, durchkreuzt zu werden.

An Tag eins unserer Exkursion stapften Christian und ich planmäßig und begleitet von kühlem Nieselregen in Richtung des Base Camps. Dabei tat sich gleich hinter den ersten Wegbiegungen ein wunderschönes Tal auf, ein Anblick, wie man sich Kirgistan eben vorstellt. Oder Tirol, sofern man die Kühe durch weidende Pferde ersetzt. Sanftgrüne Wiesen, ein mäandernder, türkisblauer Fluss, links und rechts davon hoch aufragende Berge, deren höchste Spitzen stolz Omas dicke Weihnachtskeksglasur trugen.

Wir wanderten durch eine beinahe vertraut anmutende Landschaft, bis wir am Nachmittag weiterhin planmäßig am Base Camp ankamen. Dort entrichteten wir pflichtgetreu eine geringe Stellgebühr für unser Zelt an einen Nationalpark-Ranger, der uns schon von weitem mit Argusaugen beobachtet hatte. Frohgemut machten wir uns auf dem weitläufigen Gelände auf die Suche nach einer geeigneten Stelle. Nachdem wir energisch einen weiteren Ranger, der uns erneut zur Kasse hatte bitten wollen, abgewimmelt hatten, fanden wir endlich ein perfektes Plätzchen zum Campen. *Perfekt*, sag ich nur.

Der Hunger half mit, das Zelt flott aufzubauen, und als wir dann mampfend vor einem dampfenden Topf voll mit Instantnudeln saßen, schweiften unsere Blicke zufrieden über die saftig grüne Ebene, die uns umgab. Es dauerte aber nicht lange, und die trügerische Idylle bekam erste Risse, nämlich ziemlich genau im selben Moment, in dem wir einen uns Menschen weniger vertrauten Blickwinkel einnahmen: Wir schauten nach oben. Und sahen, dass die Flanke eines durchaus hübschen Berges wie ein vorquellender Fettleberbauch über uns schwebte. Wir reagierten vorerst gelassen, bestimmt hatten schon viele Wanderer vor uns eine Nächtigung hier überlebt. Als wir dann ein anderes Hiking-Pärchen, das in einiger Entfernung an unserem perfekten Zeltplatz vorbeispazierte, dabei beobachteten, wie es erst auf unser Zelt, dann auf die überhängende Steilwand und dann wieder skeptisch auf unser Zelt blickte, ließen wir uns doch aus der Ruhe bringen. Zunächst ging ich einmal die nähere Umgebung ab und drehte alle Steine um. Ich erhoffte mir dadurch Einblick in die zeitliche Abfolge der Steinschlag-Vorgänge auf dieser Wiese zu gewinnen: Fand ich unter einem Stein braune Erde mit sich windenden Regenwürmern, so war das gut. Gelbes Gras hingegen sprach für Steinschlag in mittlerer Vergangenheit, und grünes Gras unter einem Stein bedeutete, wie ihr euch zusammenreimen könnt, unmittelbare Gefahr. Trotz ausbleibender sublithischer Grüngras-Funde parkten wir unser Zelt nach langen Diskussionen über zerquetschte Organe und Schädel-Hirn-Traumata doch noch um. Sicherheitshalber.

Neben diesem Fettleber-Berg-Vorkommnis gab es aber noch andere Vorzeichen, die wir richtig hätten deuten können. Keine überfahrenen Tauben oder herabstürzenden Adler, nein, solch eindeutige Symbole nahenden Unheils konnte ich inzwischen tadellos interpretieren. Es waren eher subtile Vorkommnisse: Christians Stirnlampe gab ihren Geist auf, spontaner Kabelbruch. Ich hatte anstatt der Fett-Gesichtscreme gegen die Kälte versehentlich meine Haarkur mitgenommen – unsere Gesichtsbehaarung jubelte. Und eine Gang halbstarker Stiere begann – angelockt von den vollbusigen Kühen im Base Camp, die übrigens die einzigen Tiere weit und breit waren, die angebunden waren – schon in den Nachmittagsstunden, uns Handvoll Besucher zu schikanieren. In einem Anfall postpubertären Hormonrausches fühlten sie sich unbesiegbar, wetzten übermütig ihre Hörner an den Zeltstangen, lutschten selbstbewusst an den Befestigungsschnüren und hatten offensichtlich Spaß daran, immer wieder angriffslustig auf eingeschüchterte Touristen zuzutraben und kurz vor dem Zusammenstoß schadenfroh abzudrehen. Nicht einmal der berittene Hirte und seine Hunde konnten dem Treiben ein nachhaltiges Ende setzen. Unser neuer Zeltstellplatz war also streng genommen auch nur beschränkt sicherer, als der alte es gewesen war.

Müde wickelten Christian und ich uns nach Einbruch der Dunkelheit in unsere Schlafsäcke ein. Während uns die Kälte der klaren Bergnacht direkt in die Knochen kroch, schlichen dunkle, schnaubende Schatten am Zelt vorbei. Wer kennt nicht diesen kurzen Moment vor dem Einschlafen, den man lieber nicht mit lebhaften Phantasien über mögliche Tode durch Felssturz oder kirgisische Killerkühe verbringen möchte?

Noch in derselben Nacht bahnte sich aber das wahre Unheil seinen Weg in die Freiheit. Felsstürze und Killerkühe waren mir spätestens ab Mitternacht herzlich egal. Tag zwei unseres schönen Ausfluges verbrachte ich nämlich mit einer Darmreinigung über beide Ausgänge. Hildegard von Bingen wäre stolz gewesen auf einen so restlos entleerten Verdauungstrakt. Zweifelsohne hatte mich am Vortag Schneewittchens Stiefmutter kalt erwischt: Das frische, klare (in meiner Erinnerung sogar türkisblaue) Bergwasser, das romantisch von einer kleinen Felswand hinabgestürzt war, hatte nicht den Eindruck erweckt, als müsste es vor dem Trinken desinfiziert werden. Die Tabletten zur Wasserdesinfektion hatte ich uns lieber für härtere Zeiten aufgehoben. Weit oberhalb dieses märchenhaften Gewässers, fern unseres geschulten Blickes, dürfte sich jedoch aller Wahrscheinlichkeit nach eine *Syrte* befunden haben, eines jener Hochgebirgstäler auf über 3000 Meter Höhe mit traditioneller Weidenutzung. Und so hatte sich in das vermeintliche Trinkwasser wohl eine ordentliche Portion Kuhkacke gemischt. Wüsste ich es nicht besser, würde ich behaupten, die Stier-Gang war besonders schadenfroh, jedes Mal wenn ich mich im Finstern aus dem Zelt schälte und vorsichtig an ihnen vorbeischlich.

Und Christian? Der hatte das vertrauenerweckende Wasser trotz meiner steten Mahnungen, er solle doch – vor allem in dieser Höhe! – um Himmels willen mehr trinken, nicht angerührt. Folglich wanderte er an Tag zwei bei schönstem Wetter außerplanmäßig alleine und mit leichtem Tagesgepäck zum Alaköl-See hinauf, während ich meine Darmreinigungskur im Base Camp tapfer zu Ende brachte, die Stier-Gang in Schach hielt und auf sein Wiedererscheinen wartete.

Christian kehrte am Abend unversehrt und gut gelaunt mit einer beeindruckenden Beute an Fotos zurück. Als Highlight schimmerte mir vom Display ein stechend blauer Bergsee mitten in einer tristen Geröllwüste entgegen. Während wir uns, fest verpuppt in unsere Schlafsäcke, die Bilder auf seiner Kamera ansahen, überkam mich dann insgeheim aber doch gaaanz kurz ein kliiizekleines Gefühl der Erleichterung, vom Fäkal-Cocktail genascht zu haben. Der steile Aufstieg zum Alaköl-See auf gut 3500 Meter Höhe war für Christian nämlich mit seiner ans Tiefland gewöhnten Lunge gar nicht so ohne gewesen. Mit der gesamten Ausrüstung auf unseren (noch zarten) Overlander-Schultern hätten wir Flachlandratten uns den Pass, der noch etwas höherliegt als der See und ja eigentlich Teil unseres Ausflugplans gewesen war, vermutlich beide hart erkämpfen müssen.
An Tag drei traten wir, da unsere eng bemessenen Essensvorräte zur Neige gingen, den Rückzug über denselben Weg an, über den wir gekommen waren. Ich mit wackeligen Beinen und Christian mit einem angenehm prickelnden Muskelkater.

Das war übrigens an einem Samstag. Uns war schon früher aufgefallen, dass sich zum Wochenende hin die Dichte betrunkener Kirgisen auch in den abgelegensten Bergregionen beträchtlich

Als wir den Subaru gegen eine Marschrutka tauschten

erhöhte. Das Verhalten des zu allen Seiten hin kippenden Reiters, der uns beim Zurückwandern überholte, verwechselten wir deshalb nur kurz mit Schlaftrunkenheit. Aber wer rechnet denn auch damit, dass ein Kirgise am Samstag um neun Uhr morgens den Rausch vom Vortag ausgerechnet auf seinem Pferd ausschläft. Vielleicht hatte er aber seinen Alkoholkonsum bereits am Morgen gewissenhaft fortgesetzt, um seinen Verpflichtungen nachkommen zu können. Schließlich mildert ein kleines Konterbier (österreichisch »Reparaturseidl«) am Morgen quasi *nachweislich* – da seit Generationen überliefert und bewährt – das Unwohlsein, das sich üblicherweise nach einer durchzechten Nacht unangenehm bemerkbar macht.

Wenn auch die positive Wirkung des Katerbiers angezweifelt werden darf, so handelte es sich bei dem schaukelnden Mann, der seine Augen kaum offen halten konnte, zweifellos um einen äußerst verlässlichen Fremdenführer, denn im Gefolge hatte er eine blonde, stoisch stumm reitende Touristin und ihren halbwüchsigen Sohn. Offenbar verfügte das Pferd an der Spitze über mindestens ebenso gute Ortskenntnisse wie sein betrunkener Reiter, es schien den Tross sicher und zielstrebig Richtung Karakol zu führen. Christian und ich zollten diesem Anführerpferd großen Respekt, sollten im Laufe unserer Reise aber noch einigen weiteren Vertretern seiner Art begegnen, die diese Fertigkeit musterhaft beherrschen. Vielleicht waren solche Beobachtungen ein Grund, warum wir das Gefühl hatten, dass man sich im betrunkenen Zustand besonders im ländlichen Kirgistan gern auf ein Pferd schwang, während man das Auto lieber stehen ließ … Ich möchte hier aber keinesfalls einen falschen Eindruck vermitteln: Zwar waren Begegnungen mit betrunkenen Menschen keine Seltenheit, das bedeutet aber nicht, dass dieser Zustand in

Kirgistan gutgeheißen wird! Bei der Schnapsliebhaberei handelt es sich vielleicht um einen Nachlass aus Sowjetzeiten. Viele muslimische Kirgisen jedoch verurteilen (besonders den übermäßigen) Alkoholkonsum und machen einen Bogen um alkoholische Getränke.

Die Einkaufszentren der Kirgisen

Wo Popo-Grapschen zum guten Ton gehört

Wo Popo-Grapschen zum guten Ton gehört

Wie Modern Talking schien auch Dr. Alban in Kirgistan ziemlich eingeschlagen zu haben. Des Öfteren drang uns sein »It's my life« ans Ohr, sogar zweimal in direkter Folge während eines Taxi-Jackpots in Karakol: Wir erwischten tatsächlich knapp hintereinander drei nette *und* ehrliche Taxifahrer. Wer von Zeit zu Zeit im außereuropäischen Ausland unterwegs ist, weiß vermutlich, was ich meine, wenn ich von der zwielichtigen Taxifahrer-Gilde schreibe. Viele Vertreter dieses Berufsstandes gehören wie Autohändler und Versicherungsmakler zu den wohl unangenehmsten Zeitgenossen, die unsere Zivilisation zutage gebracht hat. Unweigerlich muss man aber irgendwann ihre Dienste in Anspruch nehmen. Dem Geruch der unverhohlenen Gier und potenziellen Ausgefuchstheit der Fahrer begegnete ich als gestandene Backpackerin seit einer denkwürdigen indischen Taxi-Pechsträhne prophylaktisch mit maßlosem Misstrauen. Christian war da ein bisschen gelassener.

Oft braucht man auf Reisen ja ein Weilchen, bis man ein Gespür für das örtliche Preisniveau entwickelt hat, und so lange läuft man eben regelmäßig Gefahr, wie eine Weihnachtsgans ausgenommen zu werden. Ich muss zugeben, ich bin relativ preissensibel und strafte nicht nur in Kirgistan unverschämte Angebote, sofern ich sie erkannte, mit Nichtbeachtung. So war ich es dann meist, die – treu unserer Good-cop-bad-cop-Taktik – bei Nennung horrender Fahrpreise zeternd und ohne noch eine Sekunde weiterzuverhandeln das Weite suchte. Christian tat mir dann manchmal ein bisschen leid, aber lieber wanderte ich spätabends durch dunkle Gassen zurück zur Unterkunft, jederzeit bereit, meine prall gefüllte Baumwolltasche allen Bösewichten schwungvoll um die Ohren zu schnalzen, als die saftigen Preisaufschläge für Touristen in Kauf zu nehmen. Die Inflation im Tourismussektor korreliert nämlich

Wo Popo-Grapschen zum guten Ton gehört

direkt mit der Bereitschaft der Reisenden, jeden genannten Preis zu bezahlen. Dabei unterstütze ich natürlich keinesfalls Preisdumping. Aber im Sinne einer nachhaltigen Preispolitik beharre ich doch auf Fairness für beide Seiten.
Falls jetzt diese Vermutung aufkommt: Nein, Christian und ich mussten trotz meiner Sturheit nicht sehr oft in der kirgisischen Finsternis nach Hause trotten, denn Christian hatte bald eine viel bessere Taktik ausgearbeitet: Wir stiegen einfach selbstbewusst in die Taxis ein und fragten erst gar nicht nach den Fahrtkosten, so bezahlten wir am Ende auch nur den regulären Preis.

Und es gibt natürlich auch sie: die Guten der Gilde. Dank ihnen mussten wir auch zum sonntäglichen Viehmarkt nicht zu Fuß spazieren. Der ist für Kirgistan-Besucher eines der Highlights in Karakol, weil man dort sieht, was man in Industriestaaten normalerweise nicht mehr zu sehen bekommt: den Handel mit Nutztieren. Zwischen sechs und acht Uhr morgens ist Hochbetrieb am Viehmarkt, um zehn ist das Treiben schon wieder vorbei. Wir waren um kurz nach fünf dort. Christian hoffte, unerkannt ein paar düstere Szenen mit der Kamera einfangen zu können, solange die Dunkelheit noch die bunten Farben unserer Outdoor-Jacken auffraß. Wir mischten uns unter die große, monotone Masse aus dampfendem Tierfell und braungrau gekleideten Einheimischen. Ein feiner, steter Nieselregen verschärfte die morgendliche Kälte. Mit fortschreitender Uhrzeit vermehrten sich in dem Teig aus Menschen und Tieren die vereinzelten Tupfen bunter Funktionskleidung. Eine kleine Minderheit in teuren Outdoor-Hosen kämpfte sich auf dem riesigen Gelände durch den Morast, tänzelte auf Zehenspitzen um Kackehaufen herum, die Smartphones und Kameras immer schussbereit auf Augenhöhe positioniert.

Wo Popo-Grapschen zum guten Ton gehört

An dem Treiben teilzunehmen, war aber auch wirklich spannend. Gehandelt wurde alles, was gut schmeckte, sich melken und/oder reiten ließ: Rinder, Schafe, Ziegen und Pferde. Und deren Nachwuchs. Außerdem gab es alles an Zubehör, das man eben noch so brauchte: Stricke, Sättel, Zaumzeug. Geflügel wurde offenbar woanders verkauft, wir vernahmen kein einziges aufgeregtes Gackern. Auch Esel und Schweine sahen wir keine. Zum einen verbietet der Koran den Verzehr dieser beiden Tierarten, einem kirgisischen Informanten zufolge hatte sich der Esel in Kirgistan aber auch als Lasttier unbeliebt gemacht. Jedoch nicht aufgrund seiner Sturheit, wie man vermuten möchte, sondern weil man auch in diesem Land nicht vor der Fleischmafia gefeit ist. Die hatte nämlich für einen Skandal gesorgt, als sie das Fleisch ausgedienter Lastenesel als zerkochtes Schaffleisch an nichtsahnende Muslime verkauft hatte.

Ein Tierschutzaktivist hätte hier am Markt seine liebe Müh und Not gehabt. Mit dem Vieh wurde mancherorts nicht zimperlich umgegangen. Unter das Rauschen des menschlichen Geplappers mischten sich entsprechend immer wieder entrüstetes Wiehern, hysterisches Muhen, ängstliches Meckern und widerspenstiges Blöken. Die Tiere schienen, milde gesagt, wenig erfreut zu sein von den ungewohnt straff umgelegten Stricken, den treibenden Schlägen und unbequemen Kofferraumtransporten.

Auch Christian und mir waren nicht alle Handgriffe geläufig, derer sich die potenziellen Käufer routiniert bedienten: Was wir erst als abnormes Streicheln der ausladenden Hinterteile der Fettsteiß-Schafe interpretiert hatten, entpuppte sich als Hands-on-Fett-Messung à la Hänsel-und-Gretel-Hexe.

Ein kurzer biologischer Exkurs zu den merkwürdig ausladenden Hinterteilen einiger hiesiger Weidebewohner: Viele Tiere, die in Steppen- und Wüstengebieten leben, besitzen zur Überdauerung der langen Trockenzeiten spezielle Fettablagerungen. Die Neigung

Wo Popo-Grapschen zum guten Ton gehört

zum Fettansatz am Popo haben Hirtenvölker bei ihren Schafen bereits vor Tausenden von Jahren bei der Züchtung gefördert. Fettsteiß- und Fettschwanzschafe machen gegenwärtig etwa ein Viertel der weltweiten Schafpopulation aus. Es gilt: Je höher der Fettgehalt, desto wertvoller das Schaf.

Zurück zum Marktgeschehen. Diejenigen, für deren Wohlbefinden ich mit meinen bisherigen Schilderungen etwas zu viel auf die Tränendrüse gedrückt habe, kann ich ein bisschen beruhigen: Die meisten Leute gingen doch relativ ordentlich mit den Tieren um. Und mal ehrlich, in Mitteleuropa geht es wohl kaum humaner zu, weder Transport noch Schlachtung dürfte sich dort für das meiste Vieh angenehmer gestalten, nur dass der moderne Konsument weitgehend davon abgeschirmt ist. Auch wenn die Werbung anderes suggeriert, haben bei uns nur wenige Nutztiere die Möglichkeit, so frei auf einer Wiese herumzuspazieren, wie es die meisten in Kirgistan können. Ob jetzt ein asketisch geprägtes Leben auf riesigen kirgisischen Weiden besser ist als ein Leben im engen Stall ohne Zugluft, dafür mit regelmäßiger Fütterung und Klauenpflege, traue ich mich persönlich zwar nicht zu beurteilen. Sicher ist aber, dass der Abschnitt eines kirgisischen Tierlebens, den wir auf dem Viehmarkt zu sehen bekamen, zwar kein angenehmer, dafür aber ein kurzer war, aufgrund dessen kein ausländischer Besucher die hiesigen Praktiken vorschnell verurteilen sollte. Trotzdem trugen ein paar der bunten Touristen einen Ausdruck auf dem Gesicht, als würden Lassie, Black Beauty und Shaun höchstpersönlich vor ihren Augen für die Schlachtung abtransportiert.

Ich stand in dem Gedrängel und sinnierte darüber, wie lange das wohl gut gehen könnte, waren doch viele westliche Touristen recht zartbesaitet und im Grunde ihres Herzens Weltverbesserer. Auch mir war an diesem Morgen nicht bei jedem Anblick wohl zumute. Mit zunehmendem Tourismus würde sich, da war ich mir sicher,

der eine oder andere Kirgise auf dem Karakol'schen Viehmarkt etwas anhören müssen. Schon jetzt waren manche Händler skeptisch gegenüber uns beobachtenden Fremdlingen. Der Großteil der Leute aber freute sich, uns zu sehen, und posierte stolz mit seinen Tieren für das eine oder andere Foto.
Wie es Christian während unseres Besuches am Viehmarkt erging? Er ist ohnehin der Pragmatischere von uns beiden, im Gegensatz zu mir kam bei ihm nie ernsthaft der Gedanke auf, den leckeren *Mantis, Samsas* und *Hoshans* abzuschwören.

Irgendwann hatten Christian und ich genug vom Viehmarkt und waren trotz unserer Stinki-Entzugs-Leiden bereit, uns dem Angebot auf dem Nachbargelände zu widmen: Gebrauchtwagen. Direkt neben dem Viehmarkt lag der Fahrzeugmarkt, auf dem die Kirgisen jeden Sonntag damit verbringen, ihr zweitliebstes Transportmittel nach dem Pferd zu handeln: russische Lada in allen Gebrauchszuständen und Farben, schrottreife VW-Golf, Kleintransporter mit vergilbten deutschen oder niederländischen Firmenaufschriften, aufgemotzte Audi und rostige sowjetische Kfz-Modelle. Dazwischen ein einziges Motorrad – mehr als wir bisher auf den kirgisischen Straßen gesehen hatten. Die besonders charmanten Fahrzeuge guckten wir verstohlen euphorisch an – wir mussten uns unweigerlich der Vorstellung hingeben, damit in Österreich durch die Straßen zu flitzen. Natürlich hatten wir unseren geliebten Bus nicht vergessen, Gott behüte, aber man durfte ja wohl noch träumen. Ein violetter Lada Niva, Baujahr 1990, top in Schuss, hatte es uns besonders angetan. *Der* Wagen auf oberösterreichischen Bundesstraßen, das hätte doch was, oder? Aber noch lieber sahen wir unseren Stinki in Gedanken zu Hause herumfahren. Außerdem brachte ein Kirgise auf den Punkt, was uns unser Bauchgefühl schon hatte vermuten lassen: Es gab zwei

Wo Popo-Grapschen zum guten Ton gehört

Sorten einfältiger Menschen auf dem Automarkt – diejenigen, die horrende Summen für ihr Fahrzeug verlangten, und diejenigen, die diese auch bezahlten. Die Preise schreckten uns am Ende so sehr ab, dass wir mit dem Taxi, ohne eigenes neues Auto, zurück ins Hostel fuhren. Und erst mal ausgiebig frühstückten. Spiegelei mit ganz und gar unvegetarischen Würstchen.

In Karakol selbst gibt es kaum Sehenswürdigkeiten, die eines Eintrages in den Reiseführer würdig wären. Da es aber in der ganzen kirgisischen Republik insgesamt nur recht wenige architektonische Highlights gibt, haben es doch zwei Karakol'sche Bauwerke, die in den Nachbarländern wahrscheinlich keine besondere touristische Aufmerksamkeit erfahren hätten, auf die Hitliste der regionalen Must-Sees geschafft. Dabei handelt es sich zum einen um eine russisch-orthodoxe Kirche, zum anderen um eine dunganische Moschee.

Die Kirche der Heiligen Dreifaltigkeit stammt aus dem 19. Jahrhundert. Um sie erdbebensicher zu machen, wurde sie fast vollständig aus Holz erbaut. Ganz nach russischem Vorbild schmückt sie sich mit fünf vergoldeten Zwiebeltürmchen und einem quaderförmigen Glockenturm. Während der Zeit der UdSSR war das Gebäude als Mehrzweckhalle genutzt worden, was nicht gerade zum Erhalt der sakralen Bausubstanz beigetragen hat. Inzwischen sind die ausschweifenden Partys der sowjetischen Soldaten Geschichte, und nach einer Renovierung wurde das Gebäude wieder seinem ursprünglichen Zweck zugeführt.

Wir betraten die hübsche Kirche mit leicht schwitzigen Händen. Zwar herrschten draußen schon leicht herbstliche Temperaturen, aber wir hatten uns für diesen Ausflug vorsorglich adäquat gekleidet: Sowohl in orthodoxen Kirchen als auch in Moscheen ist es üblich, Kleidung zu tragen, die zumindest die Schultern (besser noch die Arme) und Beine bedeckt. Außerdem ist es nicht schlecht, sich als Frau zum Betreten beider Gotteshäuser zusätzlich ein Kopftuch umzubinden. Will die hosentragende Touristin besonders respektvoll sein, rollt sie sich zusätzlich in einen Wickelrock. So standen Christian und ich also überaus gottesfürchtig gekleidet inmitten von Opferkerzenwärme, Weihrauchdampf und goldenen Ikonen und guckten uns das Innere der Kirche an. Es roch wie in einem alten gutmütigen Holzhaus. Die heimelige Atmosphäre war sicherlich auch dem knarzenden Holzboden und den weiß gestrichenen Holzwänden mit den babyblauen Bordüren zu verdanken. Abgesehen von den mächtig dunkelgrün wuchernden Zimmerpflanzen, die der Kirche etwas Dschungelhaftes verliehen, waren wir beide mit dem Interieur orthodoxer Kirchen bereits vertraut. So wunderten wir uns weder über die mangelnden Kirchenbänke noch über die fehlende Orgel. Christian war ein paar Jahre zuvor in Georgien zufällig in einen orthodoxen Gottesdienst gestolpert und hatte tapfer zwei Stunden lang stehend bis zum Ende ausgeharrt. Die wenigen Bänke an den Wänden sind nämlich nur für Alte und Kranke gedacht. Außerdem ist es in orthodoxen Kirchen nicht üblich, dem lieben Gott Instrumentalmusik vorzuspielen, Instrumente können schließlich nicht beten. Deshalb bedient man sich üblicherweise der menschlichen Stimme. Die liturgischen Gesänge klingen aber keineswegs wie ausgelassene Gospelmusik, sie gleichen eher dem schlichten gregorianischen Choral oder einem einstimmigen Mantra. Das stundenlange meditative Stehen blieb uns beiden an diesem Sonntag aber erspart, wir hatten den Gottesdienst knapp verpasst.

Die dunganische Moschee in Karakol versprühte das Gegenteil von russischem Flair. Sie ähnelte eher einer einstöckigen chinesischen Pagode. Da wir das Innere nicht betreten durften, umkreisten Christian und ich das hölzerne Gebetshaus, dessen filigrane

Schnitzereien ebenfalls in Babyblau strahlten. Neben der zierlichen Moschee stand wie ein babyblauer Bauklotz ein Trafohäuschen, das uns erst Rätsel aufgab. Nachdem der Muezzin kurze Zeit später daraus zu rufen begann, identifizierten wir es überrascht als ausgefallenes Minarett.

Den Stilbruch dieses Gebetsturmes wird der liebe Allah den Dunganen sicher nicht übelnehmen. Sie haben nämlich eine ziemlich bewegte Geschichte hinter sich, die eine kurze Erwähnung wert ist. In China hatte die muslimische Bevölkerung schon vor langer Zeit einen schweren Stand. Im Westen des Landes erhob sich diese Minderheit deshalb im 19. Jahrhundert gegen die chinesische Herrschaft. Der Aufstand zog sich über Jahrzehnte hin, Millionen von Menschen verloren dabei ihr Leben. Als Folge kam es zur Abwanderung von Muslimen ins benachbarte Zarenreich, in dem der muslimisch-chinesischen Minderheit Gebiete zugewiesen wurden, so auch am Issyk-Kul-See. Gegenwärtig machen die Dunganen etwa ein Prozent der Bevölkerung Kirgistans aus, die meisten sprechen als Muttersprache nach wie vor Dunganisch. Das Besondere an dieser Sprache ist, dass sie erst seit Mitte des letzten Jahrhunderts in kyrillischer Schrift geschrieben wird, zuvor benutzte man dafür das arabische und zwischenzeitlich auch das lateinische Alphabet. Angesichts dieser Geschichte der Dunganen erklärt sich natürlich der chinesische Stil der Moschee.

Dieses dunganische Gotteshaus ist einer von so vielen schönen multikulturellen Sprenkeln Kirgistans. Christian und ich lieben diesen Flickenteppich aus Menschen und Eindrücken, der in diesem Land besonders bunt zu sein scheint. Vielleicht auch deshalb haben wir beide ein allgemeines Faible für Märkte. Sie bilden die Schmelztöpfe der Städte, es gibt dort alles, jeder Typ Mensch ist vertreten. Und die vielen frisch zubereiteten, kulinarischen

Wo Popo-Grapschen zum guten Ton gehört

Leckerbissen erst! Nirgendwo sonst begegnet man einer solchen Vielfalt an Leuten, Tätigkeiten und Produkten. Als Besucher aus einem fernen Kulturkreis werden wir von einem Gefühl zwischen Forschertrieb und Sensationsgier durch die exotischen Gassen getrieben, schließlich späht man dabei quasi in die Wohnzimmer der einheimischen Menschen: Man kann sehen, wie sie sich einrichteten, worin sie sich bis zur innersten Schicht kleiden, man riecht und schmeckt, was sie gerne essen, und erfährt, worauf sie Wert legen.

Das kirgisische Muster

Auf Karakols großem Markt stellten Christian und ich fest, dass die Kirgisen Schonbezüge fürs Auto mögen – am allermeisten solche, die mit *dem* kirgisischen Muster (vgl. Abbildung) in allen nur erdenklichen Farben bestickt sind.

Kirgistan ist seit jeher ein nomadisch geprägtes Land. Natürlich wollte der halbnomadisch lebende Kirgise nicht mehr mit sich herumschleppen, als unbedingt notwendig war. Das Nomadendasein wirkte sich folglich negativ auf die Entfaltung einer breiten Palette von Handwerkskünsten aus – wer braucht schon zartbemalte Keramiken, filigran bestickte Tischdeckchen oder virtuose Schnitzereien in seiner Jurte? Dieser Umstand erklärt vielleicht, dass es in Kirgistan gefühlt nur ein einziges traditionelles Muster gibt, das allen Verzierungen auf kirgisischen Filzdecken, Polstern und Autositzschonbezügen zugrunde liegt.

Ich konnte mir ein Grinsen nicht verkneifen, denn ich teile die Begeisterung der Kirgisen für Schonbezüge. Christian hingegen sind alle Formen von Deckchen, Auflagen und Tischtüchern verhasst, besonders wenn sie verrutschen und Falten werfen. An seiner Abneigung konnte leider auch meine ausführliche Predigt über den praktischen Nutzen von Sitzbezügen bei Schaf- und Ziegentransporten im Auto nichts ändern.

Seine Kamera richtete Christian lieber auf die kleinen Buden und Verkäufer, die Sammelsurien thematisch zusammenpassender Waren feilboten. In der einen Ecke des Basars lag das Gewürzschlaraffenland, in einer anderen das Schul- und Nähzubehörviertel und drei Parallelgassen weiter der Pfannen- und Töpfekiez. Vorsicht war geboten, denn sobald wir aus Neugierde eine Hundertstelsekunde zu lange auf ein Ding starrten, wurde sofort vehement versucht, es uns anzudrehen. Dass wir in unserem Gepäck keinen Platz hatten für emaillierte Waschschüsseln, viel zu eng geschnittene Reiterstiefel und giftfarbenes Lego-Imitat für unseren Sohn Noah, schien als Argument nicht zu gelten. Auch nicht, dass wir eben gerade beim Schaschlik-Stand nebenan gegessen hatten und wirklich keine Samsa mehr verdrücken konnten. Die Verkäuferin hielt uns grinsend die köstlich duftenden gefüllten Teigtaschen unter die Nase. Gut, zwei davon fanden dann doch noch Platz, schließlich waren unsere Mägen inzwischen so elastisch trainiert wie die Luftballons vom Weltspartag. Jedem, der uns danach noch weitere Schaschliks, Samsa und Co. andrehen wollte, streckten wir dann allerdings unsere runden Bäuche entgegen, zur kulinarischen Beweisführung: *Wir haben schon gegessen, danke!*

An der Peripherie des Marktes erhöhte sich dann plötzlich das Angebot an hübschen Autositzschonbezügen auffällig. Ein untrügliches Zeichen dafür, dass wir uns langsam dem düsteren Autoersatzteileviertel näherten. Auch wenn wir sicher nichts für unsere extravagante Keksdose fänden, zog es uns doch dorthin, vielleicht hatte der Anblick des Fahrzeugschlachthofes ja etwas Beruhigendes. Schließlich gab es bestimmt Autos, die noch kaputter waren als unseres.

Wo Popo-Grapschen zum guten Ton gehört

Im Autoersatzteileviertel trafen wir Jirgal. Besser gesagt, er traf uns. Während Christian und ich vor den ölig-rostig duftenden Geschäftscontainern standen und miteinander quatschten, hatte Jirgal unsere Sprache als *wahrscheinlich Deutsch* identifiziert. Der junge Mann grinste breit, als wir ihm seine Vermutung bestätigten. Es war nicht das erste Mal, dass uns Kirgisen begegneten, die etwas Deutsch beherrschten. Bei manch älteren, die zu Sowjetzeiten Deutschunterricht genossen hatten, war genug aus der Schulzeit hängengeblieben, um ein bisschen mit uns zu plaudern, andere, vor allem jüngere, hatten Sprachkurse besucht, in der Hoffnung den hart erarbeiteten Wortschatz einmal außerhalb Kirgistans gebrauchen zu können. Wir freuten uns immer, wenn wir uns ausführlicher mit den Leuten unterhalten konnten, denn dabei waren unsere nicht vorhandenen Russischkenntnisse schon ein großes Handicap. Und Englisch war auch meistens keine große Hilfe. Überleben konnten wir zwar gut mit Gestikulieren und Herumfuchteln. Bisher waren wir weder verhungert noch irgendwo im Straßengraben sitzengeblieben, auch hatten wir es bislang geschafft, unser Mobilfunkguthaben regelmäßig aufzuladen. Trotzdem waren wir ob unseres sprachlichen Ungeschickes etwas frustriert, denn der Informationsfluss über Hand und Fuß war doch sehr begrenzt. Gespräche wie solche mit Jirgal ergaben sich selten, wobei der sympathische junge Mann die Gelegenheit hauptsächlich dazu nutzte, um uns über Europa und Einreisebestimmungen auszuquetschen, schließlich hatte auch er den Sprachkurs nicht ganz ohne Hintergedanken gemacht!

Die Einschränkung durch die Sprachbarriere wurde uns am nächsten Tag erneut bewusst, den wir mit einem jungen deutschen Pärchen verbrachten. Lea und Martin waren nämlich des Russischen mächtig. Als wir uns ein paar Tage zuvor im Hostel über den Weg gelaufen waren, hatten wir beschlossen, zusammen einen kleinen Tagesausflug ins Umland von Karakol zu machen. Schon während der einstündigen Taxifahrt zum Ausgangspunkt der Wanderung nutzten Christian und ich unser neues Sprachrohr. Mit Hilfe der beiden Deutschen bombardierten wir unseren grauhaarigen Chauffeur mit den brennendsten Fragen, die sich in uns aufgestaut hatten: »Könnt ihr bitte fragen, warum …? Und wieso …?« Gott sei Dank erwischten wir einen äußerst kommunikativen Fahrer. Und obendrein war er auch noch nett!

An diesem redseligen Wandertag regnete es dank der gefallenen Sprachbarriere geradezu Einladungen von Kirgisen, die uns über den Weg liefen. Die schönste kam von unserem Taxifahrer, als er uns am Nachmittag wieder abholte: »Nächstes Jahr könnt ihr mit mir auf meinen *Dshajloo* kommen. Die 150 Kilometer dorthin fahre ich mit meinem 6×6 Ural. Es gibt keine Straße, dafür aber Bären und Schneeleoparden. Und weit und breit keine Touris!«
Das Wasser lief uns im Mund zusammen. Bei dem Gedanken an diese sommerlichen Weidegründe im Hochgebirge werden aber nicht nur fremdländische Touristen nostalgisch, auch die meisten Kirgisen haben bei Erwähnung des Dshajloo ein gefühlseliges Lächeln im Gesicht. Mehr denn je sind sie der Inbegriff von idyllischer Tradition und Freiheit. Wir wären am liebsten sofort mit ihm in dieses Paradies aufgebrochen. Noch dazu mit so einem Wagen: Der URAL-4320 ist ein dreiachsiges, allradgetriebenes Monstergefährt. Der Lkw wurde zu Sowjetzeiten entwickelt, ist äußerst geländegängig und unverwüstlich, allerdings auch sehr durstig, schluckt gerne mal über vierzig Liter auf hundert Kilometer.
Vor allem aber hatten wir uns nicht vorstellen können, dass die ohnehin freundlichen Kirgisen noch freundlicher wurden, wenn man alles verstand, was sie einem sagen wollten. Man übersetze

einmal *Schneeleopard* und *Ural* und *keine Touristen* ins Gestische! Wie viele Einladungen wir womöglich nicht als solche erkannt hatten ... *o weh!* Wir waren hin und weg. Natürlich kamen aber auch Fragen retour, wie beispielsweise: »Ist es schwierig, nach Europa zu kommen? Ist es für mich einfacher, wenn ihr mich mitnehmt?«

Leider deckte sich die Reiseroute von Lea und Martin nicht mit der unseren, und so trennten sich unsere Wege, als wir Karakol verließen. Ohne die beiden mussten wir uns wieder der vorwiegend gefuchtelten Sprache bedienen. Trotz dieses enormen Defizites schaffte ich es zurück nach Bokonbaevo zu unserem Stinki, und Christian fand seinen Weg in die Hauptstadt. Das österreichische Konsulat in Bischkek hatte uns nämlich angerufen: Unser Päckchen sei da. Für die Angestellten der Auslandsvertretung war das auch eine Premiere gewesen, es hatte sich zuvor wohl noch nie jemand zu fragen getraut, ob man denn, *bitte, bitte,* ein Autoersatzteil an sie schicken lassen dürfte.

Als Christian mit dem Päckchen in Bokonbaevo eintraf, nahm ich es überschwänglich in Empfang, ich konnte es kaum erwarten, den Inhalt zu sehen. Christians Begrüßung fiel dafür deutlich bescheidener aus. Aber auch er hatte nur Augen für das Ersatzteil. Ich musste mir ohne Übertreibung sicher sechsmal anhören: »Mach ja nichts kaputt. Pass bitte auf die Keramikscheibe auf ... Nein, leg sie besser hin ... Bist du auch vorsichtig?!« Noch am selben Abend maulte ich dann etwas beleidigt, dass ich auch gern eine Keramikscheibe wäre, so besorgt, wie er um sie war ...

Bevor wir uns am nächsten Tag im Hinterhof von Abdyrasuls Pension konzentriert, fokussiert und motiviert ans Wechseln der Unterlegscheibe machten, studierten wir sorgfältig das Subaru-Handbuch. Außerdem holten wir uns via Smartphone erneut Rat von

Wo Popo-Grapschen zum guten Ton gehört

Stefan und Joe aus Österreich. Die beiden großen Häuptlinge der Mechanik nahmen sich die Zeit, auch auf unsere blödesten Fragen zu antworten, und so konnte eigentlich fast nichts schiefgehen.

Ich würde gerne schreiben, dass es eine Operation am offenen Herzen war, aber gemeinhin wird ja der Motor als Herz eines Fahrzeugs bezeichnet. Es war dann wohl eher ein Eingriff in die »Zentrale Schweißdrüse«. Das OP-Besteck: eine rostige Blechschere, eine hinterlistige Ratsche und eine improvisierte Fühlerlehre (sprich Augenmaß). Bald stand Stinki verletzlich und mit entblößter Ausgleichswelle vor uns. Die Transplantation verlief natürlich nicht ganz ohne Fluchen und Verzweiflung, aber nach Stunden des Tüftelns und Werkelns war es vollbracht. Dr. Christian und seine beiden OP-Gehilfen Abdyrasul und Vanessa lauschten voller Befriedigung dem Schnurren eines gekühlten Motors. Anschließend vernähte Schwester Vanessa die klaffende Wunde an Stinkis Karosserie endgültig mit einem chinesischen Hammer.

Gleich nach der OP jagte der kleine Unruhestifter dem Team der Subaru-Schwarzwaldklinik aber noch einen Mordsschrecken ein. Mit zusammengekniffenen Augen starrte das Trio aus Fahrzeugmedizinern fassungslos auf das Unmögliche: ein Tropfen neongelbes Kühlwasserblut dort, wo keines sein sollte! Er hing provokant am unteren Rand der Wasserpumpe. Der Tropfen wackelte, konnte sich aber nicht überwinden zu fallen. Entweder waren es unsere scharfen Blicke oder die heiße Luft, irgendetwas ließ ihn jedenfalls erbarmungslos verdunsten, und er ward nie wieder gesehen. Große Erleichterung.

Natürlich ließ die Probefahrt nicht lange auf sich warten, und bald schon schmetterten uns die kirgisischen Kinder aus der

Nachbarschaft mit wildem Winken wieder ihr *Hello!* in den Bus. Vielleicht war es nur Einbildung, aber in Kombination mit Stinki schienen wir noch beliebter zu sein als ohne. Möglicherweise lachten sie auch *über* ihn, wer wusste das schon, schließlich waren die Kirgisen, was Autos betrifft, recht oberflächlich, es zählten nur Marke und PS ... Aber schnurzegal, wir lachten mit!

We're on the road again, Baby!

Gold, Zyanid und Zigaretten

Wie wir den Dreh langsam raus bekamen

Wie wir den Dreh langsam raus bekamen

Wir verließen Bokonbaevo mit einem großen Glas hausgemachter Marillenmarmelade. Sie strahlte orangefarbener als die sicherste Warnweste, schmeckte köstlich und war wahrscheinlich Abdyrasuls Hauptpreis für den Nächtigungsrekord in seinem Guesthouse, in dem wir uns sehr willkommen gefühlt hatten. Der zweite und dritte Preis waren ein Filzkamel für mich und ein kirgisischer *Kalpak* für Christian.

Das Wort Kalpak stammt aus dem Türkischen und bezeichnet vom Balkan bis Zentralasien eine traditionelle Kopfbedeckung aus Fell oder Filz. Der kirgisische Kalpak ist aus Filz und meist kunstvoll (natürlich in der Regel mit *dem* kirgisischen Muster) bestickt, seine hohe Form ist den Bergen nachempfunden. Als praktikabel erweist er sich nicht nur im Winter, sondern auch im Sommer, wenn die Ohrmuscheln Gefahr laufen, von der Hochgebirgssonne zerfleddert zu werden. Wäre Christian im Besitz einer speckigen Lederhose gewesen, hätte es nach unserer Rückkehr nach Österreich sicher eine harmonische Trachtenfusion gegeben.
Mein vierbeiniges Filzgeschenk hingegen war uns ein Rätsel. Wir konnten uns nicht erklären, wie es Kamele in Kirgistan zu Souvenirstatus gebracht hatten, schließlich war uns bis dato noch kein einziges auch nur kamelähnliches Tier untergekommen.
Derart gut mit Andenken ausgerüstet, wagten Christian und ich einen zweiten Ausflug in das Barskoon-Tal, zurück an den Ort des brutalen Dichtungszusammenbruches, Schauplatz der Zerfleischung von Stinkis Weichteilen, unser Tal des Grauens. Es war dort ja eigentlich so schön gewesen.

Als wir an der Hauptstraße die uns bekannte Abbiegung nahmen, wurde es still im Bus. Sanftes Treten ins Gaspedal. Wir tasteten uns in das fichtenbewachsene Tal vor. Angespannt passierten wir

Wie wir den Dreh langsam raus bekamen

den *Ground Zero* und fuhren auf der Schotterstraße in Richtung der immer höher werdenden Berge, die Temperaturanzeige stets misstrauisch im Blick. Überwiegend im ersten Gang schlängelten wir uns vorsichtig die ersten steilen Serpentinen hoch. Die Vollbeladung machte sich in Kombination mit den fünfzig PS in der immer dünner werdenden Luft bereits deutlich bemerkbar.
Aber nicht nur Stinki, auch Christian war tapfer. Ich saß am Steuer – und ich habe das Rallye-Gen meiner Mutter geerbt. Nicht dass ich sonderlich gut fahren kann, weit gefehlt, aber nachdem ich sicher war, dass die Temperaturnadel da verblieb, wo sie sollte, fand ich Gefallen daran, unseren Stinki zu Höchstleistungen anzutreiben und ihn wagemutig um die engen Kurven zu lenken. Fast war ich traurig, als wir den 3800 Meter hohen Pass erreichten, denn ab dort verlief die Straße wieder schnurgeradeaus. Christian freute sich doppelt: darüber, dass er die Odyssee fürs Erste überstanden hatte und dass der Bus nachweislich wieder tadellos lief.

Hinter dem Pass öffnete sich eine von sanft geformten Bergen umringte Hochebene. Die Szenerie war karg, aber beeindruckend schön. In dieser alpinen Kältesteppe ließen die Temperaturen Ende August zwar noch Milde walten, aber der Wind nutzte die weite Spielwiese, um sich nach Herzenslust auszutoben. Offensichtlich wollte er auch mit Stinki spielen und rüttelte ungestüm am schmächtigen Bus. Der schien der Aufforderung vor allem immer dann nachkommen zu wollen, wenn wir beim Ein- und Aussteigen die Türen öffneten. Der Wind gab ihnen dann Auftrieb wie Dumbos Ohren. Es zog sogar aus dem Loch im Armaturenbrett, aus dem unser Autoradio gestohlen worden war, und das auch ganz ohne Fahrtwind. Aber diese Extraportion Luft schadete uns hier oben nicht – leichtes Kopfweh warnte uns bereits vor der Höhenkrankheit.

Wie wir den Dreh langsam raus bekamen

Wer sich diese Hochebene jetzt als windiges, so doch friedvolles Fleckchen auf unserer schönen Erde vorstellt, den muss ich leider enttäuschen. Ich habe nämlich ein kleines unromantisches Detail verschwiegen: Die Gegend schien nur auf den ersten Blick menschenleer. Die Straße war zwar nicht asphaltiert, dafür aber ungewöhnlich gut gewartet. Und das hatte natürlich seinen Grund: Alle paar Minuten donnerten Lkws an uns vorbei, Tanklastwagen wechselten sich mit Sattelschleppern ab, die Dutzende abgefahrene Gummis von Schwertransporterreifen mit dem Durchmesser von Riesentrampolinen zurück in Richtung Tal beförderten. Mit Spitzengeschwindigkeiten von neunzig Stundenkilometer konnten sie hier schneller fahren als auf der Hauptstraße am Issyk Kul. Gab ja kaum Gegenverkehr und wenn, dann machte sich dieser in der weiten Ebene schon lange vorher durch näher kommende Staubwolken bemerkbar. LKW-Rallye auf beinahe 4000 Meter über dem Meeresspiegel.

Das Ganze erschien uns surreal in dieser schönen Steppenlandschaft, die lange Zeit einzig und allein von Naturgewalten beherrscht worden war. Aber der Mensch ist gierig, und so fand man hier eine der größten Goldminen der Welt. Das Metallvorkommen im Permafrostboden wurde bereits im Jahr 1978 entdeckt und war weitgehend von einem Gletscher bedeckt. Seit den 1990er Jahren wird die Kumtor-Goldmine von einer kanadischen Firma betrieben. Überwiegend sind es aber natürlich Kirgisen, die in zweiwöchigen Schichten in der dünnen Luft arbeiten. Über zehn Prozent des Bruttoinlandsproduktes und fast die Hälfte der Exporte verdankt Kirgistan dieser sprichwörtlichen Goldgrube. Christian und ich überlegten, ob Kirgistans Beiname Schweiz Zentralasiens von der bergigen Landschaft herrührte oder von dem Schatz, auf dem das Land sitzt.

Wie wir den Dreh langsam raus bekamen

Aufgrund der Ausbeutung der Rohstoffvorkommen, aber nicht zuletzt auch wegen der Umweltprobleme kommt es immer wieder zu Konflikten zwischen den Betreibern, der Regierung und den Bürgern. Die Gletscher dieser Gegend sind ein bedeutendes Trinkwasserreservoir, trotzdem fuhrwerkt man dort jährlich mit Tausenden Tonnen Zyanid herum, um das Gold aus dem Gestein zu lösen. Nur, wohin mit der Giftbrühe? Zu Anfang hatte man ein paar Rückhaltebecken gebaut, eine Endlösung könnte man sich ja später immer noch überlegen – die Atomwirtschaft machte es schließlich auch nicht anders. Die Tragödie ließ jedoch nicht lange auf sich warten, im Jahr 1998 stürzte ein mit zwei Tonnen Zyanid beladener Lkw in den Barskoon-Fluss. *Ups.* Der Fluss mündet übrigens in den Issyk-Kul-See. *Hoppla.* Bis zum gegenwärtigen Zeitpunkt sind sich die offiziellen Stellen und die Bevölkerung über das wahre Ausmaß der Katastrophe nicht einig. (Wer sich näher mit dieser Thematik beschäftigen möchte, dem sei ein Independent-Film empfohlen: *Flowers Of Freedom* von Mirjam Leuze.)

Christian und ich ließen vorsichtshalber unsere Finger von dem Wasser der Gegend. Woher die Menschen, die hier zumindest den Sommer über in den Jurten leben, ihr Wasser bekommen, darüber dachten wir lieber nicht weiter nach.

Anstatt die gewaltige Goldmine zu besuchen, wollten wir schlicht aus Neugierde ans gegenüberliegende Ende der Hochebene fahren. Nachdem wir die Abzweigung zur Mine hinter uns gelassen hatten, mussten wir unsere Reisegeschwindigkeit deutlich reduzieren. Die Piste wurde rumpeliger – ganz klar, hier gab es keinen wirklichen Grund mehr, die Straße instand zu halten. Die Ebene verengte sich langsam zu einem Tal, es ging stetig bergauf, und wir näherten uns dem nächsten Pass auf über 4000 Meter. Dunkle Geröllmassen leckten von den Bergen herunter, und auch die Gletscherzungen schienen inzwischen zum Greifen nah. Wir befanden uns nun im Land der Schneeleoparden – 500 000 SOM Strafe, so mahnte uns eine Tafel am Pass, zahlte man für das Erlegen eines solchen, umgerechnet etwas mehr als 6000 Euro. Kein Wunder, dass sich der Jagdtourismus in Kirgistan prächtig entwickelte, schließlich war das reichlich wenig Geld für beispielsweise einen Magnaten, der gerne ein kuschelig flauschiges Fell eines vom Aussterben bedrohten Tieres vor seinem Kamin liegen hätte. Bären und Adler waren übrigens billiger.

Wir hätten ewig durch diese Landschaft fahren können, aber langsam schenkten Christian und ich der Nadel der Tankanzeige mehr Aufmerksamkeit als jener der Temperaturanzeige. Unser Bus war besonders auf so herausfordernden Strecken recht durstig, was nicht immer ideal mit dem Vorkommen von Tankstellen in der kirgisischen Pampa vereinbar war. Gut nur, dass Stinki kein verweichlichter Neuwagen war und auch den billigsten Fusel, ohne zu murren, schluckte. Das half uns in dem Moment aber herzlich wenig: Die Tanknadel näherte sich listig dem roten Bereich, und auch unsere beiden Benzinkanister auf dem Dach waren schon leer. Es war also Zeit umzukehren, die befahrbare Passstraße mündete Gerüchten zufolge ohnehin irgendwo im Nirgendwo.

Auf der Strecke zurück verbot mir Christian das Rallyefahren, offiziell wegen unserer ungünstigen Treibstoffsituation. Die Rechnung hatte er aber ohne den Bus gemacht, denn bergab nahm der auch ohne viel Gasgeben ordentlich Fahrt auf, und ich bekam die Möglichkeit, ihn das erste Mal auf seine maximal mögliche Schräglage zu testen. Das Wetter war inzwischen launisch geworden, bei abwechselnd Graupelschauer und Sonnenschein düsten wir die Serpentinen hinunter und, vorbei an einer empört blökenden Herde Schafe, aus dem Tal hinaus. Mit den letzten Tropfen Treibstoff erreichten wir eine marode Tankstelle an der Hauptstraße. Gerne hätten wir Stinki mit reinstem, leckerem 95er-Benzin belohnt, aber der war in Kirgistan eine seltene Rarität. Also musste er wieder einmal 92er schlürfen. Immer noch besser als 80er, aber zur Not lief er, wie erwähnt, auch damit.

Nach dem kleinen, aber feinen Ausflug ins Barskoon-Tal landeten Christian und ich wieder am Kirgisischen Meer. Den Bus parkten wir an einem verlassenen Strand im Schutz grüner Weiden und dorniger Büsche, weit und breit war keine Menschenseele zu sehen. Christians Kopf steckte gerade tief in der Kiste mit dem Kameraequipment, und ich war dabei, einen Topf mit salzig-zyanidigem Nudelwasser auf dem Gaskocher aufzusetzen, als es im Gebüsch raschelte. *Ein Sibirisches Reh? Ein Wolf? Oder ein betrunkener Kirgise?* Ich war gespannt, mit welcher Zutat ich unsere Gemüsenudeln würde verfeinern können. Da erst sahen wir, dass sich keine fünfzehn Meter von uns entfernt ein kleines Zelt zwischen den Sträuchern versteckt hatte, aus dem plötzlich – Zufall aber auch – ein abenteuerlustiger Österreicher kroch. Ich verkochte den Landsmann namens Christoph natürlich aus reiner Solidarität nicht, stattdessen genossen wir unsere Zyanidnudeln an diesem Abend zu dritt. Später durften Christoph und Christian im Licht der untergehenden Sonne meinen inzwischen leicht fortgeschrittenen Fähigkeiten auf der Komuz lauschen. Damit hielt ich uns zwar bestimmt die hungrigsten Bären und Wölfe vom Hals, die Trillion blutlechzender Franzis schien aber nach wie vor unbeeindruckt. Die nächsten beiden Tage ließen Christian und ich uns die Sonne auf den Bauch scheinen, wir genossen unsere wiedergewonnene

Wie wir den Dreh langsam raus bekamen

Freiheit mit Stinki. Es war einfach herrlich, im hinteren Teil des Busses zu liegen und bei geöffneten Seitentüren dem sanften Wellenrauschen des Sees zu lauschen. Der Wind roch leicht salzig, die Weidenblätter raschelten (auch ohne dahinter hockende Österreicher), und noch war es tagsüber sogar warm genug, um in das glasklare Wasser des Sees zu hüpfen.

Und so langsam begannen wir auch damit, den Bus auf Drei-Personen-Kompatibilität umzuräumen. Wir hatten nicht vor, Christoph zu adoptieren, nein, wir erwarteten nämlich Besuch! In wenigen Tagen würde Christians Bruder Mario zu uns stoßen und uns für eine Woche begleiten. Er sollte außerdem ein weiteres Set Wasserpumpenersatzteile samt holder Keramik-Unterlegscheibe im Gepäck haben, man konnte ja nie wissen. Christians Augen würden bei ihrem Anblick wieder glänzen …

Um Mario in die Arme schließen zu können, mussten wir uns schweren Herzens vom Issyk-Kul-See trennen und uns weiter in den Süden Kirgistans, in die Stadt Kochkor, begeben. Christian übernahm nun wieder das Steuer. Die Straße dorthin war gut ausgebaut, und der Fahrtwind bescherte uns intensive Momente des Glücks. Da kann es natürlich schon mal passieren, dass man im Ortsgebiet 21 Kilometer pro Stunde zu schnell unterwegs ist. Als wir es am allerwenigsten erwarteten, wurden wir daran erinnert, dass mitten in der Landschaft aufgestellte Stative nicht nur für leidenschaftliche Fotografen da sind. Auch Radarpistolen machen sich ganz hübsch auf einem Dreibein. Keine 24 Stunden waren wir mit unserem Stinki wieder auf der Straße unterwegs, als uns so ein dahergelaufenes staksiges Ding die Laune verdarb. Es gab für unseren Geschmack definitiv zu viel Exekutive in Kirgistan. Der dazugehörige Polizist schrie uns regelrecht zusammen. Dann grinste er kurz und nannte eine Strafsumme, um nur Sekunden

Wie wir den Dreh langsam raus bekamen

später wieder loszupoltern. In mir begann es, langsam wieder zu brodeln, inzwischen ging mir mit der kirgisischen Polizei ziemlich schnell die Geduld aus. Christian sah die Situation wie immer gelassener. Dank meiner Beherrschung und seiner inzwischen recht ausgefeilten Verhandlungskünste in zunehmend brauchbarem Russisch bezahlten wir am Ende dann nur zehn Prozent der ursprünglich veranschlagten horrenden Summe. Glücklich waren wir trotzdem nicht, denn in Kirgistan sind auch umgerechnet sieben Euro viel Geld. Zumindest durften wir weiterfahren.

Eine Herde wilder Kamele, die etwas später unverhofft im Nirgendwo schaukelnd die Hauptstraße querte, besänftigte mein Gemüt dann ungemein. Auch Christian war ganz entzückt. Kamele! Die Begegnung mit dem fiesen Dreibein war sofort vergessen. Ganz beseelt hopsten wir mit Kameras bewaffnet in einiger Entfernung um das ockerfarbene Getier herum. Das ließ sich durch uns so gar nicht aus der Ruhe bringen. Nach einer Weile stiegen wir befriedigt und versöhnt und mit großer Fotobeute in unseren Stinki – wir fühlten uns wieder unbesiegbar!

Bis hinter der übernächsten Kurve erneut ein exekutivisch orangefarbenes Stöckchen wedelte. Fuchtel, fuchtel. Leider nicht zu übersehen, sodass die Steig-aufs-Gas-Taktik hier wenig Erfolg versprach. Wir hielten also an, auch deshalb, weil wir dachten, wir seien ohnehin unbestrafbar – wir waren weder zu schnell gefahren, noch waren wir uns sonst irgendeiner Schuld bewusst. Da belehrte uns Herr Polizeiobermeister aber schnell eines Besseren: »In Kirgistan ist Licht am Tag Pflicht!« Das war uns neu, aber wir verstanden nun, weshalb die uns entgegenkommenden Kirgisen ihre Scheinwerfer immer scheinbar wahllos ein- und ausschalteten. In Wirklichkeit drehten sie das Licht nur kurz an den beliebten

Wie wir den Dreh langsam raus bekamen

Kontrollstellen der Polizei auf. So wie sie sich dann auch nur alibimäßig für Sekunden anschnallten und sofort wieder abschnallten, sobald sie sich von der Exekutive unbeobachtet fühlen.

Warum aber hatte uns bisher noch keiner der Polizisten auf die Sache mit dem Licht hingewiesen? Wir hatten natürlich auch dazu eine Theorie: Es muss polizeiintern eine abgekartete Abmachung geben, die besagt, dass man nie für mehrere Vergehen auf einmal bestraft wird. Stattdessen heben die Beamten immer etwas für ihre Kollegen auf, die bereits hinter der nächsten Kurve warten. Sinn und Zweck der Sache: möglichst viel Strafe kassieren zu können, und jeder bekommt einen kleinen Happen ab.

So unsere Hypothese.

Meine Antwort auf diese hinterhältigen Schicksalsschläge: Resignation. Ich blieb während der Kontrolle im Bus sitzen und funkelte den Polizisten böse vom Fenster aus an. Christian überließ ich seinem Schicksal. Der schien mit seiner Good-cop-Methode ohnehin bestens klarzukommen: Er bot dem Polizisten eine Zigarette aus der extra für diesen Zweck gekauften Marlboro-Packung an. Zwar sind weder Christian noch ich Raucher, und wir wollen die Gesundheit keines anderen Menschen vorsätzlich gefährden. Wir hatten aber von einem Kirgisen den Tipp bekommen, dass sich tabakgefüllte Papierröllchen, ganz besonders die amerikanischen Markenprodukte, in allen nur erdenklichen Situationen viel wirkungsvoller erweisen als Geld oder Kekse. Und tatsächlich, der Beamte schien augenblicklich all unsere Übeltaten zu vergessen. Er erklärte die Verhandlungen um die Strafsumme sofort für beendet, und wir durften, ohne unser Portemonnaie zücken zu müssen, weiterfahren.

Ich war baff. Und damit hatte auch Christian nicht gerechnet.

Das ganze Auf und Ab der Gefühle zehrte aber an den Nerven, und langsam wurden wir paranoid. Auf dem Weg nach Kotchkor schien jedes geparkte Auto am Straßenrand aus der Ferne ein Polizeiwagen zu sein. Ich war zu diesem Zeitpunkt sogar so eingeschüchtert, dass ich Christian schwor, mich zumindest in Ballungsräumen, wo an jeder Ecke die Polizei stand, nicht mehr hinters Steuer zu setzen. Eine Ausnahme machte ich tags darauf für Mario, den ich, während Christian in einem Guesthouse am Stadtrand an seiner Kamera herumbastelte, im Zentrum von Kotchkor abholte.

Seenidylle und Wellblechpistenterror

Das Lieblingsgetränk der Kommunisten ist nicht überall Wodka

Das Lieblingsgetränk der Kommunisten ist nicht überall Wodka

Für den Besuch von Christians jüngerem Bruder hatten wir uns ein paar Leckerlis der kirgisischen Sehenswürdigkeiten aufgespart, unter anderem die beiden Seen Song Kul und Kel Suu. Ersterer war neben dem Issyk Kul wohl der berühmteste kirgisische See, unser Reiseführer betitelte ihn sogar als die Perle Zentralasiens. Unvermeidlich entwickelt man bei solchen Lobeshymnen hohe Erwartungen. Der zweite See, der Kel Suu, ist weit weniger bekannt. Er liegt unweit der chinesischen Grenze, und um dorthin reisen zu können, braucht man eine extra Genehmigung, die wir ein paar Tage zuvor beantragt hatten.

Zuerst aber wollten wir drei zum Song Kul, der sich mitten im Herzen Kirgistans versteckt. Im Gegensatz zum Issyk Kul gibt es dort keine dauerhaften Siedlungen, weshalb wir unsere Vorräte aufstockten und tankten, was die Zapfsäule hergab.

Die Hauptstraße, an der Kotchkor liegt, ist sehr gut ausgebaut, da sie in den Süden führt und Kirgistan an China anbindet. Sie bringt uns nun auf Themenfelder, die ich bisher zu Unrecht sehr stiefmütterlich behandelt habe, aber jetzt: Geographie und Wirtschaftskunde!

Kirgistan ist wie Österreich ein Binnenstaat und hat somit keinen Zugang zum Meer (auch wenn die Kirgisen den Issyk Kul gerne als solches verkaufen). Etwa sechs Millionen Kirgisen verteilen sich auf einer Fläche, die knapp zweieinhalbmal so groß ist wie Österreich und die, wie ich bereits erwähnt habe, ausnehmend rau ist. Die Liste der Gebirgszüge Kirgistans ist lang. Der mächtige Tian Shan ist spätestens seit meiner unfreiwilligen Darmreinigung unterhalb des Alaköl-Sees ein Begriff. Zwei weitere große Gebirge treffen sich im Süden des Landes: das Alai und der Pamir.

So viele Höhenmeter bedeuten aber nicht unbedingt, dass es in Kirgistan überall kalt ist – mancherorts werden im Sommer brütende 45 Grad Celsius gemessen. Über große Teile der niederen Lagen, wo die Bevölkerungsdichte am höchsten ist, erstreckt sich nämlich trockene Steppe. Ich war ja zu Beginn unserer Reise etwas überrascht, da ich mir Kirgistan um einiges grüner vorgestellt hatte. Doch trotz bescheidener Regenmengen scheint die Landwirtschaft an vielen Orten gute Erträge zu erbringen. Grund dafür sind die kollektiven Bewässerungssysteme, die noch aus Sowjetzeiten stammen. Infolge von Wasserverschwendung und Klimawandel wird der Wassermangel inzwischen aber chronisch. Damit die Böden weiterhin nutzbar bleiben, werden immer mehr Flüsse aufgestaut. Das schmeckt jedoch Usbekistan nicht, das am unteren Ende der Leitung sitzt. Die Usbeken wollen deshalb wiederum ihr Gas nicht mehr mit den Kirgisen teilen.

Insgesamt hat es Kirgistan nicht leicht, als vergleichbar kleines Land eingezwängt zwischen den Riesen Usbekistan, Kasachstan und China, die zweimal, dreizehnmal beziehungsweise fast fünfzigmal so groß sind. Einzig der Nachbar Tadschikistan ist noch ein bisschen kleiner. Während sich Kasachen und Kirgisen einigermaßen liebhaben, gestaltet sich das Verhältnis zu Russland und China schwierig. Bevor Kirgistan im Jahr 1991 seine Unabhängigkeit erklärte, war es über einhundert Jahre lang von russischer Seite regiert worden. Auch heute ist das Land noch immer stark von Russland abhängig. Weit über eine halbe Million Kirgisen arbeiten in Russland und tragen zu einem starken Geldstrom in ihre Heimat bei. Man verhält sich also besser freundlich dem starken Nachbarn gegenüber.
Und auch gegenüber China. Mit dieser Großmacht ist bekanntlich ebenso wenig zu spaßen. Ein Dorn im Auge ist den Chinesen die uigurische Minderheit in Kirgistan – sie fürchten die separatistischen Ambitionen der Uiguren im eigenen Land. Deren

autonomes Gebiet Xinjiang grenzt an Kirgistan und ist unter anderem ein Grund dafür, dass wir eine Genehmigung für den Besuch des Kel-Suu-Sees nahe der chinesischen Grenze beantragen mussten. Nicht weit entfernt führt nämlich eine super ausgebaute Straße nach China, auf der von Süden nach Norden (und natürlich auch wieder zurück) unzählige Lkws durch Kirgistan rollen: Für das Reich der Mitte stellt diese Route einen wichtigen Zugang zum zentralasiatischen Markt dar. So hält China mit seinen großen Investitionen dem kirgisischen Esel die sprichwörtliche Karotte vor die Nase. Kirgistan wirkt in seiner Lage fast wie ein Scheidungskind, das es Papa Russland und Mama China gleichermaßen recht machen muss.

Als wäre das nicht genug, zeigt sich Kirgistan auch noch leicht schizophren – oder politisch korrekt: als Vielvölkerstaat. Nur etwa zwei Drittel der kirgisischen Staatsangehörigen sind ethnisch Kirgisen, der Rest unterteilt sich in Usbeken, Russen, Dunganen, Uiguren, Ukrainer, Tadschiken, Kasachen und Tataren. Da schwirrt einem der Kopf vor lauter Namen. Und alle sollen sich gut vertragen. Das klappt natürlich nicht immer. Während im Norden hauptsächlich Kirgisen (ursprüngliche Halbnomaden) leben, mischen sich im Süden viele Usbeken (traditionell Handwerker und Landwirte) dazu. Dort schwelen heikle Konflikte um Wasser- und Bodenrechte, deren Ursprünge vor allem auf Stalins willkürliche Grenzziehung zurückzuführen sind. Besonders in der Region um die zweitgrößte Stadt des Landes, Osch, brachen immer wieder gewaltsame Kämpfe zwischen den dort ansässigen Kirgisen und Usbeken aus. In den Jahren 1990 und 2010 waren aufgrund der Unruhen jeweils mehrere hundert Tote zu beklagen. Zwar sind inzwischen über 100 000 Usbeken nach Usbekistan ausgewandert, der Konflikt hat deshalb aber kaum an Sprengkraft verloren. Zum

Glück bemerkten wir bei unserem späteren Besuch in Osch davon aber nichts.

Widmen wir uns wieder einem leichter verdaulichen Thema: vergorener Stutenmilch, *Kumys* genannt. Bevor Mario, Christian und ich in den Genuss dieser manneskraftfördernden Delikatesse kamen, mussten wir uns die Ankunft am Song-Kul-See zunächst hart erarbeiten.

Trotz der schön asphaltierten Straße von Kotchkor in Richtung Süden waren 70 km/h das höchste der Gefühle, daran konnte auch energisches Durchtreten des Gaspedals nichts ändern. Stinki tat sein Bestes, aber mit dem Plus an Mario samt Gepäck hatten wir das höchstzulässige Gesamtgewicht mit Sicherheit überschritten. Erstmals brachten wir den Bus an seine Leistungsgrenzen.

Im Schneckentempo bogen wir schließlich rechts von der Hauptstraße ab und kämpften uns auf staubigen Schotterpisten zum See hinauf. Die Straße hatte nun, wie die meisten Nebenstraßen Kirgistans, die Oberflächenstruktur eines nicht enden wollenden Wellblechs. Zusätzlich war sie gespickt mit tiefen Schlaglöchern. Geradeaus zu fahren, erschien uns deshalb strategisch ungünstig. Die Zeit der stundenlangen Schlangenlinienfahrt vertrieben wir drei uns mit der Diskussion, wie diese diabolischen Bodenstrukturen wohl entstanden sein mochten. Dabei mussten wir gegen das Geklapper und Gequietsche des Busses regelrecht anschreien. Frästen Windverwirbelungen die Rillen aus? Waren es die vielen Pferdeherden? Oder gab es gar ein spezielles Straßenabschabgerät, das *Rumpel*stilzchen höchstpersönlich bediente? Wir kamen auf keinen grünen Zweig, waren uns aber einig, dass uns die Wellenstrukturen der Schotterstraßen in den Wahnsinn trieben. Weder für uns noch für Stinki konnte das Gerüttle auf Dauer gesund sein. Mit jedem Geländewagen und jedem gebrechlichen Lada, die

Das Lieblingsgetränk der Kommunisten ist nicht überall Wodka

uns von Zeit zu Zeit mit dreifacher Geschwindigkeit überholten, wurden unsere Seufzer lauter. Keiner sprach es aus, aber wir dachten alle dasselbe: Wir saßen in einer äußerst liebenswerten, aber ebenso rumpelpistenuntauglichen Keksdose.

Irgendwann erreichten wir aber doch irgendwie die Ebene auf gut 3000 Meter Höhe, in die der Song-Kul-See eingebettet ist. Dank Boris Jelzins Vorliebe für Alkohol gibt es rund um das knapp 30 Kilometer lange Gewässer sogar eine mehr oder weniger intakte Ringstraße. Der Legende zufolge hat der gute Boris nämlich seinen Wodka unbedingt auch einmal in einer abgelegenen Jurte trinken wollen. Der Song Kul war ihm dafür als der richtige Ort erschienen, und so baute man ihm Mitte der 90er Jahre kurzerhand eine Straße dafür. Danke, Boris, schließlich haben wir auch noch was davon!
Aber bitte denkt jetzt nichts Falsches, asphaltiert war da gar nichts. Nur alles ein bisschen befestigt. Außerdem staubte es fürchterlich, draußen wie drinnen – Stinkis Türdichtungen existierten eher pro forma. Das war uns aber alles egal, weil wir hier *das* Kirgistan vorfanden, das wir uns die ganze Zeit erträumt hatten: weite, einsame Grassteppen, an die sich am Horizont wellige Hügel anschmiegen, vereinzelte weiße Jurtentupfer und viele braune Tiertupfer. Zu dieser Jahreszeit war die Ebene bereits in sanfte Herbstfarben getaucht, in wenigen Wochen würden alle Jurten abgebaut und die Tiere abwärtsgetrieben, der See und die Ebene in einen winterlichen Dornröschenschlaf versunken sein.
Aber noch herrschte reges Treiben auf Jelzins Piste. Zwar begegneten uns kaum Menschen oder andere Fahrzeuge, dafür schienen die Tiere die Straße umso mehr zu würdigen. Zusätzlich zu den Schlaglöchern mussten wir jetzt auch noch um die Pferde Slalom fahren, die keinerlei Anstalten machten, uns den Weg frei

zu machen. Verwegen sahen sie aus, wie sie da standen, mit verfilzten Mähnen im Wind, ihre neugierigen Blicke auf uns gerichtet. Die Schafherden machten im Gegensatz zu diesen coolen Pferde-Gangs einen viel tollpatschigeren Eindruck, wenn sie in Panik blökend kreuz und quer durch die Steppe rannten, sobald wir uns näherten.

Sie schienen vom sanften Tourismus weit weniger verwöhnt zu sein als die Menschenkinder am Song Kul. Der kirgisische Nachwuchs kam, sobald er uns sichtete, auf Eseln herbeigeritten, um mit großen Kulleraugen auf Englisch um Schokolade zu bitten: »Tschoklit?«
Liebe Mama, hättest du mich zu Schulzeiten zur Belohnung mit Schokolade gefüttert, hätte die ganze Englisch-Vokabel-Lernerei sicher auch für mich mehr Sinn gemacht. Ich folgte aber dennoch der Strategie meiner Mutter und hob die Schokolade für uns selber auf. Die ist eh schlecht für Kinderzähne. Statt mit Süßkram machten wir uns mit kleinen Stickern beliebt, woraufhin wir von den Familien wiederum auf Tee und Kumys eingeladen wurden. An dieser Stelle muss ich erneut betonen, wie unglaublich gastfreundlich die Kirgisen sind, Sprachbarriere hin oder her. Und vergorene Stutenmilch gehört eben dazu …
Tja, was soll ich sagen. Ich kannte sie schon aus der Mongolei. Lauwarm war sie gewesen, damals, serviert in einer spröden Coca-Cola-Flasche. Ich war wirklich nicht empfindlich, aber nach einem Schluck hatte ich dem Teufelszeug auf ewig abgeschworen. Christian war noch nicht in den Genuss dieser Erfahrung gekommen, er hatte nur davon gelesen und war – im Gegensatz zu Mario – immun gegen meine eindringlichen Warnungen. Unbedingt wollte er Kumys probieren, eine Reise nach Kirgistan sei keine wirkliche Reise nach Kirgistan, wenn man das exotische Gebräu nicht

probiert hätte, meinte er. Und ich dachte insgeheim: Ich halte dir später nicht die Haare. *Ludi incipiant* – die Spiele mögen beginnen.

Erster Akt. Erste Szene.

Nach der Übergabe mehrerer ansprechender Sticker an kleine Hirtenkinder folgt die Einladung in eine traditionelle Jurte. Sie ist ausgestattet mit einem rostigen Ofen, einem niedrigem Tischchen, einer kleinen Kommode mit abblätterndem Lack, mehreren getrockneten Rinderblasen und einem großen braunen Holzfass. Im Ofen knistern getrockneter Kuhdung und Kohle, in den Rinderblasen lagert wertvolle Butter, und im Holzfass fermentiert Stutenmilch glucksend vor sich hin. Wir hocken uns auf speckige Sitz- respektive Schlafmatten auf den Boden, und schon bald steht eine Schale mit bedrohlich wirkendem Inhalt vor Christian. Kleine graue Bröckchen schwimmen neben gärenden Bläschen auf der Oberfläche einer weißen Flüssigkeit. Christians Augen leuchten, ich kralle mich an meinem Schälchen mit Schwarztee fest. Mario lässt sich nichts anmerken, wirkt aber mit seinem Tee recht zufrieden. Anscheinend habe ich jedoch zu wenig deutlich abgewunken, als mir Kumys angeboten wurde, weil plötzlich auch ein Schälchen fermentierter Milch vor mir steht. Listig blubbert es mich an. Meine Mutter hat mich gut erzogen, ich esse brav alles auf, was auf meinem Teller landet. Also überwinde ich mich und mein Trauma – und bin überrascht: Es schmeckt gar nicht so übel ohne den Plastikflaschennachgeschmack. »Sag ich doch«, meint Christian grinsend. Vielleicht haben mich meine selbstgebrauten Kefire und Kombuchas von zu Hause geeicht. Nun beginne auch ich, Mario zu bearbeiten: »Probier doch mal, es ist gewöhnungsbedürftig, aber ohne es zumindest gekostet zu haben, bist du ja quasi nicht in Kirgistan gewesen!«
Doch Mario will nicht.
Abschied erste Jurte, Abgang der drei Musketiere.

Erster Akt. Zweite Szene.
Nach einer zweiten stickerinduzierten Einladung treten die drei österreichischen Overlander ein in eine weitere traditionelle kirgisische Jurte. Gleiche Einrichtung, nur mit Radio. Dieselben gestikulierten Fragen: Woher kommt ihr, wie alt seid ihr, seid ihr verheiratet (auch Mario entkommt trotz offensichtlichen Fehlens einer weiblichen Begleitung dieser Frage nicht), habt ihr Kinder und so weiter und so fort. Wieder müssen Christian und ich nach Beantwortung der vierten Frage in das bestürzte sonnengegerbte Gesicht eines alten Nomaden-Opas blicken. Nur eins? Schnell rechnet er vor, wie viele Kinder er hat. Eine Hand reicht dafür nicht aus. Und damit wir uns im Klaren sind, dass unsere biologische Uhr laut tickt, überschlägt er kurz, wie viele seiner Kinder er in unserem Alter schon hatte. Nach dieser Offenbarung gibt es für ihn kein Halten mehr. Er dirigiert seine zehnjährige Enkelin in der Jurte herum, es müsse augenblicklich mehr Kumys her! »Kumys fördert die Manneskraft!«, meint er, macht dazu eindeutige Handbewegungen, grinst und akzeptiert ab sofort kein Nein mehr. Nun muss auch Mario dran glauben, uns wird Schälchen um Schälchen Stutenmilch gereicht, unsere Gesichtsfarbe gleicht sich immer mehr der Brühe an. Während unsere Kirgistan-Reise dadurch das Kumys'sche Echtheitszertifikat bekommt, wird mein Trauma wieder reaktiviert. Mario scheint auch wenig begeistert. Leicht angeheitert (Kumys hat einen geringen Alkoholgehalt) verlassen wir später die Jurte. Opa verabschiedet uns fröhlich im festen Glauben, soeben einen wertvollen Beitrag für die Erhaltung der menschlichen Spezies geleistet zu haben.
Abgang der drei Musketiere. Ende erster Akt.

Einen zweiten Akt dieser Tragikomödie kann ich euch nun nicht bieten, denn unsere Verdauung überstand die Kumys-Orgie entgegen unserer Befürchtungen sogar recht gut.

Das Lieblingsgetränk der Kommunisten ist nicht überall Wodka

Stattdessen kämpften wir mit einem Problem anderer Natur, das wir aber ziemlich gelassen nahmen. Insgeheim freute ich mich sogar darüber, endlich ein bisschen Action. Das Ufer des Song Kul ist eher flach und stellenweise sumpfig, nur im Nordwesten wölbt sich die Landschaft hügelig auf. Dort hat sie durch die rauschende Brandung des Sees und die am Himmel zeternden Möwen fast ein bisschen Ähnlichkeit mit der schottischen Küste. Boris' marode Straße folgt der natürlichen Unwegsamkeit der Landschaft, und so testeten wir Stinki mehr oder weniger freiwillig erstmals auf seine Geländegängigkeit. Unglücklicherweise schafften wir mit Vollbeladung nicht mehr jede Steigung. Nicht im zweiten Gang. Und auch nicht im ersten. Weder mit zugeschaltetem Allrad, noch wenn zwei der drei Musketiere ausstiegen. Ich höre euch kichern, jaja, lacht ihr nur mit euren achtzig, neunzig, hundert PS! Und so mussten wir schieben, was in dieser Höhe doppelt anstrengend war, aber wir schoben unseren Stinki durch eine wunderschöne Landschaft und eroberten uns so das kirgisische Schottland mit all seinen teuflischen Abhängen, vor denen wir uns anfangs fast ins Höschen gemacht hatten. Schließlich wussten wir noch immer nicht so genau, wie viel Schräglage unser schmaler Bus vertrug.

Als es schließlich wieder flacher wurde, fanden wir zur Belohnung einen außerordentlich feinen Zeltplatz am See. Christian und ich bauten den Subaru zur Schlafstätte um, während Mario sein Zelt direkt nebenan auf den flauschigen Edelweiß-Rasen klatschte. Neben dem Song Kul erstreckte sich quasi ein zweiter See aus dieser überreifen weißweichen Blumenpracht – die einzige Vegetation, die den herbstlichen Temperaturen noch einigermaßen zu trotzen schien. Sie war so üppig, dass man sich bei Ausflügen in Flip-Flops alle zehn Meter büschelweise Edelweiß-Leichen aus den Zehenzwischenräumen kratzen musste.

Das Lieblingsgetränk der Kommunisten ist nicht überall Wodka

Am Abend intensivierten wir diese Bergsee-Idylle noch, indem Christian und ich ein bisschen mit Komuz und Maultrommel musizierten und Mario, passend zu den gruseligen Tönen, ein paar Schauergeschichten vom kirgisischen Wolf erzählten. Während wir beide später selig in unserem Bus schlummerten, bekam Mario dann tatsächlich nächtlichen Besuch von einem streunenden Hirtenhund. Der dürfte zwar nur ein bisschen herumgeschnüffelt haben, aber Mario guckte am nächsten Morgen doch etwas mitgenommen aus der Wäsche. Die Schatten von Hund und Wolf sehen sich an der Zeltwand ja durchaus zum Verwechseln ähnlich …

Der Zirkus ging weiter, als sich während des morgendlichen Zähneputzens eine Herde Kühe für uns interessierte. Erst staksten die Klauentiere scheinheilig um unser Lager herum, begannen dann, ihre Kreise unmerklich enger zu ziehen, und schließlich schnüffelten sie frech an unseren Sachen. Die Belagerung gipfelte darin, dass eine blöde Kuh, wir tauften sie Cruella, sich kurzerhand den Beutel mit unserem Brotvorrat schnappte und davontrabte. Tagein, tagaus nur filziges Edelweiß schien ihr offensichtlich zum Hals rauszuhängen. Da ich aber mit der Menge an Essen nicht allzu großzügig kalkuliert hatte, eroberte ich Cruellas Beute durch einen Überraschungsangriff zurück. Dutzende Edelweiße fielen dabei meinen Flip-Flops zum Opfer, und zu Mittag gab es Tomaten-Gurken-Salat mit voreingespeicheltem Brot.

Am nächsten Nachmittag verließen wir nach zwei Tagen des Herumfahrens und -spazierens die Song-Kul'sche Hochebene wieder. Von Anschieben war bergab auf der abenteuerlichen Serpentinenstraße keine Rede mehr, dafür führte die Route bald wieder über eine zermürbende Wellblechpiste. Etwa zu diesem Zeitpunkt entdeckten wir das Paradoxon dieser Straßen. Bis dahin waren uns die Stur-geradeaus-über-die-Rumpelpisten-Raser unvernünftig erschienen, bestimmt waren die meisten von ihnen betrunken gewesen. So oder so hatte ihr Verhalten von uns immer nur Kopfschütteln geerntet. Bis zu dem Augenblick, in dem uns das Schneckentempo selbst zu blöd wurde und wir es ihnen gleichtaten. Und siehe da, die Stoßdämpfer dieser Welt scheinen ihre Arbeit erst dann gut zu machen, wenn man sie ordentlich fordert. Je schneller wir uns nämlich mit unserem Bus über den rilligen Untergrund bewegten, desto geschmeidiger wurde die Fahrt. Nach dieser Erleuchtung umschifften wir nur noch die allertiefsten Schlaglöcher, die anderen überflogen wir. Damit befeuerten wir allerdings gleichzeitig den Teufelskreis mit den Fahrbahnquerrillen: Denn nicht Rumpelstilzchen ist verantwortlich für deren Entstehung, wie wir später erfahren sollten, sondern ein stoßdämpferisches Resonanzphänomen. Und das verstärkt sich mit zunehmender Geschwindigkeit.

Christian und Mario wurden immer stiller, je mehr ich aufs Gas trat. Vielleicht war es für Konversation auch einfach zu laut in der Keksdose. Jedenfalls waren wir in Rekordgeschwindigkeit in der Stadt Naryn, dem Ausgangspunkt für unser nächstes kleines Abenteuer, den Ausflug zum Kel-Suu-See nahe der chinesischen Grenze. Im Internet geistern allerhand Schauergeschichten herum über die Anfahrt zum Kel Suu. Abenteuerlich solle die Route sein und schwer zu finden, mit kaputten Straßen, reißenden Bächen und tiefen Furten. Um unseren Stinki zu schonen, hatten wir deshalb ein anderes Fahrzeug samt Chauffeur organisiert. Das kratzte zwar ziemlich an unserem Ego – ein Fahrzeug mieten, obwohl wir eines dabeihatten? –, aber wir gestanden uns die Belastungsgrenzen unseres Busses ein.

Als wir am frühen Morgen des ersten September von Marasat in seinem Audi quattro abgeholt wurden, staunten wir nicht schlecht. Wir hatten mindestens einen Toyota Land Cruiser mit erhöhter

Bodenfreiheit erwartet. Stattdessen standen wir vor einem kantigen Sportcoupé mit eher mäßigem Abstand zwischen Unterboden und Erdoberfläche. Es machte außerdem im ersten Augenblick nicht den Anschein, als wäre es mit einem permanenten Allradantrieb ausgestattet. Der Wagen war zudem ein Jahr älter als unser Stinki und hatte mit über 600 000 Kilometern auf dem Zähler auch mehr als zehnmal so viel Lebenserfahrung. Wir ahnten, dass die angsteinflößenden Erfahrungsberichte aus dem Internet allesamt von Offroad-Früchtchen stammen mussten.

Marasat, ein dunkelhaariger junger Kirgise mit lachenden Augen, war uns sofort sympathisch. Sein Auto übrigens auch. Vor siebzehn Jahren aus der Schweiz importiert, bewährte es sich dank liebevollster Pflege seines Herrchens auf Kirgistans unwegsamen Straßen. Mit den elektrischen Fensterhebern und den dichten Dichtungen konnte unser Subaru nicht annähernd mithalten. Auch nicht mit dem Differenzial. Den tadellos dämpfenden Stoßdämpfern. Oder dem futuristischen Kombiinstrument. Und nicht einmal mit unseren beiden Benzinkanistern auf dem Dach kamen wir an Audis 80-Liter-Tank heran. Die Plastikwannen im Fußraum, in die wir angehalten wurden, die erdigen Wanderschuhe, in denen unsere Füße steckten, zu stellen, glänzten mit dem edlen Holzfurnier des Oldtimers um die Wette. Wir konnten zwar den Autofimmel, dem die meisten Kirgisen erlegen scheinen, nicht ganz nachvollziehen, aber Marasats Fürsorge für seinen quattro hatte etwas absolut Liebenswertes. Er war sichtlich stolz auf sein Auto mit den europäischen Wurzeln, das er vor der staubig-steinigen Tour sogar noch einer peniblen Außen- und Innenreinigung unterzogen hatte. Gewohnt gewöhnungsbedürftig war die Musik, die Marasats USB-Stick während der Fahrt zum Besten gab: Modern Talking wechselte mit Backstreet Boys, Queen und Eiffel 65. Während unsere Füße in den Plastikwannen zwangsläufig zur Musik

Das Lieblingsgetränk der Kommunisten ist nicht überall Wodka

hüpften, zogen zeitgleich am Fenster fad wiederkäuende Kühe, trockene Schotter- und Steppenlandschaften mit fetten Murmeltieren und schwerbewaffnete Checkpoint-Beamte, denen wir regelmäßig unsere Genehmigung zum Besuch dieses Gebietes unter die Nase halten mussten, vorbei. Aber weit und breit keine Spur von reißenden Bächen und unüberwindbaren Furten. Die gäbe es, wenn überhaupt, nur im Frühjahr zur Schneeschmelze, klärte uns Marasat auf. *Ach Gott, Stinki, wenn wir das gewusst hätten.* Dafür hatten wir jetzt elektrische Fensterheber.

Nach einigen Stunden erreichten wir ein abgelegenes Camp, das wieder einmal in eine spektakuläre Bergszenerie eingebettet war. Wir schälten uns aus dem Audi und bezogen eine Touristenjurte, deren einzig originales Inventar ein mit getrockneten Kuhfladen gefüllter Ofen war. Der Rest war an die Bedürfnisse der Touristen angepasst: Die vier Matratzen lagen nicht auf dem Boden, sondern auf einem Gestell, zwei Teppiche waren auf dem Steppenboden ausgebreitet, und es gab eine Glühlampe, die dank eines Dieselgenerators jeden Abend exakt eine Stunde lang mageres Licht verbreitete. Das Outdoor-Badezimmer kannten wir schon von früheren Jurten-Aufenthalten. Fließend Wasser aus der Leitung suchte man hier natürlich vergeblich, weshalb für die Katzenwäsche, wie vertraut, ein Badezimmerständer mit befüllbarem Wasserbehälter vor unserer Jurte aufgestellt war, in dem am Morgen gerne Eisstücke schwammen. Die Körperhygiene wurde für uns bei den empfindlich kalten Temperaturen zur lästigen Aufgabe, und wir überlegten uns zweimal, ob wir wirklich stanken. Nur wenn es sich gar nicht mehr vermeiden ließ, stellten wir uns für eine Ganzkörperwäsche mutig dem eiskalten Flusswasser.

Die wenigen Einheimischen, die das Tal den Sommer über bewohnen, sind sicher nicht solche Mimosen wie wir. Sie leben hauptsächlich von der Viehzucht und ziehen mit ihren Tieren rechtzeitig vor Wintereinbruch wieder in tiefere Lagen. In den vergangenen Jahren hat der Tourismus für diese Familien immer mehr an Bedeutung gewonnen, wobei ich an dieser Stelle den Begriff für Kirgistan etwas relativieren sollte: Wenn ich hier etwas als *touristisch* bezeichne, heißt das, dass wir pro Tag mehr als einem weiteren Reisenden begegneten. Mussten wir uns eine Sehenswürdigkeit mit mehr als zehn anderen ausländischen Touristen teilen, war es für kirgisische Verhältnisse schon rappelvoll. In der Einsamkeit dieses abgelegenen Tales konnte davon allerdings keine Rede sein.

Wie die Kumys-Verkostung war auch ein Ausritt zu Pferde in Kirgistan obligatorisch. Wir drei kamen dieser Pflicht auf dem Weg vom Camp zum Kel Suu nach. Vier Pferde wurden gesattelt, eines davon für unsere Begleiterin, die uns zum See lotsen sollte. Nun darf man sich einen kirgisischen Reitausflug aber nicht vorstellen wie einen gepflegten mitteleuropäischen. Eine Einweisung in die Bedienung kirgisischer Pferde? Ah, braucht man nicht. Einstellen der Sättel und Steigbügel? Überbewertet! Die Kirgisen deuten stattdessen wortlos auf ein Pferd, schubsen dich drauf und überlassen dich dann dem Schicksal. Ich hatte kein Problem damit, ich saß nicht zum ersten Mal auf einem Pferderücken. Außerdem passten die Proportionen des mir zugewiesenen Tieres zu meiner Körpergröße. Christian und Mario schuf der liebe Gott etwas größer, sie wurden aber, der Himmel weiß warum, auf kleinere Pferde gesetzt. Ich war eine Viertelstunde lang mit Lachen beschäftigt, bis ich mich an den Anblick gewöhnt hatte. Der Ausritt war trotzdem ein voller Erfolg, (fast) alle galoppierten wir durch die herbstliche Berglandschaft und querten hoch zu Ross reißende Bäche. Man musste nur höllisch aufpassen, nicht in eines der zahlreichen Murmeltierlöcher zu reiten – so erbittert, wie diese Wesen die Böden durchtunneln, sollte man sie eigentlich *Wurmeltiere* nennen.

Das Lieblingsgetränk der Kommunisten ist nicht überall Wodka

Kleines Detail am Rande und weil in einem *echten* Abenteuerbuch ein ausgefallenes Wildrezept keinesfalls fehlen darf: Auch in Kirgistan schwört man auf die heilende Wirkung des Murmeltierfettes bei Gelenkproblemen. Wie in den Alpenländern schmilzt man dazu einfach den Speck eines kurz vor dem Winterschlaf stehenden und mit Almkräutern vollgefressenen, kugelrunden Erdhörnchens ein. Die konzentrierten Kräfte der gesamten Kräuter findet man dann im ausgelassenen Öl. Ein uraltes Rezept – und tatsächlich wurden in Murmeltierfett Cortison und andere entzündungshemmende Substanzen nachgewiesen.

Wir genossen bei diesem Ausritt die Gelassenheit der Kirgisen in vollen Zügen, hier durfte man aus der Reihe tanzen, hier konnte man sich austoben. Christians Pferd machte seinem Namen *Dschingis Khan* alle Ehre und war kaum zu bremsen. Hatte ich zu Beginn des Tages noch erwogen, von Subaru auf Audi umzusteigen, so träumte ich nun davon, Stinki gegen ein Ross zu tauschen. Mit 700 bis 1000 Dollar pro Tier war man angeblich dabei. Eine kurze Überschlagsrechnung ergab also einen simplen Tausch von Subaru gegen Pferd. Oder von einem Subaru gegen zwei lahme Pferde. Von der Sorte, wie Mario eines hatte: Es schlurfte maximal entspannt immer ein paar Meter hinterher. Aber es war ihm verziehen, denn es wurde uns gesagt, dass die Pferde in dieser Höhe bei Überanstrengung Gefahr laufen, einen Herzinfarkt zu erleiden. Vielleicht waren die Vierbeiner also doch kein geeignetes Fortbewegungsmittel für den Pamir Highway.

So wunderbar die Reiterei auch war, sie wurde von dem spektakulären Anblick des Kel Suu noch in den Schatten gestellt. Nachdem wir unsere Pferde irgendwo zwischen Felsbrocken geparkt hatten, standen Christian, Mario und ich mit großen Augen vor dem See. Zu beiden Seiten ragten steile Felswände über 800 Meter empor. Türkisblau glitzerte das eingekesselte Gewässer in der Nachmittagssonne. Vom Ufer aus konnten wir nur etwa ein Drittel der s-förmigen Wasserfläche überblicken, der Rest verbarg sich in einiger Entfernung hinter der ersten Biegung.

Im Gegensatz zum Song Kul konnten wir den Kel Suu nicht einfach umwandern, geschweige denn umfahren. Neugierig blickten wir in die Felsschlucht, die auf uns geheimnisvoll und zugleich bedrohlich wirkte. Was sich wohl hinter der Kurve verbarg? Wir wollten es wissen. Während des Rittes zurück ins Camp beschlossen wir, den See am nächsten Tag ein zweites Mal zu besuchen und mit einem motorisierten Schlauchboot zu erkunden. Angelockt von den benebelnden Kuhfladendämpfen aus dem Ofen in unserer Jurte, geisterten in dieser Nacht Hochseehaie, Bergseepiraten, dunkle Höhlen und *Kel-Suu*'sche Bermudadreiecke durch unsere Träume. Und ganz so falsch sollten wir damit gar nicht liegen…

Am Morgen stärkten wir uns mit einem außergewöhnlich facettenreichen kirgisischen Touristenfrühstück. Auf dem Tisch standen Weißbrot, Zucker, Honig, Kandiszucker, kandierte Früchte, karamellisierte Nüsse, diverse andere glasierte Süßigkeiten, Marmelade und Butter. Und natürlich schwarzer Tee.

Als überdrehte Hochrisiko-Diabetes-Kandidaten starteten wir dann per pedes erneut zum See. Ohne Pferde gestaltete sich der Marsch entlang der Bäche und über die wurmeltierdurchlöcherten Hochgebirgswiesen zwar nasser und anstrengender, dafür konnten wir nun der schönen Umgebung mehr Aufmerksamkeit schenken. Als wir das letzte Wegstück zum Kel Suu hinaufkletterten, bemerkten wir erst, dass der See einen unterirdischen Abfluss hat. Einst war die beeindruckende Felsschlucht, in der das Gewässer liegt, wohl langweilig seelos gewesen, bis eines Tages ein Berg entzweigebrochen war. Wir malten uns ein starkes Erdbeben aus und eine infernale Geröllawine, die donnernd in den Eingang der Schlucht rutschte und diesen versperrte. Der steinerne Schlund füllte sich daraufhin mit Wasser und, *voilà*, da war er nun in all seiner Pracht, der Kel Suu. Das Gewässer bahnt sich seitdem seinen Weg durch den natürlichen Damm aus der Schlucht und kracht unterhalb des Sees tosend aus einem Felsspalt heraus. Ein gewaltiger Anblick. Wir waren uns sicher, dass in ein paar Jahren Touristen am Kel Suu Schlange stehen würden. Ganz offensichtlich hatten auch andere die Absehbarkeit dieser Entwicklung gerochen, denn trotz der Abgeschiedenheit gab es hier bereits zwei Boot-»Agenturen« mit insgesamt zwei kleinen Schlauchbooten und zwei Teilzeitkapitänen, von denen mindestens einer hauptberuflich als Hirte tätig war. Wir gingen davon aus, dass man bei den täglich zwischen null und zehn potenziellen Kunden um uns buhlen würde. Am Vortag hatten uns die Vertreter beider Agenturen auch noch vernünftige Angebote unterbreitet. Aber heute fühlte sich nicht nur keiner der beiden Kapitäne mehr für uns zuständig, *nein*, man sprach plötzlich auch kein Englisch mehr. So was hat die Welt noch nicht gesehen: drei zahlungswillige Touristen von zwei Hochseekapitänen im Stich gelassen, gestrandet auf 3500 Meter Höhe am Ufer eines Gewässers mitten im Tian Shan. Das schrie förmlich nach Meuterei! Aber stattdessen packten wir drei Landratten resigniert unser Picknick aus, verstehe doch einer die Kirgisen.

Dann kam eine Englisch sprechende kirgisische Touristin auf uns zu und meinte, dass die günstigere der beiden Agenturen (die, mit der wir hatten fahren wollen) am Vortag Probleme gehabt hätte, Motorausfall, Wasser im Boot, was auch immer, und vielleicht deshalb zögerte, uns mitzunehmen. Das klang vernünftig. Und somit nicht wirklich kirgisisch.

Das Lieblingsgetränk der Kommunisten ist nicht überall Wodka

Im Nachhinein betrachtet war dann wohl auch wirklich nicht die Sorge um unser Wohlergehen der Grund gewesen, dass wir so verschmäht worden waren. Denn sobald das Boot der anderen (teureren) Agentur abgelegt hatte, kam der schlaksige Kapitän der Billigagentur auf uns zu. Obwohl er etwa unser Alter hatte, war sein Gesicht von der Sonne ledrig, die Haut eines Hirten eben. Er wirkte nervös, als er meinte, wir könnten dann gleich ablegen. Drei äußerst verwirrte, Brot mit Kartoffeln mampfende Gesichter starrten ihn an. Schulterzucken. *Aye, aye, Käpt'n!* Wenige Minuten später quetschten wir uns zu fünft in ein kleines, aber einigermaßen modern anmutendes Schlauchboot – der Kapitän hatte außerdem seine achtjährige Schwester mit an Bord genommen. Wir vermuteten, das stille Kind sollte uns beruhigen: Alles sicher! Wir fraßen den Köder auch deshalb, weil jeder eine Schwimmweste bekam. Bis auf das Mädchen natürlich, es gab ja nur vier Stück davon, und Größe XXL hätte ihr sowieso nicht gepasst.

Die Gipfel der umliegenden Berge zogen unsere Blicke aber schnell von der Problemzone Boot ab. Während wir an karstigen Felsformationen und geheimnisvollen Höhleneingängen vorbeischwebten, schnurrte der Außenbordmotor wie eine zufriedene Katze. Demütig verhallte das Geräusch entlang der mächtigen Steilwände. Ein Gletscher züngelte in einer Seitenschlucht zum See herab, und auf den Hunderte Meter hohen Graten türmten sich dicke Schneedecken. Ein riesiger zerklüfteter Felsen ragte inmitten des Gewässers wie ein kariesbefallener Backenzahn bedrohlich aus dem Wasser, das türkisblaue, undurchsichtige Nass schwappte wie Zahnfleisch darum herum. Diese surreale Umgebung ließ unserer Phantasie allerhand tiefseefischähnliche *Hochsee*kreaturen entspringen. Wir fürchteten nun fast mehr den Angriff eines Hochgebirgslaternenfisches als den Erfrierungstod nach einem Kentern. Aber noch schnurrte der Motor anstandslos ...

Wieder aber interpretierte ich die eindeutigen Vorzeichen falsch, der Rotstich meiner Haare macht mich scheinbar nicht automatisch zu einer guten Hexe. Ehrfürchtig beobachteten wir ein Dutzend Adler, die hoch über uns kreisend ihre Bahnen zogen. Eine dermaßen florierende Adlerwelt war uns noch nie untergekommen. Hätten wir zu dem Zeitpunkt bereits gewusst, dass es sich bei dem Federvieh nicht um Adler, sondern um Geier handelte, hätten wir das sukzessiv zunehmende Spucken des Motors wahrscheinlich schon früher bemerkt.

Um den Spannungsbogen für die Zartbesaiteten zu entschärfen: Schlussendlich sollten wir die Bootsfahrt überleben. Auf dem Rückweg, als das rettende Ufer bereits wieder in Sichtweite war, ging uns lediglich das Benzin aus. Kein Leck, kein Untergang, kein Gefressenwerden von spitzzahnigen Hochseelaternenfischen. Ich legte die Kamera beiseite und nahm mich pflichtbewusst des Mädchens an, das – zugegeben – ziemlich unbeeindruckt schien. Aber es heißt schließlich »Frauen und Kinder zuerst«, und ich traute meiner Rettungsweste in Größe XXL zu, im Ernstfall für uns beide zu reichen. Während Christian und ich das Malheur mit Humor nahmen (wir hatten wohl zu oft *Fluch der Karibik* geguckt), ruderten uns Mario und der Kapitän angestrengt in Richtung Land. Wir, also zumindest Christian und ich, genossen die restliche motorfreie Fahrt sogar und entstiegen dem Boot nach der Landung entspannt und fröhlich wie nach einem geglückten Sonntagsausflug. Die Passagiere und der Kapitän der anderen Agentur, die uns auf dem Rückweg überholt und das Schauspiel anschließend vom Ufer aus beobachtet hatten, schienen auch belustigt – der fremde Kapitän sogar fast ein bisschen schadenfroh. Die Billig-Boot-Agentur empfahl ich später allen Interessierten vorbehaltlos weiter.

Das Lieblingsgetränk der Kommunisten ist nicht überall Wodka

Beim Zurückwandern zum Jurten-Camp ließen wir uns Zeit und schauten dem Wolkenspiel über den Bergen zu. In der Ferne blitzte und donnerte es, der Himmel war wankelmütig und färbte sich abwechselnd dunkler und wieder heller. Der breite Gebirgsfluss, dem wir folgten, gurgelte, und während wir der Wassermusik lauschten, trieben Reiter ihre Herden zurück zu den Jurten. Schon am Song Kul hatten wir beobachtet, dass die Schaf-, Ziegen- und Rinderherden nachts in Umzäunungen verwahrt wurden. Pflichtbewusste Hirtenhunde, um die man besser einen großen Bogen machte, bewachten sie dann entschlossen gegen Wölfe, Luchse, Schneeleoparden und neugierige Touristen. Als letztes Highlight des Tages begegneten wir sogar noch ein paar Yaks. Der Tag wäre also fast perfekt gewesen, aber Gott sei Dank hat uns dann noch ein sturzbetrunkener, zahnloser Kirgise ebenso unverständlich wie fröhlich penetrant und außerordentlich feuchtsprachig zugetextet – so viel Alter-Bergfilm-Kitsch wäre ja sonst unerträglich gewesen.

Vom Wissen und Unwissen über die Grundlagen der Automechanik

What would MacGyver do?

What would MacGyver do?

Nach einer viel zu kurzen Zeit in den Bergen holte uns Marasat pünktlich wieder vom Jurten-Camp ab und chauffierte uns in seinem weichgepolsterten Audi zurück nach Naryn. Dort hieß es für Christian und mich Abschied nehmen von Mario. Er würde seine zweite und letzte Woche in Kirgistan als Backpacker am Issyk Kul verbringen, den wir ja schon zur Genüge kannten. So wurden aus drei Musketieren wieder zwei. Christian und ich sattelten unser maisgelbes Blechpferd und machten uns in die entgegengesetzte Richtung auf nach Osch. Die zweitgrößte Stadt Kirgistans lag 400 Kilometer entfernt im Südwesten des Landes und sollte uns als Ausgangspunkt für die Eroberung des Pamir Highway dienen.

Bei Stinki stellte sich – nun da wir ein Mario mit Gepäck weniger waren – wieder eine ungewohnte Leichtigkeit ein. Wegen der unausstehlichen Wellblechpisten brausten wir trotzdem gemächlich durch eine zauberhafte Landschaft mit sanften Hügeln aus buntem Gestein und reifen Weizenfeldern. Unsere Route führte uns durch dünnbesiedeltes Gebiet, nur hie und da durchquerten wir ein genügsames Dorf oder sahen vereinzelt kleine Bauernhäuser. Auf staubigen Serpentinen schraubten wir uns mehrere Pässe hinauf und wieder hinunter, wobei wir regelmäßig und zufrieden auf die Temperaturanzeige unseres Busses blickten.
Seit ein paar Tagen jedoch zuckten wir und auch die hartgesottensten Kirgisen regelmäßig zusammen, wenn Stinki seinem Unmut freien Lauf ließ und ohrenbetäubend schoss. Das asiatische Benzin und der allgegenwärtige Staub ließen den Subaru eben doch nicht ganz kalt. Bei einer Yakwurstsalatpause besprachen Christian und ich das Unumgängliche: Stinkis Vergaser musste geputzt werden – Windeln wechseln beim Auto quasi.
Am Abend desselben Tages parkten wir geschützt hinter einem anscheinend verlassenen Hof. In der Dämmerung kamen drei hagere

Vor-Ort-Inspektion des Subaru im Frühjahr. Bereits beim Aufmotzen des Kühlsystems war Improvisationstalent gefordert.

Die ersten Eindrücke auf unserem Roadtrip: Fruchtbare Oasen säumen die Ufer des Flusses Tschüi.

Flirrende Luft und sandige Gesteinsformationen. Wandern in der Gluthitze des bunten Fairy Tale Valleys.

Bei Stinki lagen Motor und Wasserpumpe eng aneinandergekuschelt im Heck, weshalb wi unfreiwillig bald Meister im Beutel-Rucksack-Boxen-Tetris wurden.

Neongelbes Kühlwasserblut: Der kirgisische Kfz-Mechaniker in Karakol in Aktion an dessen »Njet problem!« wir zu Beginn noch glaubten.

Abschleppen nach Bokonbaevo: Nach unserer persönlichen Tschernobyl-Katastrophe erhielten wir von den Kirgisen tatkräftige Unterstützung.

Ernüchterung in Bokonbaevo, die Stimmung am Boden: Das notwendige Ersatzteil würde in Kirgistan nicht aufzutreiben sein.

Welcher Reiter fällt zuerst? Zwei erfahrene Wettkämpfer beim Austragen von Oodarysh (Pferdewrestling) beim Birds of Prey Festival.

Mensch und Tier bilden beim Birds of Prey Festival ein eingespieltes Jagdteam.

Herzliche Begegnungen mit Jung und Alt: Trotz Sprachbarriere klappte die zwischenmenschliche Verständigung problemlos.

Kühle Morgenluft und geschäftiges Treiben am Viehmarkt in Karakol.

Essen wie bei Oma. Lecker, deftig und mehr als genug.

Eisiger Wind am Alaköl-See auf gut 3500 Metern Höhe.

Abschied von Abdyrasul und Gulmira, bei denen wir kirgisische Familienluft schnuppern durften.

Neue Euphorie nach geglückter Wasserpumpen-OP: »We're on the road again, Baby!«

Der friedvolle Eindruck täuscht. Die Stille der alpinen Kältesteppe hinter dem Barskoon-Ta[l] wird regelmäßig vom Donnern schwer beladener LKWs durchschnitten. Die größte Goldmin[e] der Welt liegt nicht weit entfernt.

Rallye fahren mit Stinki. Bergab blies der Fahrtwind, wir brachen unsere eigenen Geschwindigkeitsrekorde.

Salzig-milde Luft und Urlaubsstimmung am Issyk-Kul-See, dem »Kirgisischen Meer«.

Kein noch so unscheinbarer Franzi entkommt meinen sorgsamen Biologenhänden.

Der Subaru eroberte sofort alle großen und kleinen kirgisischen Herzen. Manch (kleiner) Kirgise vergoss beim Abschied sogar Tränen.

Kirgistan, ein Land der Kurven, Schlaglöcher und Wellblechpisten inmitten atemberaubend schöner Landschaften.

Idyllische wirkende Belagerung durch neugierige Kühe am Song Kul. Nur wenig später jedoch fiel unser Brot-Proviant beinahe einem der Klauentiere zum Opfer.

Nomaden in Aufbruchstimmung: Bald würden sie von ihren Sommerquartieren auf der Hochebene des Song Kul in tiefergelegene Winterquartiere ziehen.

Genügsames Nomaden-Leben. Auch in den abgelegensten Gegenden Kirgistans trafen wir auf Bewohner, die uns nicht selten auf einen Kurzbesuch in ihre Jurten einluden.

Herbstfarbenes Camping auf Edelweiß-Rasen. Die Abendunterhaltung auf der Song-Kul'schen Hochebene umfasste Komuz- und Maultrommel-Musik sowie Schauergeschichten vom kirgisischen Wolf.

Gelagert in Holzfässern, Eimern und Kannen: Kumys, vergorene Stutenmilch. Das gewöhnungsbedürftige Nationalgetränk der Kirgisen fördert nicht nur die Manneskraft und sorgt für reichlich Nomaden-Nachwuchs, es erleichtert aufgrund des geringen Alkoholgehalts auch die interkulturelle Verständigung.

Ein kurzes Resümee aus dem Internet über die Anfahrt zum Kel Suu: kaputte Straßen, reißende Bäche und tiefe Furten.
Im September war davon weit und breit nichts zu sehen.

Hunderte Meter hohe Felswände. Ein Blick auf den geheimnisvollen Kel-Suu-See auf 3500 Metern Höhe.

Mit fünf PS zum Kel Suu. Wie die Kumys-Verkostung ist auch ein Ausritt zu Pferde in Kirgistan unumgänglich.

Generationen im Wandel: Viele nomadischen Bewohner Kirgistans leben nach wie vor hauptsächlich von der Viehzucht. Ob der Nachwuchs diese traditionelle Lebensweise fortführen wird, ist ungewiss.

Christian und Mario beim Zurückwandern zum Jurten-Camp, kurz nach unserem Hochsee-Boot-Abenteuer am Kel Suu.

Zunahme von österreichisch-bairisch gefärbten Flüchen in Zentralasien. Langsam begannen die Probleme mit Stinki an der guten Laune zu kratzen.

Geduldiges Beutel-Rucksack-Boxen-Tetris. Stinki, das Meisterwerk japanischer Autobaukunst, hatte seinen Motor im Heck. Bei einem altersschwachen Fahrzeug, das besonders viel pflegende und reparierende Aufmerksamkeit verlangte, ein Ärgernis.

Auf dem Weg in den Süden rumpelten wir mit einem quietschenden Bus gemächlich vorbei an kleinen Dörfern und malerischen Marmorkuchen-Gebirgen.

Osch. Die zweitgrößte Stadt Kirgistans schmiegt sich um einen kleinen Berg, den Suleiman Too, an dessen Kultstätten sich islamische mit vorislamischen Glaubensvorstellungen mischen.

Latzhosen und Schutzbrillen. Unsere Lieblingsmechaniker in Osch verzichteten gelassen darauf.

Die Operation am offenen Herzen brachte Stinkis Motorkolben und die maroden Dichtungsringe zum Vorschein.

Warten in Ungewissheit in der schwülen Werkstatthöhle. Der Charme der Einrichtung spiegelte unsere Laune wider.

Sarytasch, eine der letzten Siedlungen vor der tadschikischen Grenze. Den Horizont säumen hier bereits die ersten Riesen des Pamir-Gebirges, zwischen die sich der Pamir Highway schlängelt.

Eisiger Wind. Der Pamir Highway führt durch wüstenartige Landschaften, in denen sogar Neil Armstrong Fernweh bekommen hätte.

Ein Meteoritenkrater, gefüllt vom salzigen Karakul-See. Das größte Gewässer Tadschikistans liegt auf über 3900 Meter Höhe.

Rote Bäckchen und ein entbehrungsreiches Leben zwischen Naturgewalten.
Für uns wild romantisch, für die Einwohner harter Alltag.

In der dünnen Luft des Pamir trotzen die gastfreundlichen Menschen dem rauen Klima.

Im inneren sind die Häuser gemütlich, nach einem Tag in der Kälte spendeten uns verholzte Pflanzen und die Hinterlassenschaften der Tiere knisternde Wärme.

Verlassener Highway. In den ersten Tagen begegneten wir im Pamir kaum anderen Fahrzeugen.

Seltenheitswert in einer sonst trockenen Gegend. Erste Winterboten in Karakul, einem Dorf am Rande der Zivilisation auf knapp 4000 Metern Höhe.

Mafiöse Salzkrusten. Das weiße Pulver erinnerte uns daran, dass der Pamir Highway auch von Drogenkurieren frequentiert wurde.

Ein Leben im Hochgebirge. Die Menschen im Pamir sind auf das Wohlergehen ihrer Tiere angewiesen.

Stille und imposante Naturbegegnungen ließen uns demütig werden.

Lauer Wind und Kinderlachen. Am Ausgang des Wakhan-Tales herrschten milde Temperaturen, wir näherten uns wieder der Betriebsamkeit.

Für die Menschen im fruchtbaren Ishkoshim schien unser Besuch eine willkommene Abwechslung von der Erntearbeit zu sein.

Im parkgeschwängerten Duschanbe herrscht euphorischer Bauboom. In der Hauptstadt Tadschikistans vertreiben wir uns die Zeit mit Gebäudefotoshootings, Boulevardschlenderei und Restauranthopping.

In Ermangelung stillhaltender Landschaften jagte Christian in Städten gerne dynamischere Motive auf den Märkten.

Auf den Märkten kitzelten exotische Gewürze unsere Nasen, unsere Augen grasten an saftigen Büscheln Gemüse und interessiert erörterten wir gemeinsam mit den munteren Verkäufern die wundersame Anatomie der Fettsteißschafe.

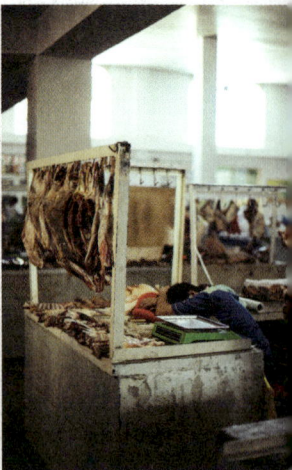

In den usbekischen Städten drehte sich kaum mehr einer nach uns um. Touristen sind hier ein gewohnter Anblick.

Auch die Bewohner Chiwas haben das touristische Potential ihrer märchenhaften Altstadt erkannt, schon die Kinder sind an die ausländischen Besucher gewöhnt, sie genießen die Aufmerksamkeit noch.

Bald schmerzte uns in Usbekistan der Nacken vom vielen In-die-Luft-Schauen. Fast hatten wi das Gefühl, dass prachtvolle Mosaike aus glasierten Kacheln und bunte Malereien beinah alle horizontalen und vertikalen Flächen des Landes verzierten.

Spuren von Tausendundeiner Nacht. Die Altstadt Chiwas versprüht ein Flair wie die Filmkulisse in Disneys Aladdin.

Während man in Kirgistan kaum Souvenirs kaufen kann, gibt es in Usbekistan eine Reihe von Kunsthandwerkern, die ihre Werke an Ort und Stelle produzieren und feilbieten.

Der Registan im usbekischen Samarkand bietet besonders viele Luftschnappmomente für Liebhaber orientalischer Architektur.

Das Damas-Deluxe-Modell bescherte uns wehmütige Momente. In Form von weißen Klonen wurden wir in Usbekistan regelmäßig an Stinki und sein ungewisses Schicksal erinnert.

Islomola, links. Unserer Einschätzung nach die zukünftige Bürgermeisterin von Buchara.

Warme Wüstenabendsonne. Langsam zeichnete sich auch das Ende unserer Reise ab.

What would MacGyver do?

Reiter vorbei, Hirten, die in einer nahe gelegenen, unscheinbaren Hütte hausten. Während sich ihre Kühe betont missmutig an uns und dem Bus vorbeiquetschten, erkauften wir uns das Wohlwollen der neugierigen Männer mit Zigaretten und Keksen. Anschließend konnte Christian dann unter den Blicken nervös glotzender Kühe, die heikle Putzerei am Vergaser erfolgreich meistern. Am nächsten Tag setzten wir unsere Fahrt schussfrei fort. Trotzdem bereuten wir es fast, von den Annehmlichkeiten von Marasats Audi quattro gekostet zu haben. Die Wellblechpisten erschienen uns nun mit jedem gefahrenen Kilometer unerträglicher. Auch Stinki litt zunehmend unter den maroden Straßenverhältnissen – sie hinterließen ihre Spuren, wie wir bald bemerken sollten.

Die folgenden Geschehnisse waren, davon bin ich überzeugt, auf mein schlechtes Karma zurückzuführen, das ich angesammelt hatte, weil ich einige Tage zuvor den Yakwurstsalat nicht mit zwei betrunkenen Kirgisen hatte teilen wollen. Alles begann am Tag zwei nach der Vergaserputzerei. Stinki quiekte plötzlich mehr als sonst. Er brummte auch lauter. Und diesmal half alles Neuverzurren von Schaufel, Kanister und Co. auf dem Dachträger nichts. Der Grund: Die ewige Rüttelei hatte nach und nach einige Schrauben herausgedreht, von denen wir die meisten irgendwo unwiederbringlich verloren hatten. Sogar im Fahrerraum purzelten verwaiste Exemplare herum, mindestens eines konnten wir seltsamerweise keinem passenden Loch zuordnen ... Das Quietschen kam vom Dachträger des Busses selbst, und es blieb zu hoffen, dass uns das Gestell nicht irgendwann samt Kanister runterrutschen würde. Begleitet wurde die Dachträgersymphonie von dem neuen Brummen Stinkis, das einen jeden Moped-Frischling mit Stolz erfüllt hätte. Der *Spruch* kam nämlich vom Auspuff und ließ auf mehr als nur ein kleines Loch schließen. Aber: *Njet problem!*, alles halb so wild, kleine Kollateralschäden eben, über die wir uns keine großen Sorgen machten. Im Vergleich zu den meisten kirgisischen Autos, die uns auf diesen ländlichen Straßen begegneten, war Stinki doch ziemlich rüstig!

Aber dann wurden Christian und ich doch immer stiller im Kontrollraum. Wir hatten es schon den ganzen Vormittag gesehen, aber gekonnt ignoriert: Die Nadel der Temperaturanzeige bewegte sich seit ein paar Stunden auf ungewohnt hohe Bereiche zu. Schließlich erforderte ein unhaltbarer neuer Rekordwert ein sofortiges Abstellen des Fahrzeugs. Zerknirscht stiegen wir aus. Weit und breit war außer Staub und Gestrüpp nichts zu sehen. Wir befanden uns etwa auf halber Strecke nach Osch, die Mittagssonne brannte uns erbarmungslos ins Gesicht – mit Reiserichtung Süden schienen wir in den tiefer werdenden Lagen den herbstlichen Temperaturen wieder zu entfliehen. Da stieg uns plötzlich ein sogar für Stinki ungewohnt starker Benzingeruch entgegen. Sich ausbreitende Schlieren entlang der Windschutzscheibe kündigten die nächste Katastrophe an: Nach Tschernobyl drohte uns nun *Exxon Valdez*. Offensichtlich hatte einer unserer Benzinkanister auf dem Dach während der Rumpelfahrten Leck geschlagen. Der Tank unseres Busses war aber voll, und wir wussten nicht, wohin mit dem Treibstoff. Die Lösung nahte auf der Straße: Während wir noch überlegten, was wohl weniger umweltschädlich wäre, Bodenversickerung oder Anzünden, kamen uns unerwartet drei junge Touristen zu Hilfe. Wir tankten ihren fetten SUV voll, den Rest nahmen die wilden Tschechen in einem dünnen Fünf-Liter-Wasserkanister mit.

Eine akute Umweltkatastrophe hatten wir damit zwar abgewendet, die größte Herausforderung stand uns aber noch bevor: Stinki litt an Fieber, und wir wussten nicht warum. Lecke Kanister, fehlende Schrauben, verdreckte Vergaser – damit konnten wir umgehen. Nicht aber mit einer sich gegen alle Logik verhaltenden Temperaturanzeige.

Diese in Kombination mit unserer speziellen Autokonstruktion sollte uns in nächster Zeit der Verzweiflung nahe bringen: Im Subaru lagen Motor und Wasserpumpe nämlich eng aneinandergekuschelt im mit Gepäck vollgestopften Heck unter einem großen Deckel. Deshalb sieht man Christian auf vielen unserer Fotos mit dem Oberkörper im Kofferraum verschwunden. Er holte sich dabei nur in seltenen Fällen Kekse aus unserem Vorrat, sondern werkelte meist im Motorraum. Wie ich bereits angedeutet habe, waren wir ein bisschen überausgestattet. Jede Motorraumöffnung erforderte deshalb sowohl zuvor als auch danach unweigerlich ein *Beutel-Rucksack-Boxen-Tetris* und gestaltete sich demnach recht aufwendig.

Dass wir dieses Spiel nicht noch häufiger als ohnehin schon spielen mussten, verdankten wir dem Kombiinstrument. Es ermöglichte uns, in Stinkis Kontrollraum den Überblick über die technisch hochkomplexen Vorgänge im Motorraum und somit zumindest das subjektive Gefühl zu behalten, alles im Griff zu haben. Dieser große Meister der Anzeigen stand permanent mit allen wichtigen Messgeräten des Busses in Verbindung. Im Heck des Subaru hatte beispielsweise der Thermosensor seinen Fühler in der Kühlwasserflüssigkeit stecken und sendete sein Wissen um die Temperatur in den Kontrollraum. Das Beste am Kombiinstrument war, dass sogar ich es lesen konnte. Ich wusste, dass es nicht gut war, wenn ein Lämpchen rot aufleuchtete, blinkte oder irgendwelche Zeiger sich in roten Bereichen bewegten. Solange aber am Kombiinstrument alles in Butter war, konnten wir die Abdeckung des Motorraumes Abdeckung sein lassen. Zu unserem Leidwesen hätte Österreich jedoch im Herbst des Jahres 2017 dennoch gute

What would MacGyver do?

Chancen auf die Goldmedaille bei der Beutel-Rucksack-Boxen-Tetris-WM gehabt.

Zurück zum Ort des Geschehens. Nachdem uns auch ein schneller Blick in den Motorraum nicht über den Grund für die überdrehte Temperaturnadel erleuchtet hatte, räumten wir leicht unrund unseren Krempel von der staubigen Straße wieder in den Subaru. Fast hätte ich Stinki eine Überdosis Breitbandantibiotikum aus unserer Reiseapotheke in den Tank geschmissen und wäre mit brennenden Wacholderzweigen weihräuchernd um ihn herumgetanzt. Wir ahnten, dass sich sein Fieber zu einer kleinen Odyssee auswachsen würde.

Aus Mangel an Alternativen setzte Christian den Bus waghalsig nochmals in Gang, und wir fuhren trotz des Motorfiebers ein paar Kilometer zurück nach Kazarman, wo wir kurze Zeit zuvor getankt hatten. In diesem dörflichen Städtchen im Nirgendwo wollten wir Stinki stationär behandeln.

Bald saß ich eingesunken auf unserem maroden Campingsessel unter dem Vordach eines Guesthouses. Die Nachmittagssonne brannte grellgelb vom eisblauen Himmel, die Grillen zirpten. Eine Fliege umsurrte unbarmherzig die traurigen Reste unseres einst mächtigen Keksvorrates. Das Lied »Man With A Harmonica« aus dem Film *Spiel mir das Lied vom Tod* hätte die Situation passend untermalt, stattdessen sang in der Ferne ein Muezzin. Christian lag seit Stunden unter dem Bus. Es war absehbar, dass sich der – so viel sei schon verraten – viertägige Zwangsaufenthalt in Kazarman emotional wenig entspannt gestalten würde.

In den beiden existierenden Miniautowerkstätten Kazarmans wurden eingerostete Schrauben standardmäßig mit einem Vorschlaghammer entfernt, außerdem hatten sie nicht einmal ein

Batterieladegerät. Unser Gefühl sagte uns, dass wir besser einen großen Bogen um diese Einrichtungen machen sollten. Wir blieben also unserer Schrauberstrategie *Selbst herumtüfteln und Leute anrufen* treu. Im gelobten Internetzeitalter konnten wir sogar aus dem kirgisischen Hinterland relativ verlässlich zu jeder Uhrzeit immer und immer wieder gutmütige Menschen auf anderen Kontinenten mit unseren Problemen belasten. Vorzugsweise Stefan, der inzwischen so etwas wie eine 24-Stunden-Sorgen-Hotline für uns eingerichtet hatte. Wenn der zu Beginn gewusst hätte, wie oft wir seinen guten Rat beanspruchen würden …

Aber weder mit unserer noch mit Stefans Expertise konnten wir eine Erklärung für die unartige Temperaturnadel finden. Außerdem wurden wir langsam ungeduldig, denn zu dem Problem mit der Temperatur gesellten sich nun auch Komplikationen beim Starten und Schwierigkeiten mit der Elektrik.

Konfrontiert mit dieser Diversität an Herausforderungen lief Christian in Kazarman zu neuer Höchstform auf, er stellte sich immer geschickter an bei den Basteleien – Not macht ja bekanntlich erfinderisch. Mein Zuständigkeitsbereich umfasste nicht nur die Konstruktion improvisierter Hebebühnen. Ich reichte Christian außerdem Werkzeug. Kochte Essen. Und heiterte sein Schrauberdasein unter dem Subaru auf, indem ich ihm regelmäßig Kekse in den Mund schob oder versehentlich hupte, während ich am Kabelbaum (den elektronischen Leitungsbündeln, also quasi ein Teil von Stinkis Zentralnervensystem) im Fahrerraum herumstöberte, konzentriert darauf, dem Bus nicht auch noch unbeabsichtigt eine kurzschlussinduzierte Querschnittlähmung zuzufügen. Mein wichtigster Einsatz war aber immer dann gefordert, wenn Christian mit seinem Latein am Ende war. Zwar hielt ich mich bei den sensibleren Tätigkeiten zurück, denn ich bin seit jeher eine Schlächterin mit ungeduldiger Feinmotorik. Für alle widerspenstigen Probleme hatte ich jedoch meistens eine passende, wenn auch manchmal rabiate Lösung parat. Zusammen gaben Christian und ich in Kazarman so unser Bestes.

Es ist kein Geheimnis, dass gemeinsames Reisen eine Beziehung auf eine starke Probe stellen kann. Ich mache keinen Hehl daraus, dass der Stress, wenn etwas nicht so funktionierte, wie wir es uns vorgestellt hatten, auch bei Christian und mir schnell zu destruktiven Unstimmigkeiten führte. Weit weniger bekannt dürfte die paartherapeutische Wirkung sein, die sich einstellt, wenn man gemeinsam tagelang an einem alten Bus werkelt und dabei den Werkzeugkoffer aufs äußerste strapaziert. Sie war beeindruckend.

Ob wir damit in Kazarman aber auch den Defekt des Subaru ausgemerzt hatten, waren wir uns jedoch nach wie vor nicht sicher. Um das Universum milde zu stimmen, polierten wir unser Karma ein bisschen auf und überließen einem geplagten Grazer Motorradfahrer unseren unentbehrlichen 19-Millimeter-Inbus aus unserem eigentlich heiligen Werkzeugsortiment. Der Grazer hatte sein Bike übrigens ebenfalls in einer hiesigen Werkstatt *reparieren* lassen und tat gut daran, sein seitdem eierndes Vorderrad regelmäßig aufzupumpen und neu festzuziehen.

Christian und ich hatten ein bisschen Bauchweh, als wir nach der Installation mehrerer Notbehelfe Kazarman in Richtung Osch verließen. 250 Kilometer quälende Ungewissheit lagen vor uns. Ich hatte mich, seit ich Stinki persönlich kennenlernen durfte, regelmäßig herausgeschält aus der Sicherheit meiner pessimistisch realistischen Weltanschauung und mich in einen warmen Kokon aus grenzenloser Naivität eingesponnen. Und auch Christian wurde für die grausame Overlander-Realität zunehmend undurchlässig. Zugegeben, diese Strategie war wenig nachhaltig, aber durchaus geeignet, um kurzfristig Hoffnung zu schaffen. Deshalb verließen

What would MacGyver do?

wir uns, wie schon mehrere Male zuvor, auf unser Deppenglück. Vielleicht waren wir aber auch schlicht und einfach bereits chronisch hirngeschädigt von Stinkis Abgasen.

Keine fünf Kilometer hinter Kazarman, noch vor dem zweiten Anstieg, wurden wir wieder desillusioniert. Temperatur: zu hoch. Langsam packte mich der Zorn. Hatten wir dem Bus in den letzten Tagen nicht schöngetan? Bestes, frisches Kühlwasser, Metallkleber *Made in Germany,* sanfte Waschbehandlungen mit der weichen (!) Seite des Küchenschwämmchens, glänzende Schrauben, verzinkte Muttern, eine geladene Batterie – was wollte er mehr?!

Undankbarer Kübel, du verreckter du!

Nicht einmal mein Hermann – *mein heißgeliebter Hermann!* – hatte je so viel Aufmerksamkeit und uneingeschränkte Zuwendung bekommen! Mein französisches Alltagsauto, Baujahr 2005, hatte wie Stinki weder Servolenkung noch sonst irgendeine frickelige Elektronik, keinen Firlefanz, keine Dekadenz am Leib, das schlichte Bild eines blauen Peugeot, trotzdem fing der mit seinen sechzig PS nicht an zu husten, sobald drei Leute drin saßen! Der fuhr auch mit Vollbeladung tadellos!

Ich kann gut schimpfen und mache das auch gerne. Und am liebsten im mir anerzogenen oberösterreichischen Dialekt, der, aufgrund der geographischen Nähe, dem in Ober- und Niederbayern gesprochenen stark ähnelt. Gefühlsmäßig erscheint mir die Anzahl der dafür zur Verfügung stehenden rhetorischen Stilmittel in diesem Teil der Erde besonders groß, weshalb ich an jenem Tag wieder einmal froh war, dort geboren worden zu sein. Aber nicht nur ich reizte mein üppiges Vokabular an

What would MacGyver do?

oberösterreich-bairischen Schimpfwörtern lautstark aus. Langsam wurde sogar Christian etwas grantig, und auch er verpasste Stinki neue Namen.

Wir zeterten beide, während wir wieder zurück nach Kazarman fuhren. Dort angekommen, parkte Christian am staubigen Straßenrand vor einem kleinen Eisenwaren- und Kühlwasserflüssigkeitsladen. Gleich daneben lag nämlich Kirgistans beste Samsa-Bude, die uns in den vergangenen Tagen mit saftig gefüllten Teigtaschen verwöhnt hatte. Dem Koch entfuhr ein freudiges Lachen, als er uns sah, fast so, als wären wir nur wegen seiner Samsa nach Kazarman zurückgekehrt. Tatsächlich zeigte das Stimmungsbarometer nach dem Imbiss gleich wieder bessere Laune an.

Wir fackelten nicht lange herum und spielten das Beutel-Rucksack-Boxen-Tetris gleich am Straßenrand. In dieser nicht sterilen OP-Umgebung wagten wir eine erneute Öffnung der Zentralen Schweißdrüse. Vielleicht hatten wir bei der Wasserpumpenbastelei in Bokonbaevo – so extrem unwahrscheinlich uns das natürlich erschien – doch etwas falsch gemacht?

Grüngelbes Kühlwasserblut spritzte auf den heißen Asphalt. Schaulustige kazarmanische Kinder hüpften um uns herum. Eines fühlte sich wohl gar tollkühn und klaute uns in einem kurzen Moment der Unachtsamkeit (Kekspause) alle vier Ventilkäppchen unserer Reifen.

Geh schleicht di, des gibt's ja ned!
Soichane Rotzbipm, i sag das, wenn i de dawisch,
dann gibt's aber a Wetter!

Sprachlich sauber formuliert hätte mein oberösterreichisch-bairisch kundgetaner Unmut folgendermaßen geklungen: »Herrje,

das gibt's doch nicht! Solche Rotznasen, ich sage dir, wenn ich die erwische, dann gibt's aber ein Donnerwetter!«
Auf diese bodenlose Frechheit hin gedachte ich, ebenfalls zu unlauteren Methoden zu greifen, und verschwand im Laden nebenan. Während Christian weiter an der Wasserpumpe herumbastelte, lutschte ich bald gespielt genüsslich an lauwarmen Schokolinsen und blinzelte dabei verstohlen zu dem kleinen Haufen Kinder, der nach Ausbruch meines Ventilkäppchen-Schreikrampfes flink einen Respektsabstand eingenommen hatte. Glücklicherweise brauchte es nur fünf mittelprächtig schmeckende Linsen, bis sich aus der Distanz langsam ein Junge näherte. Judas lockten die bunten Schokolinsen. Diese waren nämlich deutlich mehr Anreiz, seinen besten Freund zu verpfeifen, als meine halb gestikulierten Erklärungen, dass wir die Ventilkäppchen unbedingt benötigten. Unauffällig wechselte die Näscherei ihren Besitzer, und der Deal war besiegelt. In der sengenden Sonne joggte ich dem Verräter anschließend durch das halbe Dorf hinterher. Der gab ein ordentliches Tempo vor, denn er hatte ein hübsches Fahrrad, ausgestattet mit zwei schönen Ventilkäppchen, denen ich mit fortschreitender Erschöpfung immer mehr Aufmerksamkeit schenkte, natürlich ohne jegliche böse Hintergedanken ... Plötzlich blieb der Junge stehen, deutete in den Innenhof, der hinter einem geöffneten Tor lag, und – das hätte ich an seiner Stelle auch getan – machte sich aus dem Staub. Unschlüssig druckste ich vor dem Tor herum, plötzlich war MIR die Sache unangenehm. »*Sdrasstwujte*? Hallo?«, entließ ich mäßig bestimmt in die Leere des Innenhofes.
Nichts.
Blöde Ventilkäppchen.
Da auf Worte normalerweise Taten folgen, setzte mein rechter Fuß gerade dazu an, durch das Tor zu treten, als meine Ohren just im selben Augenblick das eindringliche Grollen des *Zerberus*

vernahmen. Mir rutschte das Herz in die Hose. Es gab ihn also doch, den furchterregenden mehrköpfigen Höllenhund der griechischen Mythologie, den Bewacher des Einganges der Unterwelt. Giftiger Atem. Todbringender Speichel. Schwäche für Honigkuchen. Dass mir zu den ungünstigsten Zeitpunkten auch immer das am wenigsten hilfreiche Schulwissen einfiel. Zwar war ich allgemein äußerst schreckhaft, aber solch niederfrequente Schallereignisse kannte ich eigentlich nur von Livekonzerten, auf denen man die tiefen Frequenzen, die das menschliche Ohr nicht mehr wahrnimmt, am Brustbein fühlt. Und wahrhaft, mein Brustbein *fühlte* den Wachhund.

Ich sollte ihn aber nie zu Gesicht bekommen. Stattdessen schlurfte noch im selben Schreckmoment eine kleine Frau durch den Innenhof auf mich zu, die den unsichtbaren Höllenhund mit einem knappen Zischen zum Schweigen brachte. Nachdem ich mir meine Gänsehaut zurechtgekämmt und wieder zu atmen begonnen hatte, war ich nicht mehr fähig, der überraschten Kirgisin mein Anliegen verständlich zu schildern. Ich kapitulierte.

Das Schicksal war eindeutig auf der Seite des Diebes. Sollte er sich die Ventilkäppchen doch auf sein Fahrrad montieren, irgendwann würde er bestimmt über eine Schraube fahren, die der Subaru irgendwo verloren hatte, und dann würden ihm die Käppchen auch nichts nutzen. Zugegeben, der Gedanke war gemein, aber durchaus tröstlich, wenn nicht sogar befriedigend. Nichtsdestotrotz hatte ich mir den Ausgang der Rückeroberung unserer Ventilkäppchen anders ausgemalt. Heldenhaft und ruhmreich nämlich.

Zerknirscht schlurfte ich zu Christian zurück, der vorschlug, ich solle doch im kleinen Eisenwaren- und Kühlwasserflüssigkeitsladen nach passenden Ventilkäppchen und einer Stammkundenkarte fragen. Schön, dass er sich noch einen letzten Rest Humor

What would MacGyver do?

behalten hatte. Tatsächlich aber führte der kleine Eisenwaren- und Kühlwasserflüssigkeitsladen auch Ventilkäppchen für zwanzig Eurocent das Stück. Ich verdrängte umgehend, dass die Schokolinsen signifikant teurer gewesen waren.

Auf uns wirkte das Ventilkäppchenvorkommnis sogar kurzzeitig aufheiternd. Die Wasserpumpenproblematik erschien uns jedoch nicht nur deutlich zerstörerischer, sondern allmählich auch unlösbar. Viele Möglichkeiten hatten wir nun ja nicht mehr, und so justierten wir als letzten Akt der Verzweiflung das Flügelrad der Wasserpumpe mit Augenmaß am Straßenrand neu – zehntelmillimetergenau – und beteten inständig, damit dem Problem den Garaus gemacht zu haben. Nach einer weiteren Runde Beutel-Rucksack-Boxen-Tetris starteten wir unseren dritten Versuch, Kazarman zu verlassen.

Und ja, ihr, die loyalen Realisten unter euch, ihr ahnt es bereits: Den nächsten Schreikrampf bekam ich geschätzte zwanzig Kilometer nach Kazarman. Temperatur erst hoch. Dann: Temperatur weg. Beutel-Rucksack-Boxen-Tetris. Der elektrische Kontakt vom Thermosensor war abgebrochen. ABGEBROCHEN!

Kruzifix, jetzt werd i aber narrisch!

So viel geflucht wie in den letzten Tagen hatte ich noch selten in meinem Leben, mein Karma löste sich schneller auf als Mentos in Cola. Auch Christians Gefasstheit bröckelte, der Sensor war nämlich modellspezifisch, das heißt mit großer Wahrscheinlichkeit nicht erhältlich in ganz Kirgistan. Ratlos blickte Christian in den finsteren Abgrund des Motorraumes. Seine mit Staub panierten Haare wiegten drahtig im Wind. Ich versuchte mich derweil in Pilates-Bauchatmung. Ein. Aus. Ein. Aus.

What would MacGyver do?

Nach fünf Sekunden intensiver Beruhigung schob ich Christian zur Seite. »Lass mich das machen.« Die Klinge eines Bear-Grylls-Messers funkelte scharf in der Sonne, in meinen Augen leuchtete besonnener Wahnsinn. Der Einzige, der uns jetzt noch helfen konnte, war der Held meiner Kindheit. Allein wegen seiner Mähne hatte ich mich ihm immer schon verbunden gefühlt. Außerdem hatte MacGyver für einfach *alles* eine schlichte Lösung parat. (Falls ihr es nicht hört, das *MacGyver*-Titellied hat schon vor über fünf Zeilen eingesetzt.) Die Zutaten für meine MacGyver-Reparatur waren: Messer, Hammer und ein Stück Schlauch. Problem gelöst. An alle Realisten, Pessimisten und MacGyver-Skeptiker unter euch: In einer Gegend, wo Ruthenisches Salzkraut (diese struppige Steppenpflanze wurde bekannt durch ihre Charakter*rollen* als Steppenläufer in vornehmlich Westernfilmen und symbolisiert vor allem Verlassenheit und Trostlosigkeit) Purzelbäume schlägt, muss man die Nachhaltigkeit einer Reparatur wirklich nicht in Frage stellen. Vielleicht hatten wir mit dieser Einstellung endlich auch das Motto der kirgisischen Mechaniker verstanden.

Dann: anschwellendes Blöken. Vertrautes Getrampel. Feuerfarbene Staubwolken. Wir blinzelten der eitrig gelben Sonne entgegen. Zwei Männer, die ihr Vieh nach Hause trieben, kamen in unsere Richtung geritten. Sicher waren sie neugierig und wollten ein bisschen mit uns plauschen, so wie die meisten Leute, denen wir begegneten. Ich packte vorsorglich die letzten Reste der Kekse aus. Aber nur einer der beiden, ein schmaler gebräunter Hirte mittleren Alters in Camouflage-Hosen, kam elegant zu uns herangetrabt und stieg souverän vom Pferd. Ab dem Moment waren seine Bewegungen nur mehr ein wabbeliges Torkeln. Anstatt der angebotenen Kekse nahm der grinsende Kirgise nach einem kurzen gelallten Smalltalk grob meinen Arm und versuchte, mich fröhlich, aber bestimmt zu seinem Pferd zu ziehen. Seine Schnaps-Fahne wehte mir entgegen. Ein versuchter Brautklau, könnte man denken, und in Anbetracht der Beute konnte es sich dabei nur um eine grobe Verzweiflungstat handeln. Oder schlicht um eine naive Betrunkenheitsaktion. Ich kann euch zwar leider nicht über seine Motive aufklären, dafür aber über den Ausgang dieser wunderlichen Begegnung, denn erstens waren mir die meisten Kirgisen körperlich nicht sonderlich überlegen, und zweitens versuchte der gute Hirte, nachdem ich mich als zu widerspenstig erwiesen hatte, auch Christian zu klauen. Als sich Christians Leiblichkeit trotz all seiner Anstrengungen keinen Millimeter bewegte, sah der Kirgise ein, dass er sich auf ein hoffnungsloses Unterfangen eingelassen hatte, und torkelte allein zu seinem Pferd zurück, um anschließend wieder in makelloser Manier von dannen zu reiten. Wir blickten ihm etwas ratlos nach und knabberten an unseren Keksen.

Und als hätte Shakespeare höchstpersönlich den Ablauf dieses schönen, tragikomischen Septembertages verfasst, sprang der Bus nun nicht mehr an. Aus Respekt vor den nationalen Straßenordnungsgesetzen hatte Christian neuerdings immer pflichtbewusst das Licht eingeschaltet – und vorhin in aller Aufregung vergessen, es auszuschalten. Zugegeben, in diesem Moment begannen die Probleme mit Stinki, wieder unsere Teamharmonie zu belasten. Sicher hätte *ich* nie vergessen, das Licht auszuschalten. Einatmen. Ausatmen. Augenrollen hinter geschlossenen Lidern. Christian hatte aber Glück im Unglück – ein Auto kam kurze Zeit später vorbei und gab uns Starthilfe. *Denkste, Shakespeare, so schnell kriegst du uns nicht klein!*
Wie zu erwarten, stieg nach kurzer Zeit die Temperatur und somit auch unser Unmut, aber zum Umdrehen war es inzwischen sowieso zu spät.

What would MacGyver do?

Geh, woaßt wos, scheiß o, iatzt foahma einfach,
bleda kanns eh fast nimma werdn.

»Schön« gesprochen: »Ach, weißt du was, sch… drauf, jetzt fahren wir einfach, schlimmer kann es eh fast nicht mehr werden.«
Und so fuhren wir – *njet problem!* – einfach weiter. Und wirklich, wie durch ein Wunder verharrte die Temperaturnadel konstant kurz unter der kritischen Markierung. Wir beschlossen daher einstimmig, dass der Temperatursensor einen Vogel hatte, und wurden gelassener. Unser neuer Schlachtplan wirkte regelrecht befreiend. Wie viel Aufmerksamkeit man einer bezaubernden Umgebung schenken kann, wenn man sich der Tyrannei einer hysterischen Temperaturnadel entledigt! Auf steinigen Lehmpisten pflügten wir durch ein buntes Marmorkuchen-Gebirge. Unvorstellbare Kräfte hatten vor ewiger Zeit rote, gelbe, orangefarbene und braune Gesteinsschichten zusammengeknetet und zu einem Meer aus wild gemusterten Bergen aufgetürmt. Durch diese trockene Landschaft wanden sich die Schlingen einer Passstraße, als wäre ein Seil unordentlich hingeworfen worden. Bänder aus farbenfrohen Trockenrasenblumen säumten den Weg. Wir flitzten um die engen Kurven, hinter denen waschbärfarbene Chukarhühner davonstoben.

Dann mussten wir bremsen. Ein Lkw hatte auf gut 3000 Meter Höhe seinen Geist aufgegeben, die Besatzung steckte auf der Passstraße fest. Die Männer baten uns deshalb um eine Abendessenspende. Nach der Übergabe von Dosenfisch und Brot war der gut gelaunte Fahrer der Meinung, dass Christian eine Schusswaffe gut stünde und ich das unbedingt auf einem Foto festhalten solle. Das blutrote Restlicht der untergehenden Sonne beleuchtete das Jagdgewehr, das Christian kurzerhand in die Hand gedrückt wurde. Dem Schnappschuss folgte eine schnelle Verabschiedung, wir mussten weiter.

Mit fortschreitender Finsternis entfernten wir uns von der Kuchenlandschaft und tauchten ein in die Schattenwelt knorriger Bäume. Stinkis Sehvermögen in der Finsternis ließ zu wünschen übrig, seine Scheinwerferaugen waren nicht die besten. So konnten wir nur schemenhaft erkennen, durch welchen Märchenwald wir uns bewegten: Zigtausende Hektar Land voller wilder Obstbäume. Hier wuchs neben Apfel-, Birnen- und Pflaumenbäumen auch ein einzigartiger Walnussbaumurwald. Dass wir diese Landschaft im Dunkeln durchfuhren, konnten wir aber verschmerzen, schließlich hatte unser Reiseführer darauf hingewiesen, dass die Wälder teilweise stark übernutzt und verschmutzt waren. Ohne Tageslicht blieb uns wenigstens der Anblick von Plastiktüten, verrosteten Konservendosen und zerbrochenen Wodkaflaschen erspart. Unser Lager schlugen wir schließlich spätnachts am Ufer eines schlammigen Flusses auf.

Am nächsten Tag wurde die staubige Rumpelpiste von einer asphaltierten Straße abgelöst, ein untrügliches Zeichen dafür, dass wir uns wieder städtischen Gegenden näherten. Für einen sanften Einstieg in diese belebte Welt sorgten die zahlreichen Tierherden, die die Hauptstraße nach Osch verstopften. Wir erreichten kurz darauf Level zwei (Polizeikontrolle, erfreulicherweise harmlos) und Level drei (reger Stadtverkehr) der menschlichen Zivilisation. Nach Durchquerung der Städte Dschalalabat und Ösgön erreichten wir – *törööö* – dann endlich Osch!

Wie vorher schon kurz erwähnt, ist Osch mit gut 250 000 Einwohnern die zweitgrößte Stadt Kirgistans, die Bevölkerung ein konfliktträchtiges Gemisch aus ethnischen Kirgisen und einer

What would MacGyver do?

Minderheit Usbeken. Von hier aus wollten wir zum Pamir Highway aufbrechen. Die Kirgisen im Norden hatten uns gewarnt, die Städte im Süden seien so anders als die Städte im Norden. Heißer, konservativer und überhaupt wenig typisch kirgisisch. Ganz so ausgeprägt erlebten wir den Unterschied aber nicht. Es stimmte schon, für Mitte September war es hier noch ordentlich warm, und trotzdem erfreuten sich Kopftücher bei den Frauen offensichtlich größerer Beliebtheit als beispielsweise in Bischkek. Aber – das mag an der restsowjetischen Grundstimmung liegen oder nicht – weder der Alltag noch das Wesen der Menschen in Osch schienen sich aus unserer Sicht stark von denen der nördlichen Städter zu unterscheiden. Einzig vom hiesigen Automarkt hätten sich die Bischkeker wirklich ein Scheibchen abschneiden können! Womit wir wieder beim Thema wären: unser Bus.

Der Subaru war ja nicht nur der Anstoß für unsere Reise und Auslöser einiger Schimpftiraden gewesen, sondern auch immer wieder Anlass für unvergessliche Begegnungen mit Einheimischen. Kinder und Erwachsene liebten Stinki (oder fanden ihn zumindest lustig). Er weckte verlässlich die Neugier der Menschen, das Eis war damit schnell gebrochen. Und nicht zu vergessen die ganzen Bekanntschaften, die wir seinen Wehwehchen verdankten: Overlander aller Nationalitäten, Automechaniker, Abschlepp-Taxifahrer, russische Geheimkontakte, Starthilfegeber, Ersatzteilhändler und sogar Konsulatsbeamte! Ich für meinen Teil finde es also nur fair, dass Stinki einen großen Platz in dieser Geschichte einnimmt. Ich bin mir aber ebenfalls bewusst, dass die schriftliche Behandlung der Subaru-Wehwehchen nicht unbedingt jedermanns Sache ist. Deshalb habe ich mir eine Lösung mit optionalem Charakter ausgedacht. Diejenigen, die leicht sadistisch veranlagt sind und gerne Schilderungen über garstige Temperaturanzeigen, dunkle Werkstatthöhlen und archaische Essgewohnheiten folgen, können einfach weiterlesen. Alle anderen sind herzlich eingeladen, eine Abkürzung zu nehmen, wir treffen uns auf Seite 151 wieder bei geographisch, politisch und kulturell relevanteren Themen. »*Paka, do ßwidanja!*« (Russisch: »Tschüs, auf Wiedersehen!«)

Trotz seiner schwindenden Kräfte rollte uns Stinki in Osch noch zum Automarkt. Dabei handelte es sich um eine Containerstadt mit nummerierten Läden, alles war nach Themen sortiert. So viel Disziplin und Ordnung hatten wir in ganz Kirgistan noch nicht gesehen.
»Temperatursensoren? Hier an Stand dreizehn? HAHA, habt ihr euch verlaufen? Ich hab nur Motoröl. Ihr müsst zwei Reihen weiter, ins Kleinteileviertel.«
»Temperatursensoren, klar, hab ich, aber doch nicht für Subaru! Dazu müsst ihr drei Container nach rechts.«
»Temperatursensor für welchen Subaru? Noch nie gehört. Hab ich nicht.«
Wir kamen also nicht umhin, unser Temperatursensor-Provisorium im fahlen Innenhoflicht unseres Hostels zur Dauerlösung aufzumotzen. Dann fehlten nur noch ein paar Feinschliffe: Stinki röhrte inzwischen lauter als ein brunftiger Hirsch im Hochgebirge, und schwarzer Rauch entwich seinem Endrohr. Es mussten also der Auspuff geschweißt, die von Zeit zu Zeit auftretenden mysteriösen Startschwierigkeiten beseitigt und ein neuer Benzinkanister besorgt werden. Kleinstes Übel würde wohl die Auspuffschweißerei werden, dachten wir uns und suchten am nächsten Morgen (einem Sonntag) nach einem weiteren erfolgreichen Starthilfe-Start (inzwischen fischten wir uns dazu einfach vorbeifahrende Kirgisen von der Straße, deren Autos und somit deren Autobatterien uns besonders vital erschienen) eine Werkstatt auf, die in diversen Internetforen das Vertrauen vieler ausländischer Overlander genoss. Dort sprach zwar

What would MacGyver do?

kein Mensch Englisch, und die Mechaniker trugen keine Latzhosen, das Röhren Stinkis wussten sie trotzdem zu deuten. Auch unser hysterisches Lachen interpretierten sie richtig. Nach der Demontage von Stinkis Darm (sprich dem Auspuff-Katalysator-Komplex – ja, da guckt ihr, gell, Stinki hatte einen Katalysator!) traf uns die Erkenntnis, warum Stinki so gebrüllt hatte, unerwartet: Offenbar war das gute Stück irgendwann explodiert, im Gehäuse klaffte ein schwarz ausgefranstes, kinderhandgroßes Loch. Die drei zuständigen Mechaniker standen grinsend davor, einer schüttelte das Gehäuse, und traurige Reste zerborstenen Keramiks bröselten aus der angekokelten Wunde. »*Katalysator sloman!*« Das verstanden wir auch ohne Übersetzung, der Katalysator war hin.

Ich betrachtete mit funkelnden Augen die mattschwarzen Teilchen, die nun in meiner Hand lagen. Sie sahen bezaubernd aus und hätten sich blendend als Ohrringe gemacht. Christian erinnerte mich an meine leichte Benzinphobie (hey, Benzin ist *wirklich* giftig!) und daran, was der Katalysator in seinen 24 Jahren Dienstzeit wohl alles aufgefangen hatte. So beendete ich meine Schmuckdesigner-Karriere, bevor sie überhaupt begonnen hatte. Sowohl Christian als auch die Mechaniker waren sich darüber hinaus einig, dass ein kaputter Katalysator *njet problem* wäre. Ein bisschen mehr rausstauben würde es halt aus dem Auspuff. Ich verzog das Gesicht, als passionierte Biologin konnte ich das eigentlich nicht verantworten. Aber um ehrlich zu sein, relativierte sich der Gesundheits- und Umweltgedanke in einer Umgebung wie dieser schnell: Feucht schillernde Pfützen dunklen Öls sprenkelten den unebenen Hallenboden, vier Meter neben uns zischte die Spritzpistole des schutzmaskenlosen Lackierers, der Schweißer ohne Schutzbrille blickte regelmäßig für Millisekunden konzentriert direkt ins gleißende Licht, und Terence Hill (mein – wie sich im Laufe des langen Aufenthalts unseres Busses in dieser Werkstatt herausstellen würde – blonder

Lieblingsmechaniker mit eisblauen Augen) strich sich mit seinen geschwärzten Öl-Benzin-Fingern regelmäßig übers Gesicht. Unsere Lungen kratzten von den Lackdämpfen, die Augen brannten vom Zigarettenrauch. *Na gut, vergessen wir den Katalysator.*
Schweißen lassen mussten wir Stinkis Wunden trotzdem, schließlich wollten wir die Straßenpolizei nicht jedes Mal schon zwei Kilometer vor unserer Ankunft auf uns aufmerksam machen. Die Stunden in der düsteren Werkstatt verstrichen. Stromausfall. Strom wieder da. Mittagspause. Während der Schweißer seine Augen ruinierte, setzten Christian und ich uns vor dem dunklen Eingang des Industriegebäudes in den Staub. Die Sonne brannte auf unsere Köpfe, das dürre Gebüsch ringsum, das den Mechanikern als Pipi-Wald diente, wogte sanft im Wind. Über eine raschelnde Plastiktüte gebeugt rupften wir mit fettigen Fingern saftiges Fleisch von den Hühnerknochen. Ein streunender Hund schlich in einiger Entfernung an uns vorbei, sichtlich um Unauffälligkeit bemüht. Unsere gierigen Blicke streiften seine schüchternen, das Knurren unserer Mägen hielt ihn auf Distanz. Ich habe mich, so reduziert auf eines der drängendsten menschlichen Grundbedürfnisse, unseren Vorfahren, den Höhlenmenschen, noch nie so verbunden gefühlt wie an diesem Tag vor der Pforte der dunklen Werkstatthöhle. Das Ganze ähnelte doch sehr den Szenen eines wasserlosen Apokalypse-Films.
Endlich, nach vielen Stunden, schnurrte Stinki, wie er es wahrscheinlich zuletzt in den Anfängen seines Busdaseins getan hatte. Stolz schlängelten wir uns mit ihm im Abendverkehr zurück zum Hostel.

Am nächsten Morgen aktivierte der Bus dann überraschend seine Friedenspfeife: Nicht mehr nur schwarzer Rauch verließ seinen Auspuff, nein, abwechselnd kam auch bläulich weißer Qualm heraus. Nun war es Zeit, die Hände endgültig über dem Kopf zusammenzuschlagen. Wollte sich der Bus jetzt endgültig ergeben? Blauer Rauch bedeutet nämlich nichts Gutes, im schlimmsten Fall: Motoröl im Verbrennungsraum. Der Bus fraß also womöglich seine kühlende Gelenksflüssigkeit. Und an Motor-Arthrose wollten wir am Pamir Highway wirklich nicht erkranken. Im günstigsten Fall musste *nur* der Vergaser neu eingestellt werden, was aber leider auch kein Zuckerschlecken wäre. So oder so, erneut kamen Christian und ich mit Do It Yourself nicht mehr weiter, also auf zur nächsten Werkstatt!

Mohammed musste her. Denn Mohammed war im Gegensatz zu uns ein Experte für Vergaser. Er reparierte teure Lexus-Limousinen ebenso wie billige Daihatsu-Keksdosen. Wir reihten uns ein in die Schlange der maroden Autos, und als wir an der Reihe waren, schraubte, putzte, stanzte, dichtete und tüftelte Mohammed gewissenhaft. Seine Friedenspfeife wollte Stinki am Ende aber nach wie vor nicht beiseitelegen, weshalb Mohammed das Problem nicht im Vergaser, sondern tiefer im Motor vermutete. Das Worst-Case-Szenario also.

Stefan, der Vorbesitzer des Busses, hatte die unerfreulichen Entwicklungen der letzten Wochen ungläubig mitverfolgt. Nach Mohammeds Hiobsbotschaft bot er an, nach Kirgistan zu fliegen und uns bei der Reparatur zu helfen. Auch unser geheimer Russland-Kontakt schmiss sich wieder ins Zeug und recherchierte, ob und wann er die notwendigen Ersatzteile besorgen könnte. Wir winkten dankbar ab. Nach langem Hin und Her beschlossen wir, noch einmal Terence Hill und die Werkstatt unseres Vertrauens aufzusuchen und den Motor öffnen zu lassen. Aber schon die kurze Strecke dorthin gestaltete sich inzwischen als Herausforderung: Mehrere Starthilfen waren nötig, um Stinki in Gang zu setzen, wir mussten zweimal Öl nachfüllen, beim Fahren hustete er, und Biss hatte er auch keinen mehr. Er kroch quasi auf dem Zahnfleisch dahin.

Dr. Christian und Schwester Vanessa waren, wie ihr wisst, auf Zentrale Schweißdrüsen spezialisiert, weshalb sie während Stinkis Operation am offenen Herzen eigentlich nichts tun konnten. Sie saßen stundenlang auf einem speckigen Sofa, während drei Mechaniker am Motor herumwerkelten. Von Zeit zu Zeit schlichen sie um den Subaru herum und warfen sorgenvolle Blicke in den Motorraum.

Die Erkenntnisse durch die erneute OP unseres Subaru waren wenig befriedigend: Keiner konnte uns sagen, was genau das Problem war. Die Zylinderkopfdichtung vielleicht? Die musste jetzt nach der Motoröffnung ohnehin erneuert werden. Oder waren es die Kolbendichtringe? Diese metallenen Ringe, die mich mehr an silberne Armreifen erinnerten als an Dichtungen, waren ebenfalls modellspezifisch und somit in Kirgistan nicht aufzutreiben. *Njet problem*, auch dafür hatten die Mechaniker eine Lösung: Einfach irgendwelche ähnlichen Dichtringe kaufen und die Motorkolben kurzerhand passend dazudrechseln. Nur um die Ernsthaftigkeit der Lage zu verdeutlichen: Die wollten enorm sensible Teile des Motors, die auf *Hundertstel*millimeter genau passen mussten, einfach zurechtschnitzen! Die Abstände maßen sie dazu mit ihren Augen und Fingern. Lieber Shakespeare, das kannst du dir abschminken, mit *dem* Auto würden *wir* sicher nicht mehr in den Pamir fahren und nach einer Panne einen grausamen Erfrierungstod erleiden! Diese Reparatur à la Kirgistan wurde uns langsam zu bunt. Außerdem hatten wir ja noch immer die Startschwierigkeiten und wahrscheinlich nach wie vor ein Temperaturproblem.

Dazu eine Parabel: Man glaubt, seiner Lieblingsbarbie mit einem schönen neuen Haarschnitt etwas Gutes zu tun, und beginnt zu schneiden. Schnell erreicht man den *point of no return*. Zu diesem

What would MacGyver do?

Zeitpunkt gesteht man sich aber selbst noch nicht ein, dass man erstens einfach kein Barbiefriseur ist und zweitens bereits irreversiblen Schaden angerichtet hat. Man schneidet weiter, aber anstatt besser wird es schlimmer, dann packt einen der hitzige Zorn, und so enden solche Unterfangen unweigerlich damit, dass Barbie der ganze Kopf fehlt. (Wer diese Erfahrung als Kind nicht mit Barbie gemacht hat, der kennt den tragischen Verlauf solcher Aufmotzversuche bestimmt von anderem Lieblingsspielzeug.)

Zwar war ökonomisch gesehen der Augenblick gekommen, die Sinnhaftigkeit weiterer Reparaturen ernsthaft in Frage zu stellen. Es ist aber nie leicht, den Zeitpunkt zu erkennen, an dem ein Unterfangen unrentabel wird, speziell dann, wenn es einem ganz besonders am Herzen liegt. Und so entschlossen Christian und ich – aufgrund unseres Unvermögens, Abschied zu nehmen – uns dazu, die Mechaniker machen zu lassen. *Drechselt nur, ihr Optimisten!* Viel teurer als jetzt würde die Reparatur laut mündlichem Kostenvoranschlag ohnehin nicht mehr werden. Unbestreitbar ließen wir uns auf eine Kamikaze-Aktion ein. Andererseits: Was, wenn Stinki danach wieder ganz und gar fit für die Fahrt nach Österreich wäre? Was, wenn wir ihn nicht reparieren ließen? Und was, wenn der Bus trotz einer teuren Reparatur nach fünfzig Kilometern wieder einginge, schlimmstenfalls erst mitten auf dem Pamir Highway?

Wir fuhren Gefühlsachterbahn: Die Hoffnung stirbt zuletzt – und doch trübte dann die Aussicht auf weitere Komplikationen mit dem Bus wieder jeglichen Gedanken an die Weiterreise. Am belastendsten empfanden wir jedoch den Gedanken an die Zeit, die wir bereits in Reparaturen und Warten investiert hatten. Die Hälfte unserer dreimonatigen Reisedauer war verstrichen, und wir hatten fast mehr Tage unter dem Bus und in Werkstätten verbracht als in den Bergen und Hochebenen Kirgistans.

What would MacGyver do?

»*Priwjet, sdrasstwujte*« (Russisch: »Servus, hallo!«) – willkommen zurück, liebe Leser von Seite 145. Für euch kurz zusammengefasst, was in der Zwischenzeit geschah: Die weitere Geschichte mit Stinki verlief nicht wirklich nach unseren Vorstellungen, er kränkelte immer schlimmer. Mehr aus Loyalität gegenüber dem Bus als aus Vernunft ließen wir seinen Motor in einer Werkstatt öffnen und beschlossen aufgrund der niederschmetternden Diagnose anschließend, die kirgisischen Mechaniker nun ganz frei schalten und walten zu lassen ...

An Tag zwei seiner ausartenden Herz-OP ließen wir Stinki allein. Wir waren inzwischen der Meinung, dass wir ihm genug beigestanden hatten und auch mal etwas für uns tun durften. Mit einem Hauch schlechten Gewissens frönten wir der selbstverordneten Freiheit und sahen uns Osch an. Die alte Handelsstadt war schon in früheren Zeiten ein wichtiger Punkt auf der Seidenstraße gewesen. Orientalische Bauwerke suchten wir aber vergeblich. Die einzig erwähnenswerte Sehenswürdigkeit ist, abgesehen von der (angeblich) weltweit einzigen dreistöckigen Jurte, der Suleiman Too, ein kleiner Berg, um den sich die Stadt herumschmiegt. Um und in dieser heiligen Erhebung findet man eine Reihe alter Kultstätten, die teilweise noch aus der Bronzezeit stammen. Ein paar sind bis heute in Betrieb, dabei mischen sich dort islamische mit vorislamischen Glaubensvorstellungen.

Auch während unseres Besuchs zwängten sich viele Muslime zur Bekämpfung von Unfruchtbarkeit, Kopf- und Rückenschmerzen in Gesteinslucken, steckten ihre Schädel in Aushöhlungen oder rutschten dreimal hintereinander kleine Abhänge hinunter. Christian und ich machten zwar einen Bogen um die fruchtbarkeitsfördernden und lebensverlängernden Stätten, steckten unsere Nasen aber sehr wohl in ein paar unbeschilderte Höhlen, man konnte

ja nie wissen. Schließlich hätten wir ein bisschen magisch religiöse Hilfe gut gebrauchen können – vielleicht würden wir es auch bald mit *Dreimal-mit-gesalzenen-Bananenschalen-zur-Musik-von-Modern-Talking-um-den-Bus-herum-Tanzen* versuchen.
Anstatt zu tanzen, lieferte ich mir an diesem Abend ein Wortgefecht mit Vladislav, dem mafiös wirkenden Werkstattbesitzer mit Silberkettchen. Der Bus war zwar noch nicht fertig repariert, die Rechnung jedoch aufgrund neuer Ersatzteile gestiegen. Aber was half es, wenn wir uns ärgerten. Stinki schien von unserem Motto *Einer für alle, alle für einen* ohnehin nicht sonderlich überzeugt zu sein. Darüber hinaus waren unsere Bedenken inzwischen einfach zu groß geworden, dass er uns irgendwo auf dem Pamir Highway gänzlich im Stich lassen könnte. Die Fahrt über das Hochgebirge würden wir nicht mehr als Trio bewältigen.

Nun standen wir also vor einem neuen Problem, denn auch wenn sein Name etwas anderes vermuten lässt, besticht der Pamir Highway nicht gerade durch seine gute öffentliche Anbindung. Wir konnten nicht einfach in eine Marschrutka mit Ziel *Pamir* springen. Die Alternative, ein Mietauto zu nehmen, hätte unser Budget gesprengt. Per Anhalter fahren kam allein schon wegen der vielen notwendigen Stopps für Christians Fotografien nicht in Frage. Trotzig wollten wir uns deshalb von den zentralasiatischen Ländern abwenden und begannen, Flüge zu recherchieren: Indien, Thailand, Indonesien? Auch in Neuseeland konnte man als Backpacker Großes leisten! Aber dann kamen Matt und Claire ins Spiel …

Bevor wir jetzt irgendwelche voreiligen Buhrufe zu hören bekommen: Wir verließen Stinki mit dem Versprechen, bald wiederzukommen und uns dann um sein weiteres Schicksal zu kümmern. Vorerst aber blieb Stinki in Vladislavs Obhut.

Der Handrücken des Pamir

Das Dach der Welt hat blaue Fenster

Das Dach der Welt hat blaue Fenster

Die Bilder vom Pamir Highway, die man im Internet findet, lassen, glaube ich, nicht einmal die eingesessenste Couch-Potato kalt. Googles Suchergebnisse waren kein unwesentlicher Grund gewesen, warum im vergangenen Winter der süße Duft von Fernweh durch unsere Wohnung in Österreich geweht war, denn sie hatten in uns lebendige Phantasien über einsame Hochebenen mit bunten Wildkräutern und schmatzenden Yaks entfacht. Der Pamir Highway, die am zweithöchsten gelegene Fernstraße der Welt, war schnell zu einem der Hauptaugenmerke unserer Reise geworden. Bevor wir uns aber in atemberaubend schöne Landschaften begeben, möchte ich kurz ein paar geographische und politische Themen behandeln. Die weltbewegenden Skurrilitäten unseres Reisealltags müssen sich hinten anstellen. Das Gebiet rund um das Pamir-Gebirge, diese Gegend der Superlative, verdient nämlich eine Extrazuwendung.

Vielen von euch ist der Pamir als Name sicher nicht ganz unbekannt, dem einen oder anderen wird vermutlich dazu spontan aber nicht viel mehr einfallen als: »Gebirge irgendwo in Asien. Oder war's Südamerika?« Christian und ich hatten auch erst Wikipedia befragen müssen, um zu wissen, dass der Pamir – wie das tibetische Hochland und der Himalaya – zum *Dach der Welt* zählt. Der mit Abstand größte Teil des Gebirges liegt auf tadschikischem Staatsgebiet, den Rest teilen sich die Länder Afghanistan, China und Kirgistan. Man versuche, sich das Gebirge als Hand vorzustellen: Der zentrale Pamir – ein weites, karges Hochplateau – bildet den Handrücken. Diese Ebene liegt so hoch, dass sich an den meisten Stellen der Großglockner (der mit 3798 Metern größte Berg Österreichs) darunter verstecken könnte. Von ihr ausgehend strecken sich – wie Finger – mächtige Gebirgszüge in Richtung Westen. Die Gipfel dieser Gebirgszüge sind ziemlich imposant. Erstens sind sie hoch (nicht mickrig großglocknerhoch, nein, wirklich hoch, teilweise über 7000 Meter). Zweitens ragen sie ungewöhnlich steil und mächtig empor, da sie durch bis zu 3000 Meter tiefe Täler voneinander getrennt werden. Und als wäre das noch nicht beeindruckend genug, findet man im Pamir diverse verstreute Leckerlis, wie beispielsweise Meteoritenkrater, Geysire und Gletscher. Der Fedtschenko-Gletscher zum Beispiel ist mit siebzig Kilometern Ausdehnung der längste Gletscher jenseits der Polarregionen.

Das alles klingt prinzipiell zwar schön, trotzdem – oder gerade deshalb – ist die Gegend aber ziemlich lebensfeindlich. Insbesondere im zentralen und östlichen Pamir fällt kaum Niederschlag, im Sommer klettern die Temperaturen vergleichsweise hoch hinauf und im Winter (sehr) steil nach unten. Kein Ort, an dem man dauerhaft würde leben wollen. Man sieht sich solche Landschaften dann doch lieber im Fernsehen an, während man gemütlich auf dem Sofa lümmelt. Oder man macht, wie Christian und ich, höchstens eine Stippvisite als Tourist in diese unbequeme Region unserer Erde. Tatsächlich aber leben dort Menschen. Als Haupteinkommensquelle dient ihnen die Viehzucht mit Yaks und Fettsteiß-Schafen, Ackerbau ist nur im westlichen Teil des Pamir von Bedeutung. Sogar im Zentrum des Gebirges auf weit über 3000 Meter Höhe gibt es Dörfer und kleine Städte. Viele der Ansiedlungen sind eher jüngeren Datums und aus russischen Militärstützpunkten hervorgegangen.

Die Russen hatten es sich spätestens während des historischen Konfliktes mit Großbritannien im Pamir gemütlich gemacht. Diese als *Das Große Spiel (The Great Game)* betitelte Reiberei erfuhr in meinem Geschichtsunterricht, zumindest soweit ich mich erinnern kann, keinerlei Aufmerksamkeit. Dabei wäre der Zwist durchaus lernenswert, ging es dabei doch um die Vorherrschaft in Zentralasien und in weiterer Folge – laut einiger Geopolitologen – sogar um die Herrschaft über die Welt. *The Great Game* begann je nach Quelle irgendwann zwischen den Jahren 1813 und 1830, jedenfalls nach Napoleons Rückzug aus Russland im Jahr 1812. Historiker streiten sich ebenfalls darüber, wann der Konflikt zu Ende war (bzw. ob er überhaupt schon ganz begraben ist). Ich werfe als Endpunkt verwegen das Jahr 1947 in den Raum, in dem Indien seine Unabhängigkeit von den britischen Kolonialherrschern erlangte.

Das russische Kaiserreich expandierte Mitte des 19. Jahrhunderts bis nach Alaska, Zentralasien, Polen und in die Türkei und ergatterte sich damit als drittgrößtes Reich der Weltgeschichte einen Platz auf dem Siegertreppchen. Den zweiten Platz belegten die Briten, deren Empire jedoch zu dem damaligen Zeitpunkt schon wieder empfindlich geschrumpft war. Den ersten Platz hatte bereits ein paar Jahrhunderte zuvor das Mongolische Reich eingeheimst und seitdem nicht mehr hergegeben – sein unheilvolles Schicksal hätte den Zweit- und Drittplatzierten trotzdem eine Lehre sein sollen. Stattdessen streckten die Russen ihre Finger immer weiter in Richtung Süden aus. Sie wünschten sich in erster Linie einen eisfreien Hafen im Indischen Ozean, was man ihnen ja erst mal nicht wirklich verübeln kann. Für die Briten, die es sich schon länger im südlichen Asien gemütlich gemacht hatten, war es eine beunruhigende Vorstellung, dass die Russen bald in ihrer Nähe spielen könnten, und so begannen die zwei Streithähne, sich gegenseitig Sand in die Augen zu werfen. Großbritannien versuchte daraufhin, sich trotzig und mit Hilfe ihrer britisch-indischen Soldaten Afghanistan unter den Nagel zu reißen, woraus drei anglo-afghanische Kriege resultierten. Der erste

Versuch klappte nämlich nur so lala, denn die Afghanen wollten partout nicht zu den Fünf-Uhr-Teetrinkern gehören. Die Briten ließen sich aber so schnell nicht abschütteln, schließlich wollten sie auf keinen Fall, dass sich die Russen irgendwann auf der afghanischen Wiese vergnügten. Nach dem zweiten Versuch sah die Sache für die Briten schon etwas besser aus: Dank ihrer Hartnäckigkeit schafften sie es, sich ein Drittel von Afghanistan abzuschneiden und der indischen Kronkolonie zuzusprechen (diese Region gehört heute zu Pakistan). Die Demarkationslinie, die diese beiden Gebiete bis heute voneinander abgrenzt, hätte Stalin später übrigens nicht besser ziehen können: Sie wurde einmal quer durch afghanische Siedlungsgebiete gelegt. Einige Zeit später, im Jahr 1919, erkämpfte sich (Rest-)Afghanistan im Dritten Anglo-Afghanischen Krieg dann allerdings die endgültige Unabhängigkeit von Großbritannien. Der nun freie Staat diente als Puffer zwischen Russisch-Zentralasien und Britisch-Indien. Und trotz allem vertrugen sich die beiden Streithähne zwischenzeitlich sogar so gut, dass sie zusammen mit Frankreich eine Koalition formten, die kriegsentscheidend für den Ersten Weltkrieg war.

Ein Relikt aus den einstigen Unstimmigkeiten zwischen den beiden Großmächten ist der Wakhan-Korridor. Diese sehr schmale afghanische Landzunge war als russisch-britische Knautschzone entstanden. Sie schob sich über eine Länge von circa 300 Kilometern zwischen die heutigen Länder Tadschikistan und Pakistan. Zum Wakhan-Korridor erzähle ich später noch mehr.

Warum ich den Streithähnen überhaupt so viel Aufmerksamkeit widme? Erstens, weil viele der Konflikte, die zum Zeitpunkt unserer Reise die Medienlandschaft beschäftigten, in den kolonialen Bestrebungen alter Großmächte wurzeln – die bekanntesten

Beispiele sind Afghanistan, Tibet oder Myanmar. Und sogar Russland und Großbritannien zankten sich ja wieder. Um die Sichtweisen der in diese Auseinandersetzungen verwickelten Menschen besser nachvollziehen zu können, schadet es deshalb nicht, einen Blick in die Vergangenheit zu werfen. Und zweitens hätte es den Pamir Highway ohne diesen historischen Konflikt vielleicht so nicht gegeben. Die Fernstraße folgt zwar teilweise einer Route der alten Seidenstraße, befestigt worden ist sie aber erst von den Russen im Zuge des *Großen Spiels*. Über den genauen Start- und Endpunkt der Straße ist man sich nicht einig, sicher ist aber, dass der Highway als Hauptverkehrsstraße im Pamir dient. Dabei verbindet sie über eine Entfernung von etwa 1200 Kilometern die Stadt Osch in Kirgistan mit der tadschikischen Hauptstadt Duschanbe.

Ausgerechnet unmittelbar vor unserem Aufbruch zum Pamir Highway – oder vielleicht besser zum Glück unmittelbar *vor* dem Aufbruch und nicht erst während des Dortseins – ließ uns Stinki also im Stich. Wie es der Zufall so wollte, stolperten wir ziemlich zeitgleich über Matt und Claire, ein junges Pärchen aus England. Sie kamen uns gerade recht, denn sie waren auf der Suche nach zwei Mitreisenden, mit denen sie sich die Kosten für eine Teilstrecke des Pamir Highways teilen konnten – sie hatten sich für den Abschnitt von Osch nach Khorog einen Geländewagen samt Fahrer organisiert. Eigentlich hätten Christian und ich auf der abenteuerlichen Straße lieber selbst hinterm Steuer gesessen, aber aus nicht nachvollziehbaren Gründen war es deutlich günstiger, ein Fahrzeug mit Fahrer zu mieten als eines ohne. Und so unterschrieben wir vier an einem sonnigen Septembertag in einem kleinen Touristenbüro bei Kirschsaft und Keksen feierlich einen Vertrag, in dem wir uns nicht nur verpflichteten, umgehend den geforderten Betrag zu entrichten, sondern auch morgens immer pünktlich am Treffpunkt zu erscheinen *und* uns während der nächsten acht Tage nicht zu streiten.

Zwecks notwendiger Effizienzsteigerung in puncto Reisezeitnutzung starteten wir die Tour gleich am nächsten Morgen und mussten dabei feststellen, dass unser Stinki nicht das einzige marode Gefährt auf dem Highway gewesen wäre. Sofort fielen uns die ramponierten Hecktüren des Nissan Patrol ins Auge und auch, dass Nasir, unser Fahrer, deshalb ziemlich unglücklich zu sein schien. In seinem Auto fuhr er Touristen im Akkord hin und her über den Pamir, schließlich mussten nicht nur die Raten für seinen Wagen abgestottert, sondern auch eine kleine Familie ernährt werden. Der Nissan war zwar schon weit über zehn Jahre alt gewesen, als er vor wenigen Jahren seinen Weg von den USA nach Kirgistan gefunden hatte, trotzdem hatte er Nasir für kirgisische Verhältnisse ein kleines Vermögen gekostet. Das Malheur am Heck war erst am Vortag passiert und dürfte einen gewaltigen Strich durch seine Nissan-Finanzierungsrechnung gemacht haben. Christian und ich hatten zwar Mitgefühl mit ihm, insgeheim waren wir aber froh, dass Probleme dieser Art uns nun nur mehr am Rande kratzten. Und abgesehen von zwei platten Reifen und der Tatsache, dass wir von außen keinen Zugang zum Kofferraum hatten (was das Fünf-Personen-Gepäck-Tetris deutlich erschwerte), war uns der Nissan die nächsten Tage durchaus treu und zickte viel weniger herum, als unser Stinki es wahrscheinlich getan hätte.

So rückte für uns das erste Mal auf dieser Reise das Transportmittel in den Hintergrund, und wir konnten uns auf die wirklich wichtigen Dinge konzentrieren: Ausnahmslos alle unsere Informationsquellen hatten ausdrücklich zur Anschaffung eines bedeutenden Süßigkeitenvorrats geraten, da man am Highway keine nennenswerten Mengen an Keksen, Trockenfrüchten und Schokolade vorfände, die man aber angesichts des rauen Klimas und der kargen Landschaft unbedingt und dringend benötige. Wegen der vertraglichen Verpflichtung, nicht zu streiten, und um gereizten Gemütern vorzubeugen, deckten wir uns entsprechend mit reichlich Proviant ein. In Nachhinein kann ich beruhigen, die Schauergeschichten sind Blödsinn gewesen. *Fake News*. Zwar gab es tatsächlich kaum Minishops am Pamir Highway und wenn dann nur mit sehr, sehr bescheidenem Sortiment, aber verhungert wären wir beileibe nicht. Allem voran herrscht im Pamir kein Zuckermangel, die Abgeschiedenheit kann nämlich nicht einmal den süßesten Marmeladen etwas anhaben. Außerdem sollten wir unsere Beziehungen zu *Plov* vertiefen, einem von Russland bis Persien allgegenwärtigen, variantenreichen Reisgericht.

Mit unserem ersten glutamatgeschwängerten Pamir-Plov wurden wir gleich in Sarytasch gefüttert, das nur wenige Fahrstunden von Osch entfernt liegt. Wir hatten die Stadt in Richtung Süden verlassen und uns von knapp 1000 Metern Höhe einen etwa 3600 Meter hohen Pass hinaufgeschraubt – fast waren Christian und ich ein bisschen traurig, dass wir Nasirs Auto dabei so gar nicht hatten anschieben müssen. Diese nostalgische Sehnsucht verging aber während des Zwischenstopps am Pass gleich wieder, denn auch ohne große Betätigung verfielen wir aufgrund der dünnen Luft in Schnappatmung. Flott flitzten wir deshalb wieder 500 Höhenmeter hinab nach Sarytasch.
Diese Siedlung liegt im letzten kirgisischen Tal vor der tadschikischen Grenze, hier standen wir nun am Fuße des Pamir-Gebirges, und ein erster, atemberaubender Blick auf die imposanten Berge ließ bereits vermuten, was uns dort erwartete. Damit wir aber

unsere Zeit im Pamir aufgrund der Höhenkrankheit nicht über stinkende Plumpsklos gebeugt verbrächten, bogen wir kurz vor der tadschikischen Grenze erst einmal nach Westen ins weniger hoch gelegene Alay-Tal ab. Akklimatisierung hieß die Devise, und ganz nebenbei konnten wir uns dabei einen gutmütigen Riesen ganz aus der Nähe ansehen. Der Pik Ibn Sina, auch Pik Avicenna genannt, beziehungsweise früher und besser bekannt als Pik Lenin, ist mit 7134 Metern der zweithöchste Berg des Pamir und gilt als einer der am leichtesten zu besteigenden Siebentausender weltweit. Eine solche Beschreibung kitzelte natürlich ein klitzekleines bisschen an unserem Ehrgeiz: 7000 Meter, leicht zu besteigen … Es wäre ja schon fein, mal so ein bisschen extravagante Höhenluft zu schnuppern!

Christian und ich verschoben unsere großen Pläne aber auf irgendwann später im Leben, denn allein schon der Spaziergang von unserem Jurten-Camp in Richtung des Pik-Lenin-Base-Camps forderte unsere Atmungssysteme ordentlich. Der kleine Ausflug im Graupelschauer führte uns über unzählige Wurmeltierlöcher zwischen Yaks hindurch in eine kalt-nebelige Welt, die auch in Tolkiens Mittelerde hätte liegen können. Dutzende blaugrüne Tümpel sprenkelten die mageren Wiesen des Tals, und ein gewaltiger Riss, in dem ein grauer Fluss wütete, zog sich quer durch die Landschaft. Dazu hatte sich der liebe Gott bei der Gestaltung dieser Szenerie der ganzen möglichen Farbpalette bedient: Aus einer bröckeligen ockerfarbenen Bergflanke blitzte ein riesiges Türkis-Gestein-Geschwür. Auf der gegenüberliegenden Seite flossen Zungen aus sattvioletten Mineralien auf sandigem Schwarzbraun den Hang hinunter, an dem sich auch fleckig gelbgrünes Gebüsch festkrallte. Alles schien aus weichem Gestein gebastelt und einem ständigen Umbau unterzogen zu sein.

Das Dach der Welt hat blaue Fenster

Kaum vorstellbar, dass wir keine fünfzehn Kilometer nördlich von hier durch eine ebene Wüstenlandschaft gefahren waren, durch deren Ödnis unzählige Minitornados getobt waren. Im krassen Gegensatz dazu ragte jetzt einer der weltweit höchsten Berge vor uns empor. Es ist rätselhaft, wie solch ein Ungetüm in einer so bröseligen Landschaft hat entstehen können. Leider war der Gipfel des Pik Lenin nur zu erahnen, denn Schichten sturmschwangerer Wolken verwehrten uns den Blick auf das Haupt seiner Majestät – offensichtlich wollte der Geheimniskrämer seine Ruhe haben. Und so traten wir unterkühlt und mit glitzernden Eiszapfen an den Nasenhaaren den Rückzug zu warmem Plov in der Jurte an, die streng nach regennassem (Fettsteiß-)Schaf roch.

Möglicherweise war ich mit meiner Geschäftsidee der kirgisischen Zeit voraus, aber die Vorteile, die eine Jurte aus Merinowolle hätte, lagen auf der Hand: isolierend, schnell trocknend und dabei noch geruchsneutral! Zumindest unsere Merinounterwäsche (für Insider: natürlich aus mulesingfreier Wolle) hielt sich auch nach mehreren Tagen Outdoor-Badezimmerständer-Katzenwäsche brav an die hochtrabenden Werbeversprechen des Herstellers. Diesem verheißungsvollen Jurtenmaterialeinfall ging ich aber nicht weiter nach, denn schon bald würde er angesichts der wachsenden Schönheit des Pamir verblassen. Außerdem wären den Kirgisen die knochigen Hinterteile von Merinoschafen wahrscheinlich sowieso unsympathisch gewesen …

Nach einer eisigen Nacht in der Jurte nahmen wir Abschied vom Pik Lenin und kehrten nach Sarytasch zurück. Von dort aus fuhren wir mit Anlauf über den Kyzyl-Art-Pass nach Süden hinauf auf den bereits beschriebenen Handrücken des Pamir-Gebirges. Der knapp 4300 Meter hohe Pass markiert die kirgisisch-tadschikische Grenze und befindet sich in einer ziemlich rauen Gegend.

Die rustikalen Grenzanlagen liegen mehr als zwanzig Kilometer auseinander, die Berglandschaft dazwischen ist ausgestorbenes Niemandsland, in dem es außer rotbraunen Serpentinen und einem verwahrlosten Gebäude der Straßenmeisterei nicht viel zu sehen gibt. Der Straßenabschnitt ist in den Wintermonaten häufig gesperrt, und auch sonst passieren ihn nur wenige Fahrzeuge.

Vielleicht sollte ich bei dieser Gelegenheit erwähnen, dass der Pamir Highway über weite Strecken nicht die Kriterien einer klassischen Fernstraße erfüllt. Im Alpenraum wäre er maximal als Güterweg mit starkem Renovierungsbedarf durchgegangen. Unbedeutend ist der Highway trotzdem nicht, da er durch seine Nähe zu Afghanistan eine der Hauptverkehrsrouten ist, auf der illegale Rauschmittel über Tadschikistan nach Kirgistan beziehungsweise Usbekistan geschmuggelt werden. Von dort aus gelangen sie dann über Russland bis nach Europa. Deshalb wird sowohl an den Grenzen als auch an Checkpoints auf dem Highway teilweise streng kontrolliert. Viele der Beamten erschienen uns aber ziemlich bestechlich. Sie sind sicher schlecht bezahlt, und die Grenzgebäude sahen auch nicht gerade so aus, als würde man sich gerne darin aufhalten.

Während wir nach einer Drogenspürhund-Beschnupperung problemlos aus Kirgistan ausreisen durften, schienen sich zwanzig Kilometer weiter die tadschikischen Grenzbeamten zu bemühen, ihrem Ruf gerecht zu werden. Sie sind nämlich bekannt dafür, je nach Wetter und Laune Gebühren für alles Mögliche zu verlangen. Für Nasir, der die Verhandlungen für uns führte, war das Prozedere Routine. Mit vier mit Paketband umwickelten Flaschen Wodka und einem dubiosen Zehn-Kilo-Sack voll weißem Pulver verschwand er wortlos im Stübchen der Grenzbeamten. Beides hatte er bereits in Osch verdächtig unauffällig unter dem Fahrersitz beziehungsweise unter unseren Rucksäcken verschwinden lassen, was bei uns

Passagieren die letzten Tage über für wilde Spekulationen gesorgt hatte. Redselig war er ja auch nicht gerade, aber vielleicht lag das daran, dass es einfach keine Überschneidung bei unseren Sprachkenntnissen gab. Trotzdem war das insgesamt alles sehr mysteriös. Verdiente Nasir sich vielleicht ein kleines Zubrot mit dem säckeweisen Schmuggel von Drogen? Auch Matt und Claire schien diese Möglichkeit nicht ganz abwegig, auch wenn man Suchtmittel bekanntlich von Tadschikistan nach Kirgistan schleust und nicht umgekehrt. Während wir auf Nasirs Rückkehr warteten, beobachteten wir aus dem Auto heraus, wie vor uns im Schnee ein Jeep auseinandergenommen wurde. Gerade war ein Beamter dabei, den Mantel von den Felgen zu ziehen, als Nasir missmutig wieder aus dem Stübchen kam. Seine Opfergaben hatten die Staatsbediensteten offenbar nicht ganz überzeugt, denn er griff genervt zum Geldvorrat im Handschuhfach. Wir hatten wohl nicht nur schlechtes Wetter, sondern auch einen lausigen Grenzüberschreitungstag erwischt. Schlussendlich bekamen wir aber alle einen Stempel in unseren Pass. Das Rätsel um das mysteriöse Pulver lösten wir erst später: Nasir war bloß Kurier für Milchpulver gewesen ...

Hinter der Grenze beginnt der atemberaubend schöne Handrücken des Pamir. Wir befanden uns nun am Rande dieser Hochebene, deren Horizont weiche Bergflanken säumen – sanfte Riesen, weit über 4000 Meter hoch, viele davon namenlos. So abgelegen die Gegend allerdings auch sein mag, unberührt ist sie nicht. Unweit entfernt sitzt der Nachbar China, parallel zur Straße erstreckt sich der schnurgerade Grenzzaun. Er ist Hunderte Kilometer lang und steht auf tadschikischem Boden, den sich China gepachtet, geliehen, geschnorrt hat, wie auch immer man es nennen möchte. Im Gegenzug engagiert sich China fleißig am Straßenbau nach und in Tadschikistan, um seine eigenen Waren dort feilbieten zu können, meist unterhalb des örtlichen Preisniveaus, versteht sich. Uns erschien der Sicherheitszonenzaun angesichts der weiten, friedlichen Landschaft wie ein kläglicher menschlicher Versuch, dort Grenzen aufzustellen, wo in Wirklichkeit keine sind. Dasselbe dachten sich wahrscheinlich auch die Einheimischen, denn immer wieder sahen wir Löcher im Zaun, durch die die Hirten ihre Tiere trieben. Den Schafen schien das dürre Sicherheitszonengebüsch jedenfalls zu schmecken.

Ich schrieb an diesem Ort in Gedanken spontan einen Brief an das Christkind. Noch rückwirkend zu Weihnachten wünschte ich mir einen Geologen, denn wie schon so oft auf dieser Reise hätte ich im Pamir gerne meinen persönlichen Gesteinskundler mit an Bord gehabt: Pamirs Handrücken entpuppte sich als wüstenartige Mondlandschaft, in der Neil Armstrong selig in Erinnerungen schwelgend herumgehüpft wäre. Dem lieben Gott waren für die weite Ebene scheinbar fast alle Farben seines Farbkastens ausgegangen, das verbliebene Braun hatte er dafür mal mit weniger, mal mit mehr Wasser vermischt und so die Umgebung in ein weites Spektrum aus pastellfarbenen Erdtönen getaucht. Ein wenig Blau war wohl auch noch übrig gewesen, denn inmitten dieser staubtrockenen Gegend liegt auf über 3900 Meter Höhe das größte Gewässer Tadschikistans. Vor wenigen Millionen Jahren war in diese stille Ödnis ein Meteorit eingeschlagen, den Krater füllte nun der salzige Karakul-See. Christian und ich himmelten das lieblich schillernde Gewässer an jenem Tag ausgiebig an, während wir auf einem weiß knirschenden Salzbelag sein Ufer entlangspazierten.

Mit dem Rest der seeblauen Farbe waren übrigens alle Fenster und ein paar der Türen in den Dörfern des Pamir bepinselt worden, so auch im Tausendseelendorf Karakul, das an den gleichnamigen See angrenzte und in dem wir die Nacht verbrachten. Karakul ist wie viele Siedlungen im östlichen Pamir ein Beweis extremer menschlicher Hartnäckigkeit. Die Gegend ist lebensfeindlich, hier ist es trocken und kalt und die Luft dünn. Von außen sehen die weiß getünchten Lehmhäuser mit den blauen Fenstern recht bescheiden aus. Sie sind alle quaderförmig und haben ein Flachdach mit schokobraunem Kuhfladen-Topping – die Hinterlassenschaften der Tiere sind neben verholztem Gebüsch eine unverzichtbare Hilfe im Kampf gegen die Kälte. Manchmal blitzt von den Dächern auch die eine oder andere Fotovoltaikanlage hervor – neben Dieselgeneratoren sind sie die Hauptstromquelle, die meisten Strommasten dienen seit dem Zusammenbruch der Sowjetunion nur mehr der Zierde. Im Inneren sind die Häuser gemütlicher. Bunte Stoffbahnen mit *dem* kirgisischen Muster zieren die Wände. Die besonders Aufmerksamen werden sich jetzt denken, dass das so nicht stimmen kann. Wir waren ja jetzt in Tadschikistan. Kirgisische Muster? Aber das ist schon richtig so, denn ein Großteil der Bewohner Karakuls und auch einiger anderer Dörfer und Städte auf dem Pamir-Handrücken sind ethnische Kirgisen. Nasir übrigens auch, weshalb er sorgfältig darauf bedacht war, uns, wo es nur ging, bei kirgisischen Familien unterzubringen.

So wurden wir auch in Karakul gewohnt herzlich von einem kirgisischen Ehepaar aufgenommen. In einem kleinen Nebenhäuschen heizten Sadat und seine Frau sogleich einen Ofen für uns an, der wiederum ein Fass mit Wasser erwärmte. Mit quietschenden Flip-Flops und halb erfrorenen Zehen huschte ich zitternd über den kleinen Innenhof, es war empfindlich kalt, und der Wind pfiff mir um die Ohren. Als ich die Tür der kleinen Sauna öffnete, dampfte es mir wohlig warm entgegen. In einem Eimer mischte ich mir perfekt temperiertes Badewasser zusammen und unterzog mich einer Becherdusche. Ich vermag euch gar nicht zu beschreiben, wie schön sich eine Ganzkörperkatzenwäsche mit drei Litern Wasser anfühlen kann! Ich war übrigens nicht ohne Grund so knausrig, denn fließend Wasser gab es hier nicht, und so musste, egal ob Bade- oder Teewasser, jeder Liter mühsam per Hand aus einer Quelle im Dorf gepumpt und herangeschafft werden.

Am Abend tranken wir alle gemeinsam schwarzen Tee und teilten unseren unerschöpflichen Vorrat an Melonen und Keksen mit der Familie, die uns wiederum mit pappsüßen Marmeladebroten versorgte. Kurz bevor wir uns auf den dünnen Schlafmatten am Boden ausstreckten, trudelten in der Unterkunft noch zwei Katalanen ein, die den Highway mit Fahrrädern bezwangen. Einer der beiden schaute etwas angeschlagen aus der Wäsche, er kämpfte bereits seit Tagen mit einer hartnäckigen Darminfektion. Sadats Frau wusste ihm zu helfen und stellte ihm selbstgemachten überreifen Joghurt vor die Nase, der fast genauso bedrohlich blubberte wie das Schälchen Kumys am Song Kul. Leider kann ich nicht berichten, ob die pamirische Durchfallmedizin ihre Wirkung entfaltet hat, die Spanier setzten ihre Reise tags darauf in die entgegengesetzte Richtung fort.

Am nächsten Morgen erlebten wir eine kleine Überraschung. Es war windstill, und die landschaftliche Farbpalette war um einen Farbton reicher geworden: Reinweiß! Frisch gefallener Schnee blendete uns beinahe die ganze Tagesetappe über. Wir waren umgeben von grellweißen Bergen und grellweißen Ebenen, links, rechts, vorne und hinten: weiß. Nur ein tiefschwarzes Yak und der wasserblaue Himmel brachten unseren Augen ein bisschen Linderung. In der weißen Decke hatte die Hochebene aber etwas Magisches, es schien fast so, als wäre die Zeit mit eingefroren.

Auch im Auto war es an diesem Tag ungewöhnlich still. Vielleicht lag es an der Höhe, die besonders mir zu schaffen machte. Mit dem

Ak-Baital-Pass auf 4655 Meter Höhe passierten wir nämlich den höchsten Punkt des Highways und Christian und ich damit den höchsten Punkt unserer Reise. Wir hielten uns nicht lange dort auf, und bald nachdem wir den Pass hinter uns gelassen hatten, verschwand der Schnee, und es dominierte wieder wohltuendes Wüstenbraun – offensichtlich war *dem lieben Gott* hier zu unserer Erleichterung das Deckweiß ausgegangen.

Mitten auf dem Handrücken des Pamir stießen wir plötzlich auf unerwartete Geschäftigkeit. Insgesamt waren uns auf dem Highway bisher kaum andere Fahrzeuge begegnet. Nun standen wir in einer kleinen Stadt, wohlgemerkt auf 3600 Meter Höhe in einer der trockensten Gegenden der Erde. Murghab, quasi die Provinzhauptstadt des Handrückens, ist wie viele der Siedlungen am Highway aus einem russischen Militärstützpunkt aus der Zeit des Konfliktes mit Großbritannien entstanden. Böse Zungen behaupten, sie sei aufgrund der Nähe zu Afghanistan ein bedeutender Drogenumschlagplatz, und eine Mafia regiere das Gebiet. Sicher ist Murghab jedenfalls ein Handelsknotenpunkt, was aber in erster Linie daran liegt, dass hier eine neue chinesische Straße in den Pamir Highway mündet. Wir nutzten die Gelegenheit, um unsere Vorräte am örtlichen Markt aufzustocken, und hielten dabei klammheimlich auch ein bisschen nach zwielichtigen Gestalten Ausschau. Für uns war es aber nur schwer vorstellbar, dass hier irgendjemand in mafiöse Geschäfte verwickelt sein sollte. Uns begegneten ausnahmslos offene Menschen und lächelnde Gesichter.
Wir ließen Murghab wieder hinter uns und wuselten mit Nasir, Matt und Claire in weiteren spannenden Ecken des pamirischen Hochgebirgsplateaus herum. Etwas abseits des Highways besuchten wir die kleine Siedlung Bulunkul – ein Umweg, der sich lohnte. Das Dorf besteht aus nicht mehr als zwanzig bescheidenen

Lehmquadern und einer sowjetischen Wetterstation und versprühte mehr als jedes andere zuvor den Charme genügsamen Lebens. Es regnet hier so gut wie nie, und die Menschen sind das ganze Jahr über auf einen Versorgungs-Lkw angewiesen. Schon die Kinder haben irreversibel rote Bäckchen, denn in Bulunkul kommt nicht nur der Wind nie zur Ruhe, im Winter wird es auch bis zu minus sechzig Grad Celsius kalt – zentralasiatischer Kälterekord. Für uns Touristen war es hier oben wild romantisch, für die Einwohner ist es harter Alltag. Trotzdem scheinen die Menschen mit ihrem entbehrungsreichen Leben zwischen all den Naturgewalten zufrieden, und ihre Gastfreundschaft ist ungebrochen groß.

Uns hatten ja schon die Kirgisen mit ihrer Herzlichkeit für sich eingenommen, und mit den Bewohnern Tadschikistans war es nicht anders. Christian und ich hatten bis dahin kaum Länder erlebt, in denen wir als Touristen so willkommen geheißen worden waren. In Zentralasien herrscht eine sehr ausgeprägte Tradition der Gastfreundschaft, die, wie wir fanden, in Europa ihresgleichen sucht. Und sie schien uns ausgerechnet dort am stärksten zu sein, wo die Lebensumstände besonders bescheiden waren.

Zusammen mit dem ursprünglichen Charme der Dörfer in der trostlos anmutenden Landschaft machte das auf uns Touristen natürlich erst einmal mächtig Eindruck. Die Illusion dieser Romantik verflog aber schnell, wenn man sich den blanken Hintern über braun duftenden Hocktoiletten abfror, wenn einen Hüft- und Kreuzschmerzen von den kalten Nächten auf spartanischen Schlafmatten plagten und wenn es kein fließendes Wasser gab, dafür aber zum unzähligen Mal oliges Plov mit drei Scheibchen runzeliger Karotte. Bevor mich einer falsch versteht: Genau *das* ist einer der Gründe, warum Christian und ich dem Reisen verfallen sind. Außerdem, wie soll man ein Land sonst kennenlernen, die Kultur, die Menschen, ihr Leben, wenn nicht so? Aber verwöhnt sind wir *Westlichen* im Grunde eben doch, wir wissen, dass es anders sein kann, und dieses Wissen macht auch kleine Unbequemlichkeiten manchmal zu großen. Für Christian und mich ist es immer wieder erschreckend, wie schnell wir zu Hause Dinge als selbstverständlich erachten. Und dann gibt es solche Momente, die einen zumindest mittelfristig ein bisschen neu erden und einen lehren, dankbar zu sein. So stehen wir beispielsweise nach jeder längeren Reise ganz hingerissen vor dem Wasserhahn: Welch ein Wunder! Unbegrenzt fließendes klares Wasser aus der Leitung, und man kann es trinken, warm oder kalt, ganz wie es einem beliebt! Und im Supermarkt gibt es an Ort und Stelle alles, einfach *alles*, was das Herz begehrt.

Auch unterwegs gibt es diese Momente: Während wir uns irgendwo in Kirgistan herumtrieben, stolperte ich beim Lesen einer österreichischen Onlinetageszeitung zufällig über ein Rezept: *Ceviche mit Tamarillo und Berbere*. Es brachte mich zum Schmunzeln, weil ich inzwischen offensichtlich mehr Russisch verstand als Deutsch-Rezeptüberschriftisch. Und weil am Abend ein banaler runzeliger Tomaten-Gurken-Salat mit Glutamatstreuseln aufgrund seines Seltenheitswertes in der Abgeschiedenheit des Pamir auf mich einen mindestens ebenso exotischen Eindruck machte.

Das Reisen hat aber nicht nur Auswirkungen auf unsere eigene Weltanschauung. Als Touristen üben wir mit unserem Auftreten, unseren Wünschen und Vorstellungen ebenso viel Einfluss auf lokale Entwicklungen aus. Christian und ich schätzten uns deshalb glücklich, diese Gegend unserer Erde touristisch noch einigermaßen unberührt (wenn auch nicht mehr ganz jungfräulich) erleben zu dürfen. Vermutlich wird sich in den nächsten Jahren mit zunehmendem Tourismus einiges ändern, irgendwann gibt es reduzierte Gastfreundschaft zu höheren Preisen und dafür touristenfreundliche Wassersitzklosetts in der Hochgebirgswüste.

Das Dach der Welt hat blaue Fenster

Und so schwer uns der Gedanke im Magen lag: Auch Christian und ich leisteten einen kleinen Beitrag zu dieser Entwicklung. War es wirklich sinnvoll, dass ich den schniefenden Kindern bunte Sticker schenkte? Natürlich machte ich ihnen damit eine Freude, aber andernorts ärgerte ich mich wieder, wenn kleine konditionierte Monster mich hartnäckig um Mitbringsel anbettelten und an mir herumzupften. War es vertretbar, dass wegen mir verfrorenen Weicheis nicht nur Kuhfladen von vermutlich zwei ganzen Tagen, sondern auch die letzten Reste der einst buschigen Vegetation verbrannt wurden? Ohne Gewissen reiste es sich deutlich leichter. Ich bemühte mich, zur Abwechslung optimistisch zu bleiben, die Chancen standen schließlich nicht so schlecht, dass sich der aufkeimende Tourismus für beide Seiten, Besucher und Landsleute, auch nachhaltig positiv entwickeln könnte. Ein Großteil der einheimischen Bevölkerung ist sich sehr wohl über die Endlichkeit ihrer Ressourcen bewusst. Und zu guter Letzt kurbeln die Touristen die Wirtschaft jenseits des florierenden Drogenhandels an und bringen den Kindern schöne neue Stifte für die Schule mit! (Damit bin ich vorerst am Ende mit meinen moralphilosophischen Ausführungen.)

Zurück in das schöne Dorf Bulunkul. Am Nachmittag starteten Christian und ich mit Matt und Claire eine kleine Wanderung, um den Sonnenuntergang von einem der umliegenden Hügel aus zu beobachten. Etwas unerwartet war uns die Umgebung aber weniger wohlgesonnen als seine Bewohner. Übelriechende Salzsümpfe zogen unauffällig lauernd ihre Bahnen um das Dorf und verschlangen unbarmherzig alle Wanderer, die versuchten, die Gegend unsicher zu machen. Die sogleich nicht mehr so frohgemuten Touristen kämpften sich dann – tapfer nach Luft schnappend (schließlich befanden sie sich auf über 3700 Meter

Höhe) – weiter vor, in der Hoffnung, die Expedition würde doch noch eine glückliche Wendung nehmen. Allerdings wurden sie jäh enttäuscht. Im Dämmerlicht, ohne auch nur annähernd einen Hügel bestiegen zu haben, kehrten die geschlagenen Wanderer mit stinkenden Schuhen und runzeligen, kalten Füßen zu ihrer Herberge zurück. Sie schweißten ihre gärenden Socken aufgrund des Wäschewasch-Wassermangels in Plastiktüten ein und trösteten sich mit einem wohlschmeckenden Plov-Substitut (Glutamat-Kartoffel-Nudeln) über ihre schmerzliche Niederlage hinweg.
Nur wenige Stunden später machte Bulunkul Christian ein Versöhnungsgeschenk der besonderen Art. Auf seinem nächtlichen Gang zum Plumpsklo wurde er von einer übermächtig leuchtenden Milchstraße überrascht. Fern jeglicher Lichtverschmutzung hatten sich am wolkenlosen Himmel unfassbar viele Sterne aus ihren Verstecken getraut. Ich bekam das Spektakel aufgrund meiner Unweckbarkeit leider erst am nächsten Morgen in Form eines Beweisfotos zu sehen.

Pamirs Finger

Über herausragende Persönlichkeiten

Zwar hatten wir uns an der wüstenhaften Geisterlandschaft von Pamirs Handrücken noch nicht annähernd sattgesehen, aber nach unserem Stopp in Bulunkul stand ein überwältigender Landschaftswechsel bevor. Während der Weiterfahrt mischten sich nach und nach vermehrt Grünzeug und schüchtern auch kleine Fließgewässer in die Szenerie, die Straße führte wieder mehr bergauf und bergab anstatt stur geradeaus – erste Anzeichen, dass wir uns Pamirs Fingern, den mächtigen Gebirgszügen, die sich vom Handrückenplateau nach Westen erstrecken, näherten.

Unser Plan war, das Tal, das zwischen den zwei südlichsten Gebirgszügen lag, entlangzufahren. Dieses Fingertal sei toll, gar spektakulär, zumindest behaupteten das sowohl unser gedruckter Reiseführer als auch die Mehrheit der Menschen, die schon dort gewesen waren. Davon mussten wir uns selbst überzeugen.

Das sogenannte Wakhan-Tal ist nach dem Wakhan-Gebirgszug benannt, dem südlichsten Finger des Pamir-Gebirges. Der bereits erwähnte Wakhan-Korridor spielt in dieser Konstellation natürlich auch eine Rolle. Leser mit ausgeprägtem Langzeitgedächtnis wissen: Dieses schmale Stück Land ist die ehemalige russisch-britische Knautschzone, die sich heute unter afghanischer Flagge über eine Länge von etwa 300 Kilometern zwischen Tadschikistan und Pakistan hindurchzieht. Das Wakhan-Tal befindet sich am nördlichen Rand des Wakhan-Korridors, wobei die eine Hälfte des Tales auf tadschikischer Seite, die andere in Afghanistan liegt. Geteilt wird es durch einen Fluss, er bildet eine natürliche Grenze, weder Tadschiken noch Afghanen haben sich deshalb die Mühe gemacht, einen Zaun zu bauen. Allerdings auch kaum Brücken. Südlich des Wakhan-Gebirgszuges schließt sich übrigens das nächste Gebirge der Superlative an: der Hindukusch. Der liegt zum Großteil in Afghanistan, ein bisschen in Pakistan und ein kleines bisschen auch in China.

Über herausragende Persönlichkeiten

Okay, an dieser Stelle ein Geständnis: Auch wenn ich mit geographischen Erläuterungen hier auf dem Papier nur so um mich werfe – auf dem realen Boden hatte ich den Überblick über Himalaya, Tian Shan, Pamir, Hindukusch, lila, türkise und braune Steine komplett verloren. Mir war absolut schleierhaft, wie man zwei derart aneinandergeschmiegte Gebirge wie Pamir und Hindukusch überhaupt voneinander unterscheiden konnte, beide hätten für mich auch zu ein und demselben Massiv gehören können. Beruhigenderweise waren sich nicht einmal unser Reiseführer, Wikipedia und diverse Reiseforen einig, welches Steinchen nun genau welchem Gebirge zuzuordnen war. Wäre mein sehnlicher Weihnachtswunsch in Erfüllung gegangen, hätte es mir vielleicht mein nigelnagelneuer Geologe erklären können, aber es lag leider keiner unter dem Baum ... Mit Sicherheit kann ich nur sagen, dass das Wakhan-Tal atemberaubend schön ist. Der Pamir war ja nicht das erste Gebirge, in dem Christian und ich herumkraxelten, aber dieses Tal sollte wirklich herausstechen, was die Luftschnappmomente betraf. Sowohl der ambitionierte Extrembergsteiger als auch der profilierte Prolo würden die Landschaft sicherlich folgendermaßen charakterisieren: »Steil!«

Im Gegensatz zum Pamir-Handrücken, wo sich höchstens sanfte Berge aus dem Gebirgsplateau hervorheben, umklammern im Wakhan-Tal hochaufragende spitzzahnige Bergmonster eine vergleichsweise fruchtbare Flusslandschaft. Blickt man in Richtung Süden, tummeln sich dort Fünf-, Sechs- und Siebentausender auf afghanischem beziehungsweise – gleich dahinter – pakistanischem Staatsgebiet. Dreht man sich um 180 Grad, sieht man die tadschikischen Sechstausender-Persönlichkeiten, welche nicht weniger beeindruckend sind und die so klingende Namen tragen wie Pik Engels und Pik Karl Marx.

Über herausragende Persönlichkeiten

In dieses märchenhafte Tal wollten wir eintauchen und dabei für einige hundert Kilometer der tadschikisch-afghanischen Grenze folgen. Und bevor jetzt eine unserer Omas oder Urgroßtanten beim Lesen einen Herzinfarkt bekommt: Bis auf wenige Minenfelder an manchen Stellen der Grenze ist die Gegend absolut sicher. Der afghanische Wakhan-Korridor gilt als eine der am wenigsten erschlossenen Regionen der Erde – dieser Unwegsamkeit verdankt er wahrscheinlich seinen politischen Frieden. Später lernten wir sogar noch einen jungen Deutschen kennen, der mit einem Esel (eigentlich waren es sogar drei – die Anzahl gründete in der hohen Verschleißrate und Sturheit des gepäcktragenden Getiers) unbeschadet in den Korridor rein- und wieder rausspaziert war.

Von Bulunkul aus bogen wir zunächst nach Süden ab – um das Wakhan-Tal zu erreichen, mussten wir uns vom Pamir Highway verabschieden, und die Straße wurde wieder deutlich schlechter. Stellenweise war der trockene Boden der Gegend von Salzkrusten überzogen. Das weiße Pulver erinnerte uns zusammen mit da und dort herumliegenden Patronenhülsen daran, dass hier nicht nur Touristen, sondern auch Drogen chauffiert wurden. Aber um realistisch zu bleiben: Die Patronenhülsen konnten natürlich auch von einer geglückten Schneeleopardenjagd eines reichen Russen stammen, jedoch war man dieser Tage dank Serien wie *Narcos* und *Breaking Bad* irreversibel in seinen Vorstellungen über das Drogengeschäft verdorben. Einzig der unbestreitbar schwer zugedröhnte Militärbeamte am Straßenrand war keine Einbildung, aber glücklicherweise zeigte der kein Interesse an uns.
Nach Überquerung eines letzten hohen Passes ließen wir das trockene Hochplateau hinter uns und näherten uns dem Wakhan-Tal. Wir wurden von einer schleichend grüner werdenden Szenerie und immer tiefer eingeschnittenen Tälern zwischen Pamirs Fingern

willkommen geheißen. Das Gebirge wurde wieder belebter, Schafherden mehrten sich, und endlich, *endlich* fuhren wir erstmals auch auf Straßen, die ein Abenteuer erst zu einem Abenteuer machen. Nasir hupte. Blökend stob flauschiges und gehörntes Getier beiseite, die Hirten versuchten, auf der Fahrbahn Ordnung in die animalische Unordnung zu bringen, damit keines ihrer Tiere in den sicheren Tod stürzte. Sich die enge, in die Bergflanke gebaute Straße zu teilen, war kein leichtes Unterfangen. Eine Kuh rutschte mit den Hinterbeinen über den Straßenrand in Richtung Bergschlund, zappelnd fanden ihre Hufe Halt, und blitzschnell war sie wieder in der Herde verschwunden. Die Hirten nahmen das Tohuwabohu ziemlich gelassen, wir waren inzwischen längst nicht mehr die einzigen motorisierten Straßenbenutzer, denen sie Platz machen mussten.

Hinter jeder Kurve schälten sich mehr und mehr Berge aus ihren Verstecken. Die sägezahnartigen Grate und perfekt kegelförmigen Spitzen der vereisten Pamir- und Hindukusch-Riesen ließen die Zahl unserer Fotostopps ordentlich in die Höhe schnalzen. Aber nicht nur in weiter Ferne gab es etwas zu sehen: Zu unseren Füßen schlängelte sich der Fluss Pamir, der sich kurze Zeit später mit dem Grenzfluss Wakhan zum Pandsch vereinen sollte. An den Ufern wuchsen Pappeln und Weiden, ihre satten Grün- und Gelbtöne waren Balsam für unsere Augen.
So erschien uns die Siedlung Langar nach der kargen Hochgebirgslandschaft der letzten Tage wie eine saftige Oase. Als wir dort ankamen, herrschte reges Treiben. Der Sommer war fortgeschritten, die Felder schwanger mit reifem Weizen, bunten Kartoffeln und anderen nahrhaften Leckereien. Sie wurden von gebückten Menschen in mühsamer Handarbeit abgeerntet. Vielerorts war das Getreide bereits verschwunden, und pittoreske

goldgelbe Diemen (auch als Kornhocken oder Strohmandln bekannte Haufen aus aufgestellten Ähren) raschelten im Wind. Ein depressiver Esel mit zerschlissenen Ohren, der von irgendjemandem am Straßenrand geparkt worden war, freute sich über die von uns gesponserten Streicheleinheiten. Wilde Hagebuttensträucher und verblühte Clematisranken wucherten entlang kleiner Wasserläufe, die die Hänge heruntergeflossen kamen. Sanddornhecken waren voll mit orange leuchtenden Beeren, die ich zwecks Skorbut-Prävention fluchend von den übertrieben bedornten Zweigen zupfte.

Das außergewöhnliche Grün dieses Tales war übrigens weniger natürlich gewachsen als Aga-Khan-gesponsert. Ein kurzes Wort zu einer Person öffentlichen Interesses, die hier im Pamir den Status des *allerbesten Wohltäters überhaupt* genoss: Karim Aga Khan IV. gilt als direkter Nachkomme Mohammeds. Er ist religiöser Führer von etwa zwanzig Millionen ismailitischen Nizariten, die sich über die ganze Welt verstreuen. Die Nizariten praktizieren eine Form des schiitischen Islam und gelten als sehr tolerant. Bildung und Wissenschaft werden stark gefördert, und für ihre Religionsausübung sind die Gläubigen nicht auf prächtige Gebäude angewiesen. Da die meisten der Pamiri (zu dieser Volksgruppe gleich mehr) den Nizariten angehören, sieht man im Pamir kaum Moscheen. Ihr Führer und Wohltäter Karim zählt zu den reichsten Menschen auf diesem Planeten und wohnt mal in Frankreich, mal in der Schweiz. Er besitzt Banken, Zeitungen und Fluggesellschaften und schafft es offensichtlich recht erfolgreich, die Moderne mit dem Islam zu vereinen. Im Jahr 1964 besuchte er übrigens Innsbruck, als er den Iran als Skirennläufer bei den Olympischen Winterspielen vertrat. Außerdem ist er Schirmherr einer der größten privaten Entwicklungshilfeorganisationen, der Aga-Khan-Stiftung. Diese nicht konfessionsgebundene (!) Organisation hat laut Wikipedia zum Ziel, »kreative Lösungen für Probleme, die die soziale Entwicklung behindern, zu entwickeln und zu fördern – speziell in Asien und Ostafrika«.

Als notorischer Zweifler kann ich nicht umhin, den unfassbaren Reichtum des Aga Khans ein klitzekleines bisschen zu hinterfragen. Meiner Erfahrung nach kommt so viel Geld nicht allein vom Liebsein zu anderen Menschen. Aber auch wenn Karim – wie auch sein verstorbener Großvater – privat als außerordentlicher Gigolo gilt, muss man beiden eines lassen: Sie haben ziemlich coole Projekte ins Leben gerufen und sind im Pamir in aller Munde. Dazu ein Bespiel, für das ich aber kurz noch etwas weiter ausholen muss: Fast die ganze Osthälfte Tadschikistans (also die, die Christian und ich gerade unsicher machten) gehört zur Autonomen Provinz Berg-Badachschan. In dem riesigen Gebiet lebt aber nur ein Bruchteil der Einwohner Tadschikistans. Nach dem Zerfall der Sowjetunion hatte Berg-Badachschan eigentlich ein eigener Staat werden wollen, daraus wurde aber nichts, stattdessen packte man das Gebiet zu Tadschikistan. Doch weil die Provinz so ungezogen war, wurde die finanzielle Unterstützung aus der Hauptstadt prompt eingestellt. Bereits zu Sowjetzeiten war die Bevölkerung Berg-Badachschans jedoch so stark angewachsen, dass die ertragsarme Gegend mit starken wirtschaftlichen Problemen zu kämpfen hatte. Da sprang der Aga Khan ein. Er fing die Provinz finanziell auf, schickte lasterweise Essenslieferungen, baute Straßen, Schulen und bezahlte die Lehrenden. Er eröffnete in Zentralasien ein Netz aus Universitäten, eine davon in Berg-Badachschan, richtete Stipendienprogramme ein und spornte die Menschen an, Englisch zu lernen. Das mag erklären, warum so mancher Pamir-Bewohner besser Englisch spricht, als man erwarten würde. Der Regierung in Duschanbe schmeckte das natürlich weniger, weshalb sie sich mit dem Aga Khan einen mehr oder weniger unterschwelligen politischen Machtkampf lieferte.

Ich habe ja schon erwähnt, dass ein kleiner Teil der Bevölkerung Berg-Badachschans der kirgisischen Volksgruppe angehört, so beispielsweise die Mehrheit der Einwohner Karakuls und Murghabs. Die restlichen Bürger dieses autonomen Gebietes hatten Christian und ich automatisch als Tadschiken betrachtet – *welch ein Fauxpas!* Erst als uns ein paar Menschen flüsternd korrigierten, dass sie keine Tadschiken, sondern Pamiri seien, kapierten wir, dass sich die Pamiri so überhaupt nicht als Tadschiken verstehen.

Hab ich das linguistisch-kulturell-religiöse Knäuel in Zentralasien nun ausreichend entwirrt? Nein? Kein Wunder, ich verstehe es selbst nicht. Das Gebiet ist ein einziges Chaos, an dem sich sogar gestandene Ethnologen die Zähne ausbeißen. Bei den Grenzziehungen in Zentralasien ist gewaltig der Wurm drin, aber wie verlegt man auch am besten politische Linien durch einen Haufen bunter Völker, sodass ein jedes zufrieden ist?

Nun war und ist es uns relativ egal, zu welcher Ethnie sich die Leute genau zählen, Mensch ist schließlich Mensch. Es entging uns aber nicht, dass sich die Gesichter entlang der Fahrt auf dem Highway änderten. Schmale Formen lösten langsam die runderen Gesichtszüge ab, die wir aus Kirgistan kannten, die Haut bekam einen dunkleren Teint. Wir mochten uns vielleicht täuschen, aber wir assoziierten die neuen Formen mehr mit afghanischen oder pakistanischen Gesichtern als mit mongolischen, russischen oder chinesischen. Auch die Kleidung deutete in diese Richtung, die Frauen trugen nun meist eine *Kurta*, eine Kombination aus Tunika und Pluderhose, die uns zuvor noch nicht aufgefallen war.

Über herausragende Persönlichkeiten

Die Männer – vor allem die älteren – blieben hingegen meist den dunklen Sowjet-Style-Anzügen treu. Auf jeden Fall, so fanden wir, waren die Pamiri auffallend schöne und stolze Menschen.

In Ermangelung einer kirgisischen Alternative schliefen wir in Langar das erste Mal auf dieser Tour bei einer tadschikischen – *pardon!* – pamirischen Familie. Ich stand gerade in ihrem Garten, umgeben von üppig blühenden Gewächsen, als sich plötzlich die redselige Oma des Hauses zu mir gesellte. Zwischen dottergelben Tagetes, schweinchenrosa Stockrosen und blutrotem Amaranth quetschte sie mich auf Russisch nach den gewohnten drei Dingen aus:

> *Woher kommt ihr? Seid ihr verheiratet?*
> *Habt ihr Kinder?*

Um näher bei der Wahrheit zu bleiben und nicht als Rabeneltern dazustehen, die ihr Kind (den armen Noah) drei Monate bei der Oma in Österreich ließen, hatten Christian und ich uns angewöhnt, semi-wahrheitsgemäß zu antworten: »Österreich, ja und nein.«
Wie üblich kassierte ich den mitleidigen *In-deinem-Alter-noch-kinderlos-Blick*. Ich entgegnete dem gekonnt mit einer Kombination aus beschwichtigendem Grinsen und einer abtuenden Handbewegung. Die Oma sah das als Einladung, mir ihren Fortpflanzungserfolg mit den Fingern ihrer zwei Hände vor Augen zu führen. Auch okay, das war ich inzwischen schon gewohnt. Für die beachtliche Leistung zollte ich ihr reichlich Lob und große Anerkennung.
Dann fragte sie mich, ob denn mein Mann *gut* wäre. *Hä?* Ihrer sei nämlich *super*. Wie gerufen kam Opa ums Eck gehumpelt und stellte sich grinsend neben das Topinamburbeet einige Meter

hinter seine Frau. Ja, wirklich *super* sei ihrer, und sie schliefen ja noch immer so und so oft ... Huch! Darauf war ich ausnahmsweise nicht vorbereitet. Nachdem wir die Superkeit unserer Männer kichernd geklärt hatten, schimpften wir noch ein bisschen über Trump und Politiker im Allgemeinen, beklagten die grassierende Arbeitslosigkeit und verglichen das österreichische Klima mit dem tadschikischen ... Schon gemerkt? Mein Russisch machte inzwischen brauchbare Fortschritte.

Eines mussten wir den Leuten in ganz Zentralasien wirklich lassen: Dem mitleidigen In-eurem-Alter-noch-kinderlos-Blick folgten immer sehr aufmunternde Worte und manchmal auch Einladungen zu Kumys, Kefir oder Wodka. Letztere richteten sich, ebenso wie die eindeutigen Handbewegungen, fast ausnahmslos an Christian, die für Zentralasiaten augenscheinlich einzig logische Fehlerquelle. Aber egal, wie sehr wir uns bemühten, den Omas, Opas, Taxifahrern und Busbekanntschaften unsere Sichtweise der Dinge zu erklären, wir stießen prinzipiell auf taube Ohren. Also begegneten wir allen Bedenken bezüglich unseres Fortpflanzungsstatus nur mehr mit gestikulierter Unbekümmertheit. Die Antwort der Leute darauf war meist ein blendendes Wird-schon-noch-werden-Lächeln (die vielen Goldzähne zeugten übrigens davon, dass der Zahnbürstenmarkt in ganz Zentralasien noch sehr weit von seiner Sättigung entfernt ist).
Speziell im Pamir folgte einem solchen kurzen Smalltalk oft schnell eine Einladung zum Tee, zum Essen oder gar zur Übernachtung. Wir mussten jedoch ein bisschen aufpassen, diese nicht falsch zu interpretieren, denn Gastfreundschaft gehört hier einfach zum guten Ton. Eine Einladung bedeutete deshalb nicht zwingend, dass man sich von uns sofort einen Besuch à la Goldlöckchen erwartete. Schade, denn gerne hätten wir uns noch mehr der schönen

Pamir-Häuser von innen angesehen. Insgesamt fühlte sich das Leben in diesen einzigartigen Wohnhäusern nämlich ziemlich wohlig an, besonders wenn wir am Abend unter Aga Kahns Porträt auf Bodenmatten bei Plov saßen.

Von außen erinnern die Lehmhäuser an ihre Verwandten am Pamir-Handrücken: weiß getünchte Quader mit blauen Fenstern und Flachdächern. Nur dass in Langar darauf neben Kuhfladen auch Marillen getrocknet werden. Im Inneren werden die spartanisch eingerichteten Häuser der Pamiri von fünf hölzernen Säulen getragen. Ihnen schreibt man verschiedene symbolische Bedeutungen zu, angefangen von den fünf Elementen bis hin zu Güte, Weisheit und Freundschaft. Wie wunderbar, wenn die Stützbalken deines Hauses nicht nur dein Dach, sondern auch schöne Werte tragen! Diese Säulen-Bedeutungen haben ihren Ursprung übrigens im Glauben des Zoroastrismus (Zarathustrismus), der in vorchristlicher Zeit seinen Weg in den Pamir fand. Die Zoroastrier dieser Gegend zählten zu den Ariern – eine Bezeichnung für eine im Altertum lebende Gruppe von Menschen, die das riesige Gebiet des iranischen Hochlandes besiedelt und indoiranische Sprachen gesprochen hat. Im Gegensatz zu der späteren Verwendung im Nationalsozialismus ist der Begriff keinesfalls ein rassischer, sondern beschreibt eine ethnisch-geographische Volkszugehörigkeit. Auch dem Swastika-Symbol begegneten wir an vielen Plätzen. Dabei ließen Christian und ich uns nicht von der Ähnlichkeit mit dem Hakenkreuz abschrecken. Swastika-Motive werden nämlich bereits seit Jahrtausenden von vielen Kulturen verwendet und haben als religiöses Glückssymbol eigentlich eine überaus schöne Bedeutung.

Ganz offensichtlich sind viele Aspekte des Zoroastrismus in die islamischen Glaubensvorstellungen integriert worden und umgekehrt. So überraschte es uns nicht, dass uns die Säulen des Pamir-Hauses auch manchmal nicht als die fünf Elemente, sondern als Familienmitglieder des Propheten vorgestellt wurden: Mohammed, Ali, Fatima, Hassan und Hussein.

Uns allen gefiel es in Langar so gut, dass wir beschlossen, dort einen Extratag einzulegen. Christian und ich wollten uns die Füße ein bisschen in den Bergen vertreten, und so stapften wir unterhalb von Pik Engels und Pik Karl Marx die steilen Hänge hinauf.
Eine Prise Wüste verfolgte uns nach wie vor, abseits der Wasserläufe wirbelte jeder Schritt Staub auf. Zu meiner Freude ragte stellenweise eine weitere geologische Neuheit, weißer Marmor, beulenartig aus dem kargen Boden. Der Wind pfiff uns um die Ohren und trug aufgeregtes Esel- und Kindergeschrei aus dem Dorf in die Berge herauf. Von Zeit zu Zeit mischten sich österreichisch-bairisch gefärbte Flüche darunter, wenn spitz bedorntes Grünzeug sich kriegerisch in mein Fleisch bohrte.

Aua! Geh schleich di, des Sanddornklumpad is wos unnädigs, des Gstaudarad brauchada ned aso fördern, da Karim.

Verständlicher ausgedrückt: »Aua! Herrje, das Sanddornzeug ist etwas Unnötiges, das Gestrüpp bräuchte er nicht so zu fördern, der Karim!«
Über unseren Köpfen tobten Herden weißer Wolken friedlich am Himmel. Ein Bartgeier zog neugierig seine Bahnen, und sogar eine Libelle suchte überraschend ihr Glück hier oben. Wir teilten unsere Kekse mit einem sonnengegerbten Hirten, der von einer gefräßigen Herde Schafe und einem Hund mit Platzwunde am Kopf begleitet wurde (da hatte der gute Hirte wohl sein Ziel verfehlt, als er versuchte, seine Herde mit Steinwürfen umzulenken).

Über herausragende Persönlichkeiten

Fröhlich jagte ich zerkratzt bunten Heuschrecken und widerspenstigen Himalaya-Agamen hinterher, während Christian ausgiebig die mächtigen Bergriesen im gegenüberliegenden Hindukusch ablichtete. Man kann in Worten kaum beschreiben, welche Wirkung diese Szenerie auf zwei so kleine Erdenbürger wie uns hatte. Mag es noch so abgedroschen klingen: In dem Moment wurde uns wieder besonders bewusst, dass die Natur den Menschen nicht braucht. Wir sind nur Gäste auf dieser schönen Erde.

Langar ist wahrlich ein paradiesisches Plätzchen, dort hätten Christian und ich es sicher länger ausgehalten. Jedoch mussten wir unseren vertraglichen Verpflichtungen nachkommen und saßen am nächsten Morgen wieder pünktlich in Nasirs Auto. Entlang des immer breiter werdenden Flusses schlängelten wir uns weiter durch das Wakhan-Tal. Neugierig blickten wir ans gegenüberliegende Ufer, die Häuser und Leute in Afghanistan schienen sich nicht sonderlich von denen auf tadschikischer Seite zu unterscheiden. Genauso wie hier stampften dort unter den strengen Blicken der Bauern Esel auf den frisch geernteten Weizenähren im Kreis, Frauen in bunten Kleidern standen gebückt in den terrassenartig angelegten Feldern, und sogar die Weiden und Pappeln hatten dieselbe Farbe.
Anders als drüben trieb auf unserer Seite des Flusses allerdings der Tourismus bereits seine ersten zarten Blüten.
Wir legten einen Stopp ein, um eine Stupa aus vorislamischer Zeit zu besuchen. Auf dem kurzen Spaziergang zu dem buddhistischen Bauwerk heftete sich ein gesprächiger Junge an unsere Fersen. Dort angekommen, wollte der kleine Karim »money, money«. Oder wahlweise einen Fidget Spinner aus dem Shop um die Ecke (diese flachen, mehrarmigen Handkreisel, die, bis sie vor kurzem wieder aus der Mode kamen, jedes Kind der westlichen Welt zwischen

sechs und sechzehn rund um die Uhr zwischen Daumen und Zeigefinger hat rotieren lassen, waren zu unserer Überraschung auch im Pamir angekommen). Die Entscheidung überließ er gnädigerweise uns. Der Junge war fest von der Rechtmäßigkeit seiner Forderung überzeugt, schließlich hätte er uns als Guide die ganze Strecke bis zur Stupa begleitet. Cleveres Kerlchen. Aber Christian und ich waren ebenfalls mit allen Wassern gewaschen. Auf dem Rückweg zum Auto bedienten wir uns unseres bescheidenen Repertoires und trällerten Karim falsch-fröhlich die wildesten Volks- und schönsten Kinderlieder vor. Im Gegenzug wollten wir dafür dann von ihm »money, money«. Naturgemäß war unser Preis etwas höher als seiner, schließlich waren wir zu zweit. Der Junge verstand das Prinzip – und hielt sich daraufhin die Ohren zu. Vielleicht auch deswegen, weil wir nicht jeden Ton trafen. Auf jeden Fall war er in seiner Reaktion genauso kreativ wie wir. Trotzdem regnete es für ihn am Ende weder Geld noch Fidget Spinner. Sonderlich traurig darüber schien Karim aber nicht zu sein.

Von der Stupa arbeiteten wir uns anschließend vor zu wundertätigem Thermalwasser. Da das Gebiet im Pamir geologisch sehr aktiv ist, existieren dort auch einige heiße Quellen, denen allesamt fruchtbarkeitsfördernde (eigentlich ist es überflüssig, sie zu erwähnen, da keine einzige Kultstätte Zentralasiens diese wichtigste aller Wirksamkeiten verfehlte), rheumabekämpfende und allgemein wohltuende Eigenschaften zugeschrieben werden. Jeder einzelne Passagier des Nissan Patrol wollte natürlich unbedingt davon profitieren. So fuhren wir zur Quelle Bibi Fatima. Wahrlich heiß und wohltuend! Jedoch trat die fruchtbarkeitsfördernde Wirkung offensichtlich erst ein, wenn man sich außerdem Kopf voran durch ein kleines Loch in der Grotte zwängte. Da üblicherweise keiner der Gäste Badebekleidung trug (in der Anstalt herrschte selbstverständlich Geschlechtertrennung), konnte es schon vorkommen, dass man unfreiwillig eine sehr ausführliche Hinteransicht seiner Mitmenschen zu sehen bekam. Christians lebendigen Erzählungen zufolge vermutete ich, dass Nasir der Einzige von uns mit ausgeprägtem Kinderwunsch war …

Vom Thermalwasser aufgeheizt, erreichten wir Ishkoshim, ein sympathisches Städtchen am Ausgang des Wakhan-Tals. Seit Verlassen des pamirischen Handrückens war die Straße stetig die Berge hinuntergeklettert. Zwar befanden wir uns noch immer auf weit über 2000 Meter Höhe, das Klima war jedoch bereits wieder merklich milder. Ebenso wie in Langar ist der Boden in Ishkoshim sehr fruchtbar, und auf den Feldern herrschte rege Betriebsamkeit. Hier gibt es außerdem eine von Aga Khan gesponserte Brücke, die seit dem Jahr 2006 über den Pandsch ins benachbarte Afghanistan führt, denn auch im krisengebeutelten Nachbarland setzt er sich für das Wohlergehen der Menschen ein. Das Besondere an der Brücke ist der kleine afghanisch-tadschikische Basar, dem man einmal in der Woche mitten auf der Brücke beiwohnen kann, sofern man gewillt ist, seinen Pass für die kurze Zeit am Kontrollposten abzugeben. Leider war der Basar ausgerechnet in dieser Woche geschlossen, nur zu gerne hätten wir unsere Kekse gegen afghanische Rosinen getauscht! So reisten wir ohne Begegnung mit einem Wakhan-Afghanen wieder raus aus dem Tal – adieu, du schöne Welt!

Weiter ging es entlang der afghanischen Grenze in Richtung Khorog, der Provinzhauptstadt Berg-Badachschans. Während einer unserer vielen Fotostopps am Straßenrand packte Christian plötzlich seine Drohne aus. Erst beobachtete ich ihn skeptisch, dann fassungslos. Ich wusste nicht, welcher Teufel ihn ritt, aber der wollte doch tatsächlich *hier* eine Drohne starten. Nicht dass das in Tadschikistan grundsätzlich verboten gewesen wäre, aber keine 300 Meter hinter der letzten Kurve waren wir an einer Garnison bewaffneter Soldaten vorbeigefahren. Es war ja nicht so, dass die Tadschiken die Nähe zu Afghanistan ganz kaltgelassen hätte. Seit Langar waren in der Nähe des Flusses deshalb in regelmäßigen Abständen Grenzposten stationiert gewesen. Aber offensichtlich wollte Christian sein – oder besser gesagt unser aller – Schicksal herausfordern. Seelenruhig flog er das kleine Gerät über den Fluss nach Afghanistan und ließ es mit Foto- und Videobeute wieder zurückkehren. Ich weiß nicht, ob Matt, Claire und Nasir einen ebensolchen Ausdruck auf dem Gesicht hatten wie ich, ehrlich gesagt, konzentrierte ich mich mehr darauf, Christian kurz und heftig meine Meinung zu geigen. Ich glaube, ich habe ihn selten so böse angesehen wie in diesem Moment. Dabei war es in letzter Zeit so harmonisch zwischen uns gewesen, und wir waren immer pünktlich bei Nasirs Auto erschienen – ausgerechnet am letzten Tag unserer Tour begingen wir Vertragsbruch!

Ernsthafte Konsequenzen hatte dann aber weder das eine noch das andere. Auf uns wurde weder geschossen, noch setzten uns Matt, Claire und Nasir vor die (Auto-)Tür. Ich glaube sogar, die drei waren von all dem ziemlich unbeeindruckt. Aber es sollte eine geraume Zeit dauern (fast einen *ganzen* Tag!), bis Christian und ich wieder Freunde wurden. Gut, dass wir beide nicht nachtragend sind, so konnte ich mir die wahrlich gelungenen Luftaufnahmen relativ bald mit einer gewissen Begeisterung ansehen.

Nur wenige Stunden nach diesem Zwischenfall nahmen wir in Khorog planmäßig Abschied von Nasir und seinem Nissan Patrol. Zusammen mit Matt und Claire wollten wir von dort in die tadschikische Hauptstadt Duschanbe reisen, wo sich unsere Wege dann wieder trennen würden. Anstatt in Khorog wieder auf den

Über herausragende Persönlichkeiten

Pamir Highway aufzufahren, hatten wir geplant, uns einen Weg durch die Lüfte zu bahnen. Dieser Flug sollte nämlich einer der schönsten überhaupt sein: Berichten zufolge kurvte man in einer alten russischen Achtzehn-Sitzer-Propellermaschine zwischen den westlichen Ausläufern der Pamir-Finger *hindurch* – und nicht etwa über sie hinweg!
Unser Plan war gut, hatte aber gleich mehrere Haken: Erstens gab es nur dieses eine Flugzeug, und es flog nur, wenn es nicht in der Werkstatt stand. Zweitens hob es ausschließlich bei absolut reinstem, schönstem Wetter ab. Drittens startete es niemals, wenn sich nicht sowohl in Duschanbe als auch in Khorog jeweils mindestens siebzehn Menschen fanden, die mitfliegen wollten. Viertens gab es das Flugticket nicht im Voraus zu kaufen, es galt, sich das Ticket unmittelbar vor Abflug zu erkämpfen.
Nachdem bei uns beiden partout kein Gefühl der Sympathie für das glanzlose Khorog aufkam, wollten wir möglichst schnell weg. In aller Herrgottsfrüh – nur der frühe Vogel fängt das Ticket! – warteten wir erst einmal eine geschlagene Stunde auf unseren – wie uns am Vorabend versichert wurde – verlässlichen Fahrer. Anschließend *krochen* Christian und ich im langsamsten Taxi, das uns je untergekommen war, zum Miniflughafen. Ich saß wie auf heißen Kohlen, jede verlorene Minute hätte das Ende unseres Flugtraumes und ein Festsitzen in Khorog bedeuten können. In Zeitlupe *schlich* der phlegmatische Taxifahrer eiskalt an einem wedelnden Polizisten vorbei, der uns im warmen Licht des frisch geschlüpften Morgens nur missbilligend nachsah.
Endlich am Flughafen angekommen, warteten wir dann unerwartet mutterseelenallein in einem gähnend leeren Raum eines alten Sowjetgebäudes auf ein mögliches Ticket. Stumm schlurften wir über den zerrissenen PVC-Boden, während wir ein geschätzt 228 Quadratzentimeter großes verschlossenes Loch in der Wand

(den Ticketschalter) nicht aus den Augen ließen. Letzte Reste babyblauen Putzes blätterten von den trostlosen Wänden. Regelmäßig wehten Schwaden eines betäubenden Geruches vom benachbarten Plumpsklogebäude in die Räumlichkeit des Flugticketmäuselochs. Aber ganz geduldig lagen wir auf der Lauer. Wagten aus der Ferne einen Blick auf die Landebahn. Eine magere Kuh absolvierte ihren täglichen Morgenspaziergang auf dem welligen Rollfeld. Matt und Claire erschienen, sichtlich ausgeschlafen. Die Zeit verging. Niemand anderes kam. Vielleicht gab es doch noch ein *Fünftens*: Der Flieger begab sich auch nur dann in die Lüfte, wenn der Pilot am Wochenende nicht durchgezecht hatte? Uns blieb es jedenfalls ein Mysterium, warum an jenem Strahlendblauer-Himmel-Tag der täglich öffnende Schalter nicht öffnen wollte.

Aber es gab sie ja, die Alternative: eine vierzehn-stündige Sammeltaxifahrt. Nachdem sich der großgewachsene Christian ordentlich gestreckt und eine kreischende, verfilzte Babykatze von einem tadschikischen Baum gerettet hatte (dass die Viecher aber auch überall auf dieser Welt dieselben Fehler machen?!), faltete er sich kleinstmöglich zusammen, und wir bestiegen gemeinsam mit Matt, Claire und einer Handvoll Einheimischer einen Minibus. Quälende Stunden schwitziger, staubiger Rüttelfahrt lagen vor uns. Während Rihanna und Dutzende ihrer tadschikischen Musiker-Artgenossen abwechselnd und ohrenbetäubend laut durch alle vorhandenen Lautsprecher des Minibusses krähten, riskierten wir irreversible Nackenverspannungen, wenn wir unsere Hälse zum besseren Ausblick in Richtung der Fensterscheiben reckten.

Im Nachhinein denken wir ein bisschen wehmütig an diese Etappe zurück, denn auf Sammel-Minibus-Fahrten sind Fotostopps leider nicht vorgesehen. Den Großteil schlängelten wir uns an der südlichen Grenze Tadschikistans zu Afghanistan entlang, durch atemberaubende, enge Schluchten. Eine wunderschöne

Gegend, in der wir das Glück hatten, sie als Touristen ziemlich sorglos genießen zu können. Auf der gegenüberliegenden Seite des Grenzflusses Pandsch wurde fleißig an einer neuen Straße gewerkelt. Mit steinzeitlich anmutendem Pressluftgerät, Hammer und Meißel arbeiteten sich dürre afghanische Arbeiter in den blanken Fels hinein. Offensichtlich campierten sie schon länger mit ihren Familien unter fragwürdigen Bedingungen in den Felswänden oberhalb des Flusses, um den Bau der Straße voranzutreiben. Auf uns wirkte der Aufwand skurril in Anbetracht dessen, dass auf tadschikischer Seite schon lange der – wenn auch marode – Highway existierte. Donnernd kamen uns auf unserer Flussseite regelmäßig Lkw, entgegen, während keine 150 Meter entfernt Menschen schufteten, um ein Paralleluniversum zu erschaffen.

Erst wenige Stunden vor Duschanbe kehrten wir dieser Grenze, der wir so lange gefolgt waren, den Rücken. Trotz einbrechender Finsternis zeichnete sich ab, dass wir Pamirs Finger verlassen hatten. Von der spärlich besiedelten Berglandschaft schaukelten wir hinein in Tadschikistans warme, flache Niederungen.

Zwischenstation Kulturtourismus

Des Basilikums Fidelität in der Wüste

Des Basilikums Fidelität in der Wüste

Auf den letzten Kilometern unserer langen Fahrt in die Hauptstadt Tadschikistans erinnerte nur mehr der verblassende Geruch wilder Minze an unsere schöne Zeit im Pamir – ein grüner Zweig aus den engen Schluchten hatte uns im Minibus zur Lufterfrischung verholfen und war inzwischen seines Dienstes müde geworden. Auch wir waren geschlaucht, als wir spätabends Duschanbe erreichten. Dort verflüchtigte sich sogleich der Rest unserer pamirischen Unbekümmertheit: Unauffällig flossen bei einer Polizeikontrolle ein paar Somoni-Scheine (der Somoni ist die tadschikische Währung, zehn Somoni entsprachen etwa einen Euro) von unserem Fahrer in Richtung des strengen Beamten. Wir waren unverkennbar zurückgekehrt in die städtische Zivilisation. Im Stillen nahmen wir Abschied vom Naturtourismus der letzten Wochen und passten uns wieder dem beschleunigten Lebensstil unserer Umgebung an. Die verbleibende Zeit unserer Reise würden wir uns von Stadt zu Stadt hangeln – unsere Freude darüber hielt sich noch sehr in Grenzen.

Nachdem wir uns von Matt und Claire verabschiedet hatten, stürzten wir uns ins Getümmel der Hauptstadt. Unser Aufenthalt in Duschanbe stand im Zeichen von Gebäudefotoshootings, Boulevardschlenderei und Restauranthopping. Endlich befanden wir uns wieder auf kulinarischem Festland. Nach den vielen spartanischen Glutamat-Plovs frönten wir nun der tadschikischen Großstadtküche. Schon am Basar konnten wir den Unterschied zu den letzten Wochen riechen: Vertrauter Kreuzkümmelduft tanzte dort zusammen mit neuartigen Kurkumaausdünstungen durch die Luft, und scharfer Chilipulvergeruch kitzelte unsere Nasen. Nicht nur der bloße Anblick exotisch verschrumpelter Wurzelstücke und roter Safranfäden, die über Schälchenränder quollen, versprachen Großartiges, dazu posaunten die Händler appetitanregende Kurzmeldungen über die Qualität und Frische ihrer Ware in das Gewusel der Hallen. Das Wasser lief uns im Mund zusammen, während unsere Augen im Vorbeigehen an saftig grünen Büscheln Koriander und Dill grasten, die Frauen im Milchprodukteviertel uns cremigen Joghurt und sauren Rahm probieren ließen und die Verkäufer aus der Gemüseabteilung besser als jede Kenwood-Küchenmaschine knackige Karotten stiftelten. Als wir dann den Männern aus der Fleischabteilung zusahen, wie sie kräftig auf knöcherne Strukturen einhackten, konnten wir nicht umhin, uns all diese Eindrücke versammelt in einem wunderbar leckeren Gericht vorzustellen. Wählte der Reisende seine Gaststätte weise, wurden seine leidenschaftlichen Phantasien – meist in einer der typischen unscheinbaren Essensräumlichkeiten, die auch die lokale Bevölkerung aufsuchte und deren überschaubares Spektrum von Suppenküchenniveau bis zur gehobenen Imbissstube reichte – auch Wirklichkeit: Anstatt eines farblosen Plovs mit Einheitswürze bekam man dort beispielsweise buntes Koriander-Joghurt-Rosinen-Plov mit Wachtelei-Garnierung! Ich möchte damit weder die pamirische noch die kirgisische Küche beleidigen, sie haben uns immer gut genährt. Christian und ich waren aber der Meinung, dass die Palette an Gewürzen breiter wurde, je mehr wir uns vom Pamir entfernten – bei gleichbleibendem Öl- und Fettgehalt versteht sich. Reisen geht halt nun mal durch den Magen, manchmal leider auch im doppelten Sinn. So zwängte sich zwischen unsere kultur-kulinarischen Erkundungstouren auch ein ausgedehnter Aufenthalt im Vielbettzimmer unseres Hostels. Aber irgendwann hatte die Zwangspause auf dem Gemeinschaftsklo ja kommen müssen – bis dahin hatten sich unsere Mägen sehr tapfer geschlagen!

Auch außerhalb der Markthallen und Gaststätten bot Duschanbe allerlei Erfreuliches, nicht zuletzt ein schönes Stadtbild. Grün.

Regelrecht parkgeschwängert. Mit Blumenrabatten übersät. Und gleichzeitig einen Rest sowjetischen Charmes versprühend. Duschanbe war bis zum Anfang des 20. Jahrhunderts ein Dorf gewesen, nun lebten dort etwa 800 000 Menschen. Innerhalb dieser gut einhundert Jahre war die Gegend in einen Rausch der Aufbruchstimmung gefallen und quasi vom Mittelalter in die Neuzeit katapultiert worden. Manche der alten sowjetischen Gebäude erinnern noch an diesen euphorischen Bauboom.

Die meisten der mehr oder weniger charmanten Bauten sind mittlerweile aber der aktuellen Abriss- und Modernisierungswelle der Regierung zum Opfer gefallen. Stattdessen ragen zwischen den Häuserzeilen teilweise skurrile Ergebnisse ambitionierter Bauprojekte hervor: die relativ neu errichtete Duschanbe Plaza beispielsweise. Die kitschigen Zwillingstürme standen bei unserem Besuch fast leer und waren obendrein bereits baufällig – wir fuhren trotzdem mit dem Lift auf die marode Aussichtsplattform im 29. Stockwerk und streckten unsere Nasen in den urbanen Höhenwind. Dieser Geisterbau mit exorbitant hohen Baukosten im dreistelligen Millionenbereich (Euro, nicht Somoni) ist eine Farce, wenn man bedenkt, was ein tadschikischer Durchschnittsmensch verdient.

Das bringt mich zum Thema Einkommen. In Europa ist es ja ein Tabubruch, sich nach dem Gehalt anderer Menschen zu erkundigen, in vielen anderen Regionen dieser Welt hingegen nicht. So auch offensichtlich nicht in Zentralasien, wo wir oft gefragt wurden, was wir denn so verdienen. Uns brachte das immer etwas in Verlegenheit. Antworteten wir nämlich wahrheitsgemäß, blickten wir sogleich in glänzende Augen, vielleicht vermochten wir sogar den zarten Schimmer eines Dollarzeichens darin erkennen. Das lag aber nicht daran, dass Christian und ich zu den österreichischen Topverdienern zählten. Es war einfach sehr schwierig, den Menschen klarzumachen, dass das Leben bei uns zu Hause gleichzeitig auch teurer ist. Viele verstanden in weiterer Folge ebenfalls nicht, warum wir dann mit dem 500-Prozent-Touristen-Preisaufschlag für die Taxifahrt partout nicht einverstanden waren oder Bananen nicht nach dem Motto *eine zum Preis von dreien* kaufen wollten. Wobei es natürlich stimmte, dass vieles für uns recht preiswert war.

Fairerweise muss man auch sagen, dass die Relation von Einkommen zu Lebenshaltungskosten in Österreich deutlich günstiger ausfällt als in den meisten Regionen Zentralasiens. Die Banane kostet dort oft fast so viel wie bei uns, das Smartphone ist wahrscheinlich genauso teuer, Dienstleitungen wie Bus- oder Taxifahren deutlich billiger. Dafür gibt es in Zentralasien aber auch mehr Subsistenzwirtschaft – die Menschen produzieren sehr viel von dem, was sie brauchen, selbst – und als Folge vielleicht auch mehr Tauschhandel. Der scheint zwar in der offiziellen Statistik mutmaßlich nicht auf, nichtsdestotrotz ist ein Vergleich der Bruttoinlandsprodukte interessant (nach Schätzungen des Internationalen Währungsfonds für das Jahr 2018, Stand 2019; die BIPs sind in internationalen Dollar pro Kopf angegeben und gerundet; damit die Zahlen vergleichbar sind, werden sie nicht einfach über den Wechselkurs der Währungen umgerechnet, sondern kaufkraftbereinigt – dabei wird berücksichtigt, wie viel beispielsweise ein Kirgise durchschnittlich im Vergleich konsumieren kann):

Österreich: 52 200 $ Tadschikistan: 3400 $
Kirgistan: 3900 $ Usbekistan: 8500 $

Kein Wunder, dass Christian und ich lange rätselten, warum gerade die Tadschiken so viel Gold im Mund mit sich herumtragen. Das muss für sie doch unerschwinglich sein! Und warum verschönern sie mit Vorliebe ihre Schneidezähne?

Des Basilikums Fidelität in der Wüste

Und das Gold schmückt nicht nur ihre Beißerchen. Die tadschikischen Frauen sind behangen mit allerlei Klimbim und Tamtam. Echt oder unecht, in jedem Fall wirkte die blendende Zier auf uns Europäer maßlos übertrieben, auch wenn sie ziemlich gut zu den glitzer- und paillettenbestickten Samtroben der Tadschikinnen passt. Auch die Kopftücher, die sich hier größerer Beliebtheit erfreuen als in Kirgistan, sind, ebenso wie die beperlten Plüschpantoletten, tendenziell sehr prachtvoll. Des Rätsels wahrscheinliche Lösung für den Goldrausch verriet uns später ein Kirgise: Die Tadschiken (und eine Nuance dezenter auch die Usbeken) folgen damit einem Usus, nach dem die Frauen all das Gold, das sie besaßen, am Körper trugen. Wurde eine Frau überraschend von ihrem Mann verlassen, hatte das den Vorteil, dass sie zumindest finanziell abgesichert war. Ein guter, treuer Ehemann bestückte seine Frau deshalb mit reichlich Schmuck und Goldzähnen (vorzugsweise gut sichtbaren Vorderzähnen). So konnte man schon von weitem erkennen, wer glücklich verheiratet war! Aber vielleicht lagen – Tradition hin oder her – Schmuckbehang und Goldzähne einfach bloß schwer im Trend.

Apropos pompös, glitzernd und prächtig: In den Städten bekamen Christian und ich sehr oft die Gelegenheit, Brautpaar-Fotoshootings zu beobachten. Die fanden nämlich immer dort statt, wo wir auch gerne herumstreunten: in schönen Parks, vor großen Bronzestatuen oder sonstigen kitschigen Sehenswürdigkeiten. Dabei waren besonders die weißen raketenkapselförmigen Bräute ein Knaller! Alle blutjung und herausgeputzt wie Prinzessinnen. Wie ihre dazugehörigen Hälften sahen sie alle gleich aus – irgendwie schien die Vorstellung von der perfekten, modernen Hochzeit bei den jungen Paaren ziemlich identisch zu sein.
Vor den Kulissen wurden für die Fotoshootings oftmals im Akkord Bräutigamrepliken und Raketenbräute ausgewechselt, genervte

weiße Tauben auf Hände gesetzt und surrende Drohnen knapp über die Köpfe der Hochzeitsgesellschaften hinweggesteuert. Anschließend wurden die Brautpaare wieder in weißen Oberklasselimousinen verstaut und zur nächsten Location gefahren, wo häufig mit trubelhafter Trompetenmusik, lautem Getrommel und einer ausgelassen tanzenden Hochzeitsgesellschaft, die nicht selten aus mehreren hundert Gästen bestand, gefeiert wurde. Die aufwendigen Feste uferten schließlich sogar so weit aus, dass die Regierung von Usbekistan sich gezwungen sah einzugreifen, um die negativen sozialen Auswirkungen der Hochzeitsfeierlichkeiten einzudämmen. Um den Erwartungen von Freunden und Verwandten gerecht zu werden, flossen nämlich in vielen Fällen mehrere Jahreseinkommen in den schönsten Tag des Lebens. Häufig musste das Geld dafür von eben jenen Freunden und Verwandten geliehen werden, und manch ein frischgebackener Ehemann sah sich sogar gezwungen, im Ausland – hauptsächlich Russland – zu arbeiten, um die Schulden abstottern zu können. Ein usbekischer Senator äußerte Bedenken, dass die luxuriösen Hochzeiten das Land auch ganz ohne Krieg in den Bankrott führen könnten. Deshalb beschloss das Parlament im Jahr 2019: Nicht mehr als 250 Gäste dürfen es sein. Außerdem sind nur mehr maximal zwei Musikgruppen erlaubt, mehr als drei Luxusautos in der Festzugskolonne sind ungesetzlich! Bei Geburtstagsfeiern und Beerdigungen wurde übrigens auch der staatlich verordnete Sparstift angesetzt. Im Jahr 2017 war die Welt für Liebhaber pompöser Hochzeiten jedoch noch in Ordnung, und so stand ich immer ganz fasziniert vor dem rauschenden Treiben und rätselte, wie die ausladend gekleideten Raketenbräute samt güldenem Krönchentopping wohl in die kleinen Hock-Klo-Räumlichkeiten passten, die sie mit an Sicherheit grenzender Wahrscheinlichkeit im Laufe des schönsten Tages ihres Lebens würden aufsuchen müssen…

In Duschanbe waren aber nicht nur Märchenbuch-Brautpaare, sondern auch der Präsident allgegenwärtig. Emomalij Rahmon durchschnitt Eröffnungsbänder, half beim Weintraubenpflücken, streichelte Brote im Getreidefeld und winkte aus einem Meer bunter Tulpen von Gebäudefassaden herab. Der Präsident war überall, auf Postern, Bannern und Bildschirmen. Er erschien uns mit der Häufigkeit von Wandermarkierungen des Alpenvereins. Seine Devise: Nur nicht bescheiden sein, schließlich ist er ja schon seit 1994 im Amt und trug den ehrwürdigen Titel *Held Tadschikistans*. Emomalij hat es dabei nicht immer leicht gehabt, auch weil die Beziehungen Tadschikistans zum Nachbarn Usbekistan seit jeher eher durchwachsen sind. Während Sowjetzeiten hatte es eine Hierarchie der Teilrepubliken gegeben, und so war es Usbekistan gewesen, das seinen kleinen tadschikischen Bruder mitfinanzieren musste. Dafür hatten die Usbeken aber auch das Sagen. Nach dem Zerfall der UdSSR konnten beide Staaten ihre Gewohnheiten nicht ganz ablegen, bis die Tadschiken begannen, sich zu emanzipieren, und dadurch regelmäßig besorgtes Stirnrunzeln bei den Usbeken auslösten. Diese drehten dann gerne mal mahnend am Gasrädchen oder knipsten dem kleinen Bruder den Strom aus. Den Tadschiken wurde das zu blöd, und so intensivierten sie (wie die Kirgisen auch) ihre Bauaktivitäten bezüglich Dämmen und Wasserkraftwerken an Flüssen, die stromabwärts die usbekischen Baumwollfelder mit Wasser versorgten. Bei einem intakten Nachbarschaftsverhältnis hätte man sich vielleicht erkundigt:

> *Hey, Usbekistan, alles klar bei euch? Wie geht's eurem Aralsee, ist ja leider schon ziemlich leer, oder? Wieder ein gewaltig heißer Sommer grade, 45 Grad bei euch, hab ich gehört? Na ja, in drei Monaten regnet's eh wieder,*

Des Basilikums Fidelität in der Wüste

ist ja nicht mehr lange hin! Du, ganz was anderes, es ist doch okay für euch, wenn wir den Wachsch-Fluss ein bisschen aufstauen? Und stellt euch vor, wir wollen die höchste Talsperre bauen, die jemals jemand errichtet hat. Cool, nicht? Über 300 Meter hoch, aber wir passen schon auf, dass der Zement hält – nicht dass euch das Bächlein beim nächsten Erdbeben um die Ohren fliegt.

Nachdem die Regierung Tadschikistans aber nicht einmal die eigenen zehntausenden Landsleute gefragt hatte, ob es o. k. sei, dass man sie für den Bau des Damms umsiedelte, konnte man nicht erwarten, dass sie Usbekistan in ihre Pläne über die gemeinsame Wasserader miteinbeziehen würde.
Mit ein Grund, warum ich euch das erzähle, ist, dass Christian und ich unsere Reisen gerne mit dem Finger auf der Landkarte planen. Darauf ist das usbekische Samarkand, das unser nächstes Reiseziel sein sollte, gar nicht sooo weit weg vom tadschikischen Duschanbe, das wir inzwischen ausreichend erkundet hatten. Was wir nicht wussten: Usbekistan hatte den betreffenden Grenzübergang aufgrund diverser Nachbarschaftsstreitigkeiten bis auf weiteres geschlossen. Direktflüge nach Usbekistan? Fehlanzeige
Da uns der direkte Weg nach Usbekistan also verwehrt blieb, musste wohl oder übel ein anderer Grenzübergang herhalten, einer, der von den Zankereien verschont geblieben war. So fuhren wir die Strecke von Duschanbe nach Samarkand seufzend über einen weiten Umweg nach Süden.

Da tadschikische Taxis in Usbekistan ebenso wenig gern gesehen waren wie tadschikische Flugzeuge, schmiss uns der (tadschikische) Taxifahrer in einigem Respektabstand zur Grenze kurzerhand aus seinem Fahrzeug und überließ uns einer Schar Geldwechsler, die bereits hungrig auf uns gewartet hatten. Mit dicken Packen Geld in der einen und einem Taschenrechner in der anderen Hand umkreisten sie uns wie Geier. Wir entschlossen uns, dem schlechten Wechselkurs eine Chance zu geben, und tauschten einen Zwanzig-Dollar-Schein gegen 160 usbekische Eintausend-Sum-Scheine. Sogleich wurden wir Zeugen einer perfektionierten flinken Geldzählfingerbewegung, die – inflationsgeschuldet – schon jedes usbekische Kind beherrschte: Nach geschätzten zwanzig Sekunden wechselten 160 000 Sum ihren Besitzer. Zum Nachzählen brauchten wir über zwei Minuten. Unbeholfen stopften wir die Bündel in unsere Rucksäcke und betraten mit dem mulmigen Gefühl, soeben eine Bank ausgeraubt zu haben, das tadschikisch-usbekische Grenzland.

Die Ausreise aus Tadschikistan meisterten wir tadellos. Über die Einreise nach Usbekistan waren uns jedoch allerhand Schauergeschichten zu Ohren gekommen (wie zuvor auch über die nach Tadschikistan). Die Grenzbeamten seien rüde. Es würden Drohnen zerstört (Christian hatte seine deshalb Nasir anvertraut, der sie mit nach Osch nahm, wo sie mit Stinki auf uns warten sollte). Smartphones würden nach unsittlichen Bildern durchforstet. Speicherkarten konfisziert. Eine unserer Reisebekanntschaften war sogar zwei Wochen in usbekischer Haft gewesen, weil sie in ihrer Reiseapotheke ein Nasenspray gehabt hatte, das zwar in Europa, nicht aber in Usbekistan zugelassen war. Doch entgegen unserer schlimmsten Befürchtungen waren die Grenzbeamten lammfromm, und die Drogenspürhunde interessierten sich nicht die Bohne für uns. Während nebenan überdimensionale, mobile Röntgengeräte Lkw, auf Schmuggelware durchleuchteten, wurde unsere Reiseapotheke nicht einmal auf opiumhaltige Medikamente untersucht. Fast war ich enttäuscht, dass meine provokativ unbeschrifteten Dosen mit diversen Pülverchen und Globuli so unbeachtet blieben.

Als Märchen taten wir die vielen Schauergeschichten trotzdem nicht ab, denn während der nächsten zwei Wochen zeigte sich uns Usbekistan als unangenehm wachsames und extrem besorgtes Land. Auf den gut ausgebauten Straßen wurden unsere rasanten Sammeltaxifahrten regelmäßig von Registrierungsstopps an Checkpoints unterbrochen, und vor allem in und vor öffentlichen Gebäuden wimmelte es nur so von Wachbeamten und Fotografierverboten. Außerdem wurde in dem muslimischen Land die Religionsausübung staatlich streng kontrolliert – wie in Tadschikistan fürchtete man die fundamentalistischen Islamisten.
Zu erklären ist das mit der Politik Islam Karimows, der ein Vierteljahrhundert lang äußerst autoritär über Usbekistan herrschte. Erst nach seinem Tod im Jahr 2016 begann das abgeschottete Land vorsichtig, sich zu öffnen. Die Einreisebestimmungen wurden gelockert, und das Verhältnis zu den Nachbarländern besserte sich kontinuierlich – der direkte Grenzübergang, an dem Christian und ich gescheitert waren, soll Gerüchten zufolge kurze Zeit später wieder offen gewesen sein. An der Registrierungspflicht in den Unterkünften, der wir als Touristen in Usbekistan beinahe täglich nachkommen mussten, änderte sich aber nichts. Auf uns wirkte dieser staatliche Kontrollwahn teilweise ein bisschen befremdlich, vor allem weil die Bevölkerung weder einen extrem konservativen noch irgendwie bedrohlichen Eindruck machte. Es gab in Usbekistan ebenso viele lächelnde Goldzahngesichter und freudige Gruppenselfie-Einladungen wie in Kirgistan und Tadschikistan. Das einzig Erschreckende war, wie schnell sich auch Christian und ich an die Überwachung gewöhnten …

Des Basilikums Fidelität in der Wüste

Aber noch hatten wir von all dem wenig mitbekommen, schließlich waren wir gerade erst jungfräulich in Usbekistan eingereist. Der Grenzübergang war schlecht besucht, und zu unserem Leidwesen gab es dort auch keine öffentlichen Verkehrsmittel. Wir mussten für den (laaangen) Weg von der Grenze bis nach Samarkand auf ein überteuertes Taxi zurückgreifen. Auf der Fahrt fielen uns dann bereits die ersten Eigenheiten Usbekistans auf: Die Landschaft ist öde. Bis auf das fruchtbare Fergana-Tal im Osten besteht der Großteil des usbekischen Staatsgebietes aus Wüste. Und dort, wo keine Wüste ist, wächst mit großer Wahrscheinlichkeit Baumwolle (oder Basilikum, aber darauf komme ich später noch zurück). Usbekistan ist einer der größten Baumwollexporteure weltweit, vermutlich hängt in jedem westeuropäischen Kleiderschrank das eine oder andere Kleidungsstück, das seine Existenz der usbekischen Sonne und dem Wasser der Zuflüsse des Aralsees verdankt. Die jahrzehntelange Bewässerung der riesigen Baumwollflächen blieb in dieser trockenen Landschaft nicht ohne schwerwiegende Folgen, der einst viertgrößte Binnensee der Erde ist inzwischen fast ausgetrocknet. Damit nicht genug, leiden die Menschen bis heute unter den verheerenden Folgen des lange sehr sorglosen Umgangs mit Pflanzenschutzmitteln. Die usbekische Baumwollproduktion wirft ihre Schatten aber auch auf Regionen fernab Zentralasiens. Über die atmosphärische Luftzirkulation gelangen die Schadstoffe mit dem Wüstenstaub sogar bis ins Blut antarktischer Pinguine.

Usbekistan hat aber noch weit mehr Rohstoffe zu bieten als nur flauschige Baumwolle mit düsterer Geschichte! In jedem strahlenden Lächeln, mit dem man uns begegnete, spiegelten sich die Goldreserven wider, und das Fortkommen im Land wird von einem bedeutenden Erdgasvorkommen befeuert. Wir staunten nicht schlecht, denn fast alle Fahrzeuge waren umgerüstet: Der Ottomotor durfte bleiben, aber ein Gastank musste her. Zu unserem Leidwesen machte der in Usbekistan den Großteil der Kofferraumräumlichkeiten aus, und unsere Rucksäcke verbrachten ab sofort viel Zeit auf unseren Schößen.

Mindestens ebenso schmerzhaft war für uns aber, dass Usbekistan das Land der Stinkis war. An jeder Straße wurden wir konfrontiert mit seinen unzähligen weißen, gasbetriebenen Klonen in Gestalt des frappierend ähnlichen Damas-Deluxe-Modells von Daewoo. Sosehr unsere Erinnerungen an unseren Bus in den letzten Wochen verblasst waren – jetzt kamen sie in voller Stärke wieder hoch. Wir hörten und sahen unseren Stinki überall. Auf den Straßen machten den Daewoo-Modellen nur Chevrolets Konkurrenz, die ebenfalls fast alle weiß und wie geklont aussahen. Hier brausten keine Jeeps, keine Land Cruiser herum, niemand lenkte einen Mercedes, Audi oder VW – kurz: Auf den usbekischen Straßen war nichts so wie in Kirgistan und Tadschikistan. Der Grund: Usbekistan erhebt wahnsinnig hohe Importzölle auf ausländische Waren, und so sind Daewoos und Chevrolets, da sie in Usbekistan gefertigt werden (beziehungsweise wurden), die einzig bezahlbaren Autos. Wir hatten also fast keine andere Wahl, als mit einem weißen, gasbetriebenen Chevrolet-Taxi nach Samarkand zu fahren.

Ich habe ja schon erwähnt, dass wir uns mit Verlassen des Pamir Highways verstärkt dem Kultur- und Städtetourismus widmeten. Im Gegensatz zum nomadisch geprägten Kirgistan und dem topographisch teils turbulenten Tadschikistan gab es im Gebiet des heutigen Usbekistans schon lange Stadtkulturen. Vier der mächtigsten Völker der Menschheitsgeschichte haben hier ihre Spuren hinterlassen: die Griechen (Alexander der Große!), die Araber, die Mongolen (Dschingis Khan!) und nicht zuletzt die Russen. Dazwischen tummelten sich noch die weniger bekannten, dafür umso spannender klingenden Achämeniden, Yüe-tschi, Weißen Hunnen, Samaniden, Timuriden und die (eigentlichen) Usbeken. Eine Herkunftsvielfalt also, die der Speisekarte eines gut sortierten Panasiaten würdig wäre. Weder in Kirgistan noch in Tadschikistan hatten wir gesehen, womit Usbekistan dank seiner Geschichte auftrumpft: unzählige prächtige historische Bauwerke. Die meisten in den Altstädten konzentriert, um die sich die weniger charmanten sowjetisch geprägten Stadtteile schmiegen.

Durch das Gebiet des heutigen Usbekistans verlief ein Teil der antiken Seidenstraße, die Ostasien über Zentralasien mit dem Mittelmeerraum verband. Aufgrund des regen Warenverkehrs florierten in damaliger Zeit die Städte entlang dieses einst so wichtigen Handelsweges. Ein paar stechen wegen ihrer besonderen historischen Bedeutung noch hervor: die alten Zentren Samarkand, Buchara und Chiwa. Neben imposanten Gebäuden brachten sie auch bedeutende Philosophen, Wissenschaftler und Theologen hervor.
Hierzu ein kleiner Einschub: Auf Reisen muss ich mich immer wieder über meine eigene Ignoranz wundern. Ich schreibe sie dem Weltbild der mitteleuropäischen Gesellschaft zu, in der ich aufgewachsen bin. Sie vermittelte mir im Laufe der Jahre nämlich eine recht eurozentrische Sicht auf viele Dinge. Dabei ist es wahrscheinlich nicht ungewöhnlich, dass die Gesellschaft, in der man aufwächst, ihre eigene Kultur gerne als den anderen überlegen darstellt. Der Historiker Robert Marks formulierte die Überheblichkeit unserer Breitengrade ziemlich treffend: »Die eurozentrische Weltsicht betrachtet Europa als den einzig aktiven Gestalter der Weltgeschichte, gewissermaßen als ihren ›Urquell‹. Europa handelt,

während der Rest der Welt gehorcht. Europa hat gestaltende Kraft, der Rest der Welt ist passiv. Europa macht Geschichte, der Rest der Welt besitzt keine, bis er mit Europa in Kontakt tritt. Europa ist das Zentrum, der Rest der Welt seine Peripherie. Nur Europäer sind in der Lage, Wandlungen oder Modernisierung einzuleiten, der Rest der Welt ist es nicht.« So nahm der exotischste Gelehrte, der mir in der Schule unterkam, seine Denkerpose irgendwo im antiken Griechenland ein. Oder maximal noch im alten Ägypten, wo er an der perfekten astronomischen Ausrichtung der Pyramiden feilte. Im Rest der Welt malte man derweil noch irgendwelche Tiere an Höhlenwände und schnitzte an Pfeilspitzen.

Das begrenzte Wissen aus meiner Schulzeit diente mir lange Zeit als unerschütterliche Grundlage für meine Sicht auf die Dinge. Und selbstverständlich nehme ich dieses Weltbild mit, wenn ich auf Reisen gehe. Fern von Europa wird es dann meist schnell auf die Probe gestellt, denn natürlich sind die Leute anderswo ebenso stolz auf die Errungenschaften und geistigen Hinterlassenschaften ihrer Vorfahren und errichten zu ihren Ehren Denkmäler und Museen. Deren Schautäfelchen führen bei mir regelmäßig zu bewegenden »Aha-Momenten«, und zwar besonders dann, wenn sie zusätzlich zur Landessprache auch in (verständlichem) Englisch verfasst sind, denn gewöhnlich korreliert die globale Bedeutsamkeit des Inhaltes mit der Qualität der Beschilderungen.

In der Wissenschaftsgeschichte waren es tatsächlich über lange Zeit die Europäer, die im übertragenen Sinn noch Tiere an ihre Höhlenwände malten, während man in anderen Kulturen bereits an äußerst ausgefeilten Fragestellungen arbeitete. Im frühmittelalterlichen Europa beispielsweise stand die gesamte Wissenschaft unter der strengen Fuchtel der Kirche. Nichts durfte mit deren Lehrmeinung in Konflikt geraten, und man erzielte kaum nennenswerte Fortschritte. In anderen Teilen der Welt hingegen wirkte die Religion weit weniger lähmend, und so stieg der islamisch-arabische Herrschaftsbereich zum globalen Zentrum für Kunst, Kultur und Wissenschaft auf. Etwa vom 8. bis zum 13. Jahrhundert dauerte die »Blütezeit des Islam«. Da wurde fleißig getüftelt, man übernahm auch wissenschaftliche und kulturelle Errungenschaften anderer Völker wie der Griechen, Perser, Inder, Chinesen und Afrikaner und entwickelte sie weiter. Mathematik, Philosophie, Medizin, Chemie, Physik, Astronomie, nichts blieb davon unberührt. Das muss man sich mal auf der Zunge zergehen lassen, fast fünf Jahrhunderte lang herrschte dort wissenschaftlicher Hochbetrieb, der im Bewusstsein der westlichen Welt viel zu wenig Beachtung findet.

Und das, obwohl das angereicherte Wissen auch nach Europa floss, nachdem die Araber im Mittelalter Westeuropa erobert hatten. Sie hatten nicht nur Baumwollprodukte, Papier, den Vorfahren der Gitarre, Auberginen und – ich höre den empörten Aufschrei vieler Kinder – Spinat im Gepäck, sondern auch neue chirurgische Instrumente samt innovativer Techniken und mathematische Entdeckungen in indischer Zahlschrift, über die sich bis heute unzählige Schüler die Köpfe zerbrechen.

Das Denken, Europa wäre dem Rest der Welt grundsätzlich überlegen, hat schlicht keine Daseinsberechtigung. Genauso wenig wie die strikte Abgrenzung der europäisch-christlichen von der arabisch-islamischen Welt. Denn die Kultur, die wir heute so selbstverständlich als »europäisch« bezeichnen, entstand aus der fruchtbaren Begegnung unterschiedlicher Zivilisationen und hat eine vielschichtige Vergangenheit.

In Usbekistan ist die lange Tradition des Islam noch in der Architektur vieler alter Bauwerke konserviert. Die persisch geprägten Städte ziehen heute Touristenschwärme an wie Licht die

Des Basilikums Fidelität in der Wüste

Motten. Christian und ich mussten uns Usbekistans touristische Hauptsaison zähneknirschend mit westlichen Senioren, Selfie-Stick-beladenen Japanern und einheimischen Pilgern teilen. Wie alles im Leben hatte dieser Touristenauflauf aber auch seine positiven Seiten: Unter der moderat temperierten Wüstenherbstsonne genossen wir eine echte italienische Pizza, original Meinl Kaffee und ein äußerst versöhnendes Maulbeereis.

Widmen wir uns ausführlich unserem ersten usbekischen Stopp: Samarkand. Einst die wichtigste Kultur- und Handelsstadt Mittelasiens, schmückt sich ihre Altstadt mit ein paar äußerst beeindruckenden architektonischen Relikten, die überwiegend zwischen dem 15. und 17. Jahrhundert entstanden. Da für die Bauwerke oft nur bröseliges usbekisches Wüstenmaterial zur Verfügung gestanden hatte, sind viele der Gebäude einer permanenten Restaurierung unterzogen und in wackelige Gerüste eingehüllt.
Eine dieser kränklichen Konstruktionen ist gleichzeitig einer der stärksten Touristenmagneten Samarkands. Die Bibi-Chanum-Moschee zählte nach ihrer Fertigstellung zu Beginn des 15. Jahrhunderts zu den prächtigsten und größten Gebetshäusern der islamischen Welt. Ihr Erbauer, Timur Lenk, genießt zu Recht bis heute den Ruf eines skrupellosen Eroberers, der neben schönen Moscheen auch liebend gerne eindrucksvolle Schädeltürme errichtete. Diese bestanden aus je etwa 2500 Häuptern, die er den Bewohnern der unterworfenen Gebiete abnahm und als Mahnmal aufschichtete. Hunderttausende Menschen fielen seiner Brutalität zum Opfer, die Köpfe der brillantesten Künstler und Handwerker blieben hingegen (zumindest vorerst) einsatzfähig. Die konnte er nämlich besser in Samarkand gebrauchen. Die Stadt war knapp 100 Jahre zuvor von einem anderen Ungeheuer, namentlich Dschingis Khan, erobert und zerstört worden. Timur

wollte sie wieder aufbauen und zur strahlenden Hauptstadt seines Großreiches machen. Dafür sammelte er auf seinen Feldzügen Menschen mit besonderen handwerklichen Fähigkeiten und verschleppte sie nach Samarkand. Der Eroberer hatte einen leichten Hang zum Größenwahn und ziemlich genaue Vorstellungen davon, wie seine Bauwerke aussehen sollten. Architektonische und statische Grenzen ließ er nicht gelten. Bauherren, die seiner Meinung nach einen Mangel an Umsetzungsfähigkeit besaßen, wurden der Reihe nach eliminiert.

Timurs Meisterwerk, die Bibi-Chanum-Moschee, gelangte nach nur wenigen Jahren zur Fertigstellung und galt zur damaligen Zeit als Höchstleistung der orientalischen Baukunst. Schon bald aber rächte sich der bautechnische Übermut, als ein paar fromme Moslems von Ziegeln erschlagen wurden, die sich aus der vierzig Meter hohen Kuppel lösten. Dem Stifter war das jedoch herzlich egal, er war nämlich noch vor der Fertigstellung während eines Feldzuges nach einem Alkoholexzess verstorben.

Über die Jahrhunderte verfiel die prächtige Anlage und diente den Bewohnern der Stadt als Fundgrube für ausnehmend hübsche Baumaterialien, schließlich waren an der Errichtung die besten Künstler aus aller Herren Länder von Persien bis Indien beteiligt gewesen. Die türkisblau glänzenden Bibi-Chanum-Kacheln machten sich bestimmt besonders gut im privaten Wohnzimmer, die schön geschliffenen Marmorplatten in der Küche. Bevor sich jetzt bei Kulturliebhabern aber Bestürzung breitmacht: Wie viele andere einst wichtige Gebäude wird die Bibi-Chanum-Moschee seit ein paar Jahrzehnten aufwendig restauriert. Natürlich auch, um deren touristisches Potenzial auszuschöpfen. Entsprechend umkreisten Christian und ich die wiederauferstandene Moschee ehrfürchtig und lehnten uns über die Absperrbänder, um einen Blick auf die lebensgefährliche Kuppel zu erhaschen.

Besonders tat es uns aber der Registan an. Das einstige Herz Samarkands darf getrost zu den weltweit berühmtesten Beispielen islamischer Architektur gezählt werden. Drei prächtige Medressen (jahrhundertealte islamische Bildungsstätten) umschließen in dem Komplex einen riesigen Platz. Es muss ein *unvorstellbarer* Arbeitsaufwand gewesen sein, sämtliche horizontal und vertikal zur Verfügung stehenden Flächen mit Abermillionen von kleinen glasierten Kacheln zu pflastern. In frickeliger Kleinarbeit entstanden so die schönsten orientalischen Mosaike, die bis hoch hinauf in die letzten Winkel der imposanten Minarette reichen. Auch die Innenhöfe und Hallen strotzen nur so von gelegten, geschnitzten und gemalten Mandalas in leuchtenden Farben. Christian und ich mussten ständig der Versuchung widerstehen, neben unseren Augen auch unsere Fingerspitzen für die Erkundung dieser Meisterwerke zu benutzen, vor denen sogar das ambitionierteste Kaleidoskop vor Neid erblasst wäre. Damit nicht genug, bemüht sich Samarkand, die Wirkung dieses psychedelischen Wunderwerkes in einer modernen Neuinterpretation auf die Spitze zu treiben: Alle paar Abende lässt es die Stadtverwaltung nämlich ordentlich krachen, wenn zweiunddreißig hochkarätige, sündhaft teure Hochleistungsbeamer eine 3-D-Lichtshow auf den Registan projizieren. Sensationell! Da musste ausnahmsweise sogar ich den ehrfürchtigen »Ooohs« und »Aaaahs« der Japaner und Chinesen beipflichten, zwischen die Christian und ich während der Veranstaltung wie Sardinen eingequetscht waren.

Tags darauf strahlten auch in der Nekropole Shohizinda die gefliesten Mausoleen und Moscheen in der samarkandischen Sonne für uns um die Wette. Ich verschone euch mit den historischen, oft tragischen Hintergründen und Namen der unzähligen Gebäude, die in der Totenstadt wie aufgefädelt in Reih und Glied stehen.

Christian und ich haben diese Details auch schnell wieder vergessen. In Erinnerung bleiben sollten uns hingegen die kunstvollen Schnitzereien, die goldenen Kuppeln, die bunten Mosaike – und die Löcher darin: Es fehlte nämlich hier und da die eine oder andere kleine und größere Fliese, denn so mancher Tourist kratzt sich eben gerne mal ein besonders authentisches Souvenir von den Wänden. So wird die Restauration zu einer wahren Sisyphusaufgabe! Dabei gäbe es dort massenhaft Souvenirstände …

Christian meisterte die diversen Sightseeing-Ausflüge quer durch die Stadt dank der beruhigenden Wirkung des Meinl-Kaffees relativ tiefenentspannt. Ich wurde derweil jedoch mit Gefühlen konfrontiert, die ich nur schwer einzuschätzen vermochte: Zu Beginn war ich entzückt von der Begrünung der Anlagen: In den Rabatten um Registan und Co. wuchs – einträchtig mit Tagetes und Fuchsien – lila und grüner Basilikum, und zwar wie Unkraut, Quadratmeter um Quadratmeter war voll davon. Bei mir zu Hause sind alle Versuche, diese hochempfindlichen Sensibelchen zu kultivieren, zu domestizieren und zum Überleben zu motivieren, kläglichst gescheitert. Verständlich also, dass meine anfängliche Begeisterung nach tagelangem Anblick des hier so vitalen Grüns in Empörung umschlug. Was bot Usbekistan, das mein österreichischer Blumentopf nicht bieten konnte? Ich bin sicher, der eine oder andere Leidensgenosse wird meine Aufgewühltheit verstehen.

Stadtfacetten

Wo das Gestern im Heute überlebt

Zu dieser Zeit entdeckten Christian und ich aber nicht nur das Eldorado des Basilikums, sondern auch eine neue Fortbewegungsart: Da das Staatsgebiet Usbekistans in weiten Teilen nicht nur öde, sondern auch ziemlich flach ist, stellte das Verlegen von Gleisen offenbar als ein Leichtes dar, und so sollten wir beide mehrmals in den Genuss von Nachtzugfahrten kommen. Nicht nur die robusten Züge und strengen Schaffnerinnen, die zum fixen Inventar eines jeden Waggons gehörten, erinnerten mich schwer an die Transsibirische Eisenbahn. Ebenso wie in Russland galt hier Wodka bei manchen Passagieren als wirksamer Schlaftrunk, und so wurden unsere langen Fahrten in den kleinen Schlafkabinen von lautstarken Grüßen aus dem Sägewerk untermalt. Oder vom Quietschen und Quengeln der jüngsten Reisenden. Im Gegensatz zu den stundenlangen Fahrten in vollgestopften Sammelbussen empfanden wir die usbekischen Eisenbahnfahrten jedoch als äußerst entspannend, schließlich hat jeder gewissenhaft Reisende Oropax im Gepäck! Die Annehmlichkeiten der Nachtzüge und die Tatsache, dass Benzin in Usbekistan Mangelware war, tröstete uns im Land der Stinkis zumindest ein bisschen über die Abwesenheit unseres Busses hinweg.

Unseren ersten Zug bestiegen wir eines Abends in Samarkand und verließen ihn am nächsten Morgen 600 Kilometer weiter nordwestlich, ausgeschlafen und mitten in der Wüste. Hier, unweit von Turkmenistan, liegt die Oasenstadt Chiwa, in der dank des Flusses Amudarja angeblich die besten Melonen und süßesten Trauben wachsen. Die lange Reise dorthin machten wir aber nicht aus schlemmertechnischen Gründen, sondern wegen der ockerfarbenen Altstadt. Schon vor Hunderten von Jahren war Chiwa eine bedeutende Stadt an der Seidenstraße, im Gegensatz zu Samarkand bestach sie damals aber eher durch ihre Schlichtheit. Bei unserem Besuch empfanden wir die Altstadt als ein märchenhaft schönes Freilichtmuseum aus Lehmziegelbauten, die uns wie willkürlich in die Stadtmauern hineingewürfelt erschienen. Bunt verstreut liegen dort Moscheen, Mausoleen und Medressen zwischen alten Wohnhäusern, viele davon wurden in Museen und Souvenirshops umgewandelt. Anstatt prunkvoller Mosaike schmücken hier nur dezente Fliesentupfen die erdigen Gemäuer. (Wer Agrabah, die Kulisse von Disneys Aladdin kennt: Sie sieht Chiwa zum Verwechseln ähnlich.)

In einem dieser Lehmbauten bezogen Christian und ich ein Zimmer und gingen sogleich pflichtbewusst unseren Aufgaben als Touristen nach. Zusammen mit unzähligen anderen Ausflüglern verstopften wir die engen, verwinkelten Gassen. Wir schoben uns vorbei am unendlichen Angebot der Souvenirstände, wichen japanischen Selfie-Sticks und den Gehstöcken altertümlicher Mitteleuropäer aus. Von Zeit zu Zeit entdeckten wir auf unseren Streifzügen weiß glänzende Perlen auf dem Boden – Relikte usbekischer Raketenbräute. Das Stadtbild Chiwas gefiel uns außerordentlich gut, aber wir waren mit der Flut an Touristen auf so engem Raum dezent überfordert. Wahrscheinlich war die *Flut* keine wirkliche Flut, aber wir waren von Kirgistan und Tadschikistan verwöhnt und fanden den Inhalt von fünfzehn Reisebussen verteilt auf eine etwa einen halben Quadratkilometer große Altstadt erdrückend. Die übertreuerten Restaurants und die um Geld und Souvenirs bettelnden Kinder waren uns ebenso zuwider wie die in Fetzen Deutsch sprechenden Souvenirverkäufer. »Oh, you're from Austria! Seavaaas und gruess God! Ich hawe schüne Buchschtönder!«
Zwar waren die Einheimischen auch hier immer freundlich, aber oftmals wirkte es aufgesetzt – viele sahen in uns wohl herum-

wandernde Euromünzen und versuchten (meist) erfolglos, uns zu becircen. »Nein, wir möchten keine Seidenteppiche kaufen. Unsere Mamas freuen sich bestimmt nicht über Pelzmützen. Wir haben auch keinen Platz für überdimensionale Keramikschüsseln, und einen bestickten Polsterbezug hab ich schon erworben, danke!«

Die Bewohner Chiwas sind sicher nicht die Ersten, die das touristische Potenzial ihrer Altstadt als erhebliche Einnahmequelle nutzen und altehrwürdige Bauwerke – anstatt sie abzureißen – zu Restaurants und Hotels umfunktionieren. Nichtsdestotrotz haben Christian und ich das Gefühl, dass das Wohl der Oasenstädter ungewöhnlich stark vom Erbe ihrer Vergangenheit abhängig ist. Das Gestern überlebt hier hauptsächlich für die Touristen, die sich besonders über die märchenhafte Architektur und die hübschen Souvenirs freuen. Höchstwahrscheinlich gibt es in Chiwa aber auch einfach keine Alternativen, die vergleichbar lukrativ wären.

Eine Verschnaufpause konnten wir erstaunlicherweise am örtlichen Basar einlegen. Dort herrschte zwar auch reges Treiben, aber die feilgebotenen Waren drehte man uns – wahrscheinlich dank fehlender *Seavaaas- und Gruess God*-Kenntnisse – auf durchweg erträgliche Weise an. So wanderten wir fast ungestört zwischen Gewürzen, Nüssen, Honig, Baumwollsamenöl, Hühnerleibern, Kuchen, Wurst und Besen hindurch.
Wie auf allen Märkten, die wir in den letzten Monaten besucht hatten, fielen uns auch hier wieder Kinder und Frauen auf, die nicht ganz zu dem Rest der Händler und Käufer passten. Sie kamen vorwiegend auf uns zu, weil sie Geld wollten. Sie waren nicht nur offensichtlich ärmer als die Durchschnittsbevölkerung, sie sahen auch anders aus – mit ihrer Kleidung, ihren Gesichtszügen und

der dunklen Haut unterschieden sie sich deutlich von den übrigen Menschen hier. Bereits in Kirgistan hatten sie uns mit ihrem Erscheinungsbild ein bisschen an Sinti und Roma beziehungsweise an die Dalit, die Unberührbaren in Indien, erinnert. Es waren Angehörige der Lyuli-Volksgruppe, die vorwiegend in Kirgistan, Tadschikistan und Usbekistan lebt und tatsächlich eine Untergruppe der Roma darstellt, die ihrerseits wieder von den Dalit des indischen Subkontinents abstammt. Die muslimischen Lyuli pflegen eine ausgeprägte Clan-Kultur, ihre Gemeinschaft ist extrem geschlossen nach außen. Das mag auch erklären, warum sich ihr Aussehen so deutlich von dem der übrigen Einheimischen unterscheidet. Leider genießen sie in Zentralasien keinen guten Ruf und werden teils sehr stark diskriminiert. Unsere Begegnungen mit den Lyuli auf den Märkten machten ihren dementsprechend niedrigen Lebensstandard deutlich. Die Kinder schienen häufig auch nicht zur Schule zu gehen, was natürlich kein gutes Vorzeichen dafür ist, dass sich die Situation der Lyuli mittelfristig zum Besseren ändern wird.

Nach fast vier Tagen in Chiwa hatten Christian und ich jedes Gässchen erforscht, alle Türmchen bestiegen, vom Tellerchen eines jeden Restaurants gegessen, und sogar die Kinder der fernen Nachbarschaft kannten uns inzwischen schon (fast) beim Namen (*»Hello Chris, hello Verena!«* – offenbar gab es mehr Touristinnen, die Verena hießen als Vanessa, jedenfalls war der Name stärker hängengeblieben). Es war also höchste Zeit weiterzuziehen, per Nachtzug zurück nach Osten in die nächste eindrucksvolle Oasenstadt.

Buchara hatte im Mittelalter sowohl als wichtiges Finanz- und Handelszentrum als auch als politisches und kulturelles Drehkreuz

Bedeutung erlangt. Christian und ich waren inzwischen zu routinierten Städtetouristen geworden und nahmen in der Altstadt sofort die Fährte neuer baulicher Spezialitäten auf. In Buchara gibt es neben prächtigen Moscheen, Mausoleen und Medressen à la Samarkand nämlich auch eine Festung und Handelsgewölbe zu sehen. Außerdem konnten wir hier wieder ein bisschen aufatmen, denn die Touristenscharen verteilen sich in Buchara auf ein großzügigeres Gelände, und es lohnt sich auch, abseits der gut besuchten Sehenswürdigkeiten auf Erkundungstour zu gehen. Dort geben sich zwar viele der alten Bauwerke offensichtlich schon länger dem Verfall hin, trotzdem versprühen diese oft mehr Charme als so manch andere, eitle, durch plastische Maurerchirurgie wiederhergestellte Prunkbauten. Wir fanden sogar eine Medresse *ganz ohne Souvenirstände*! Dort kletterten wir so lange in den löchrigen Räumlichkeiten, in denen sich früher die Studenten getummelt hatten, herum, bis uns der alte Eintrittskartenmann vom Dach rief. Sperrstunde.

In den nächsten Tagen traute ich mich sogar wieder vorsichtig in die Nähe der Souvenirverkäufer. Während man in Kirgistan maximal Filzpantoffeln und Filzhüte kaufen kann, wartet Usbekistan mit einer ganzen Reihe von Produkten auf, die auf höchste Handwerkskunst schließen lassen: angefangen von filigranen Schnitzereien bis hin zu bunten Stickereien und orientalischen Miniaturmalereien. Ich erwarb jedoch eine sowjetische Mutterschaftsmedaille. Den Orden überreichte ich meiner Mama übrigens feierlich zum nächsten Muttertag. Offiziell hätte sie für die Auszeichnung zwar sechs Kinder vorweisen müssen, aber der überdurchschnittlich hohe Erziehungsaufwand für mich und (ganz besonders) meine beiden Brüder rechtfertigte meines Erachtens durchaus eine Ausnahme.

Irgendwann begann Christian und mir, vom vielen In-die-Luft-Schauen zu den prachtvoll verzierten Wänden und Kuppeln Usbekistans der Nacken zu schmerzen. Außerdem begannen die ganzen Moscheen und Medressen, für uns langsam alle gleich auszusehen – Zeit, uns unter einem Maulbeerbaum über das weitere Vorgehen zu beraten, wir brauchten dringend Abwechslung. Jedoch, weder der Maulbeerbaum noch unser Reiseführer brachten uns Erleuchtung, dafür aber ein Blick in die Ferne: ein Prater!

Kurz darauf feierten wir in einem verlassenen bucharischen Vergnügungspark die gänzliche Abwesenheit von Touristentrubel! Wir fuhren mutterseelenallein eine bedächtige Runde auf einem schaurig knacksenden Riesenrad. Wir aßen Eis am Stiel, das unverkennbar schon unzählige Zyklen von Schmelzen und Gefrieren hinter sich hatte. Danach nahmen wir im gähnend leeren Autodrom rasant an Fahrt auf, wo allerdings aus dem geplanten Duell zwischen Christian und mir unerwartet ein Triell wurde – ein usbekischer Junge beobachtete unser Einsteigen und wollte sich daraufhin ambitioniert an uns Touris messen. Unverzüglich begann es, zwischen uns dreien zu rumpeln, wir lieferten uns wilde Verfolgungsjagden und beschallten dabei fröhlich das Fahrgeschäft. Leider gab er schon nach einer Runde auf – vielleicht hat ihn unser temperamentvoller Fahrstil dann doch in die Flucht geschlagen.

Beim Zurückschlendern zum Guesthouse galoppierte uns dann ein zwölfjähriges Mädchen in Schuluniform hinterher, eine kleine Schar schüchtern stummer Mädchen, alle im gleichen Alter, aber einen halben Kopf kürzer als ihre Anführerin, folgten dieser in kleinem Abstand. Wahrscheinlich will sie ihr Englisch an uns testen, dachten wir. Aber anstatt des üblichen »*Hello!*« und »*What is your name?*« startete Islomola einen schier endlosen Monolog in perfektem Englisch, und das mit einer Geschwindigkeit, die mich an meinen alten Kassettenrekorder erinnerte, wenn man die Fast-Forward-Taste energisch gedrückt hielt. »*May I introduce myself, my name is …*« Erst nach gefühlten fünf Minuten brauchte Islomola eine Luftschnapppause, die sie dazu nutzte, sich freudestrahlend unsere Adresse zu notieren. Christian und ich mochten das. Zur Abwechslung keine Referate über Seidenteppiche, Buchständer oder Filzschals. Sondern ein resolutes Mädchen, das auf die meisten ihrer Fragen überhaupt keine Antworten erwartete. Als Islomola unsere Adresse in der Tasche hatte, zog das Rudel wieder von dannen. Ein bisschen perplex sahen wir den Mädchen hinterher und waren uns sicher, eben der zukünftigen Bürgermeisterin von Buchara begegnet zu sein.

Unsere nächste Zugfahrt sollte uns in acht Stunden von Buchara in die usbekische Hauptstadt Taschkent bringen. Das Ticket hatten wir in unserer Vorfreude schon zwei Tage zuvor gekauft – die Nachtzüge waren uns sehr ans Herz gewachsen, und keine Marschrutka-Fahrt kam dagegen an! Als wir am Abend den Bahnhof erreichten, schlurfte lässig ein junger Taxifahrer auf uns zu und meinte: »No train. Taxi!« Um seinen unumstößlichen Standpunkt zu untermalen, kreuzte er beim Wort *Zug* symbolisch seine Arme. Christian und ich waren in bester Laune, und kein Mensch konnte uns unser bevorstehendes Zugerlebnis madig machen. Auf so eine unverschämte Lüge, wie wir sie in diesem oder ähnlichem Wortlaut auf Reisen schon so oft gehört hatten, gab es meiner Meinung nach nur eine einzige adäquate Reaktion:

Wo das Gestern im Heute überlebt

Haha, freili! Koa Zug, des glaubst ja selber ned! Moanst, mia sand auf da Nudlsuppm dahergschwumma?

»Schön« gesprochen: »Haha, klar! Kein Zug, das glaubst du ja selber nicht! Denkst du, wir sind auf der Nudelsuppe hierhergeschwommen?«
Christian warf noch ein gut gemeintes, für den jungen Mann besser verständliches »Don't fool the tourists!« hinterher, und wir spazierten mit Sack und Pack an ihm vorbei.

Keine Minute später verging uns das Lachen: Die Sicherheitsbeamten vorm Wartehalleneingang kreuzten ebenfalls ihre Arme. Kein Zug. Da half alles Wedeln mit den Fahrkarten nichts. Unsere gute Laune war dahin. Dem Ticketschalterbediensteten war unsere ungeheuerliche Schicksalswende nur zwei unmotiviert vorgebrachte Wörter wert: *»Technitscheskie probleme«* – was wir sofort als unliebsames Pendant zu *njet problem* erkannten.
Daraufhin erstattete er uns umgerechnet zweimal zwölf Euro. Der nächste Zug würde erst in vier Tagen gehen. *Vier Tage!* Für all unsere weiteren Ticketanliegen in gebrochenem Russisch stellte sich der Schalterbedienstete dumm. Der schadenfrohe Taxifahrer umkreiste uns währenddessen in einem Respektabstand von eineinhalb Metern, ich konnte förmlich riechen, wie er innerlich frohlockte: Seinen Berechnungen zufolge würde er sich an einer Zwölf-Stunden-Fahrt mit zwei Touris dumm und dämlich verdienen. Wohlgemerkt zwei Touris, deren Visum bald ablief. Wir standen unter *Zug*zwang. In unserer Verzweiflung belagerten wir einen anderen Ticketschalterbediensteten, der jünger und deshalb potenziell *englisch-sprechender* aussah. Fehlanzeige, zumindest was Letzteres betraf. Christian und ich waren aber äußerst erstaunt, als wir nichtsdestotrotz plötzlich zwei Zugfahrkarten in den Händen

hielten, die uns am nächsten Morgen nach Taschkent bringen sollten. Ganz trauten wir der Sache nicht, denn die Tickets waren nicht wirklich teurer gewesen als die alten, bei weniger als der halben Fahrzeit. Dass der geschäftstüchtige Taxifahrer sich plötzlich in Luft aufgelöst hatte, deuteten wir jedoch als positives Zeichen. So fand unsere letzte Zugfahrt in Usbekistan nach einer unfreiwilligen und für mich unbequemen Bahnhofsübernachtung (Christian spendierte ich fünf Minuten Intensivprogramm auf einem Massagesessel, was zur Folge hatte, dass er diesen – ohne ihn mit weiteren Münzen zu füttern – ungeniert den Großteil der Nacht besetzte) überraschend in einem modernen, ICE-ähnlichen Gefährt statt. Sie führte uns 600 Kilometer weit in den Nordosten des Landes, in die Nähe der kasachischen Grenze.

Im Vergleich zu Chiwa und Buchara ist die Hauptstadt Usbekistans wieder in eine etwas grünere Landschaft eingebettet, hat dafür aber außer einer großen, modernen Moschee keine großen Sehenswürdigkeiten zu bieten. Das über zwei Millionen Einwohner zählende Taschkent versprüht fast ausnahmslos russischen Charme, alle Spuren von *Tausendundeiner Nacht* sind wie ausradiert. Im Jahr 1966 zerstörte ein verheerendes Erdbeben erhebliche Teile der Stadt. Im Zuge des Wiederaufbaus erneuerte man Taschkent im sowjetischen Stil von Grund auf und baute auch gleich die erste zentralasiatische U-Bahn.

So hüpften Christian und ich gleich nach unserer Ankunft in die Metro und mischten uns kurze Zeit später, wie es inzwischen unsere Tradition geworden war, unter die Sauergemüse-, Kichererbsen-, Topfen- und Fettsteiß-Schafeinkäufer. Bei der Fülle der zentralasiatischen Märkte scheint es vielleicht kaum glaubhaft, aber jeder einzelne war wieder eine Fundgrube an neuen Eindrücken.

Wo das Gestern im Heute überlebt

Diesmal stießen wir tief unterhalb der sowjetischen Kuppeln des Taschkenter Basars auf eine düstere Parallelwelt, in der Waren gelagert, transportiert und beprobt (also qualitätsgeprüft!) wurden. Die perfekte Umgebung für einen Stephen-King-Bestseller. Geruch, Belichtung und Akustik perfekt aufeinander abgestimmt: So musste Tolkiens Sauron duften, ein Odeur aus Schlachthaus, Chlor und nasser Tiefgarage. So musste eine Lampe flackern, kurz bevor Hannibal Lecter um die Ecke bog. Und so musste sich Darth Vaders Schnauben anhören, wenn er um besondere Schrecklichkeit bemüht war … Nüchtern betrachtet gestaltete sich diese Unterwelt natürlich ganz anders: Das Chlor diente der Toilettendesinfektion, das Schnauben war der Lüftung zuzuordnen, die wohl an einer leichten Altersschwäche litt, und die maroden Lampen beleuchteten nicht nur Tafeln mit Warnhinweisen zu Leberegeln, Trichinen und Co., sondern auch die Wegweiser zu den veterinärmedizinischen Laboren. Insgesamt also eine sehr löbliche Kellerausstattung! Da schmeckten uns die Schaschliks um die Ecke doch gleich viel besser.

Ähnlich köstlich war tags darauf die Wiener Sachertorte beim echten usbekischen Italiener, mit der wir unsere schöne Zeit in Usbekistan ausklingen ließen. Während Christian und ich verträumt im Restaurant saßen und durch das Fenster nach draußen blickten, beobachteten wir, wie unser Kellner am Straßenrand mit einem Küchenmesser einem Truthahn den Garaus machte und das Ganze gleichzeitig multitasking-begabt mit seinem Smartphone filmte. Unweigerlich mussten wir dabei an Osch denken, wo wir Stinki hatten stehen lassen. Wie er die Zylinderkopfdichtungs-OP wohl überstanden hatte? Ob er nun auch wieder so quietschfidel durch die Gegend brausen könnte wie die ganzen weißen Daewoo-Damas-Deluxe-Busse? Vielleicht hatten wir auch sein allerletztes schwarzweißes Auspuffhusten versäumt und würden bei unserer Rückkehr vor einem gelben Häufchen Elend stehen. Der geköpfte Truthahn zuckte noch ein letztes Mal. Bald würden wir es wissen.

»Heimat von« oder »wo man steht«

Über die Bedeutung der Silbe »-stan«

Über die Bedeutung der Silbe »-stan«

Langsam zeichnete sich das Ende unserer Reise ab. Gut, wir hatten noch zwei Wochen übrig – etwa die Durchschnittsurlaubsdauer anderer Menschen. Trotzdem fühlte es sich an, als befänden wir uns bereits im Endspurt, denn unsere verbleibende Reiseroute war einigermaßen durchgeplant und der Verlauf der letzten Tage deshalb absehbar. Einzig das Schicksal unseres Stinkis, der im kirgisischen Osch auf uns wartete, brachte noch ein bisschen Spannung in die Angelegenheit.

Um die kirgisische Grenze zu erreichen, konnte man in Taschkent entweder in ein überfülltes Taxi oder in einen bequemen Zug hüpfen. Christian und ich verbrachten die fünf Stunden nur deshalb eingequetscht in einem überfüllten (weißen) Chevrolet, weil wir von der Existenz der relativ neu eröffneten Bahnverbindung nichts wussten.
Während wir mit eingezogenem Bauch und angezogenen Beinen in den östlichsten Zipfel Usbekistans fuhren, der sich wie eine Pfeilspitze in kirgisisches Staatsgebiet bohrt, wich die braune Ödnis einer fruchtbaren Berglandschaft. Endlich wieder sattes Grün!
So herzlich, wie uns die lebensfreundliche Landschaft willkommen hieß, empfingen uns gleichfalls die Kirgisen wieder. Auch wenn sich die usbekischen Grenzbeamten beim Check-out als lammfromm erwiesen hatten – die kirgisische Grenze war uns schon die allerliebste: kein Visum, keine Gepäckkontrolle, keine bürokratische Zettelwirtschaft. Nur ein kurzer Blick in den Pass, Stempel rein, ein freundliches »Welcome!« aus lächelndem Goldzahnmund, und wir waren wieder drin im Land der Jurten, Pferde und des Kumys. Uns beschlich ein wohliges Gefühl, in Kirgistan fühlten wir uns nicht nur sehr willkommen, sondern auch ein klitzekleines bisschen daheim.

Über die Bedeutung der Silbe »-stan«

Ich spielte sogar mit dem Gedanken, meinen Beruf zu wechseln und ein wildes kirgisisches Steppenmädchen zu werden. Mit Edelweiß und Bergwind in den Haaren. Christian hatte sich ja auch nicht so schlecht geschlagen auf Dschingis Khan, dem hitzigen Pferd am Kel-Suu-See. Nur an unserer Liebe zu Kumys, der fermentierten Stutenmilch, würden wir noch hart arbeiten müssen. Und an unserer fehlenden Kälteresistenz beim Waschen im Fluss. Aber am Ende einer so langen Reise durfte man seine Erinnerungen schon ein bisschen mit einer gesunden Portion Romantik ausschmücken. Vor allem, weil wir noch eine ziemlich unromantische Angelegenheit vor uns hatten: den finalen Werkstattbesuch. Und der war nicht länger aufschiebbar, da Christian und ich nach dem Grenzübertritt wieder direkt hinein nach Osch gestolpert waren und nur mehr wenige Tage in Kirgistan zu bleiben gedachten.

Am Eingang der Werkstatt wurde die Herrschaft der herbstlichen Sonne augenblicklich von tiefer Düsternis abgelöst. Schon bevor sich unsere Augen an das fahle Licht gewöhnt hatten, schlug uns der Geruch von Lack und Motoröl entgegen, ein Kompressor zischte bedrohlich, schwere Hammerschläge verhallten in der schwarzen Unendlichkeit des Raumes. Da waren sie wieder, die Gedanken an Sauron und den Tartaros.
Bis ein grinsender, ölverschmierter Terence Hill um die Ecke bog. Und gleich hinter meinem blonden Lieblingsmechaniker: mein zweitliebster Lieblingsmechaniker, ebenso ein dickes Lächeln im Gesicht. Unübersehbar freuten sie sich, uns zu sehen! Da Chirurgen in der Regel eher betroffen dreinschauen, wenn der Patient während der Operation verstorben ist, deuteten wir die Mienen unserer beiden Motormetzger als gutes Zeichen. Stinki lebte!
Und so war's dann auch. Und nicht nur das: Er sprang gleich beim ersten Startversuch an – so mätzchenfrei wie nie in unseren letzten

gemeinsamen Wochen! Außerdem schnurrte er wie ein Babykätzchen. Soll heißen, er hörte sich an, als wäre er auch einer akustischen Verjüngungskur unterzogen worden. Und das Wichtigste: Aus seinem Auspuff kamen keine weißblauen Todesrauchschwaden mehr, sondern ausschließlich gesunde grauschwarze Abgase. Die kirgisischen Mechaniker hatten es also wahrhaftig fertiggebracht, die Kolben des Motors passend auf die eigentlich nicht passenden Dichtungsringe zu drechseln. Hundertstelmillimetergenau. Wir waren hin und weg.

Aber wir blieben auch realistisch: Die Chance bestand zwar, dass die Reparatur hielt, ebenso gut jedoch könnte der weißblaue Todesrauch nach 42 Kilometern Fahrt wieder die Oberhand gewinnen oder die Temperaturnadel sich wieder mysteriös und gefährlich dem roten Bereich annähern. Auch könnte Stinki an jedem beliebigen Morgen wieder beschließen, gar nicht erst mit Schnurren anfangen zu wollen. Hätten wir die Zeit gehabt, wir hätten es herausgefunden, schließlich hatten wir Stinki ja mit all seinen Eigenheiten und Schrullen gern. Aber selbst wenn wir die vielen möglichen Komplikationen außer Acht ließen, kam es für uns nicht mehr in Frage, mit ihm in weniger als zwei Wochen nach Europa zu brettern. Das würde weder ihm noch uns guttun.

Unser Alternativplan zum *Mit-Stinki-nach-Hause-Fahren* war schon in Tadschikistan gereift, wo wir schlussendlich einen Flug von Bischkek nach Wien mit einem einwöchigen Zwischenstopp in Istanbul gebucht hatten. Wir mussten Stinki nur noch helfen, ein neues Herrchen zu finden. Dieses stand ganz unverhofft in der Werkstatt neben uns. Michail, ein reicher, pausbäckiger Kirgise mit russischen Wurzeln, war nach Christians meisterhafter Vorführung schnell überzeugt von Stinkis Qualitäten:

Über die Bedeutung der Silbe »-stan«

Der Bus hat Allrad, damit kommst du JEDEN Berg rauf. Außerdem kannst du super eine GANZE HERDE Schafe darin transportieren und GLEICHZEITIG darin schlafen, die Sitze sind nämlich ROTIERBAR! Außerdem ist beim Ersatzteilsammelsurium nicht nur ein, NEIN, es sind gleich ZWEI extra Kupplungssätze mit dabei! Die Wassersäcke von der SCHWEIZER ARMEE machen das Freiluftduschen zu einem wahren ERLEBNIS, während das großzügige Küchenequipment in Kombination mit dem handlichen Gaskocher KULINARISCHE HÖHENFLÜGE ermöglicht. Durch das geöffnete SCHIEBEDACH kannst du nicht nur den kirgisischen Sternenhimmel mit der Liebsten betrachten, sondern auch ausgezeichnet auf MARCO-POLO-SCHAFJAGD gehen – Treffer sind bei der Lackierung in Tarnfarbe garantiert!

Besonders das letzte Argument überzeugte Michail schwer. Ein Handschlag, und der Deal war unter Dach und Fach: Stinki durfte in Kirgistan bei den Land Rovern, Lexus und Jeeps bleiben.

Der Verkauf musste aber natürlich auch noch schriftlich festgehalten werden, mit einem reinen Handschlag begnügte man sich nicht einmal mehr in Kirgistan. Eingebettet zwischen einem kleinen Kiosk und einem wenig vertrauenerweckenden Zahnarzt lag das Büro der strengen Notarin, die den nötigen Papierkram erledigte. Wegen eines Stromausfalls wurden die Verträge handschriftlich vervielfältigt, und so hatte am Ende auch formell alles seine Richtigkeit. Wir bekamen zwar fast ein bisschen glasige Augen, waren gleichzeitig aber auch ziemlich happy über den unkomplizierten Vom-Fleck-weg-Verkauf. Mit einem freundlichen letzten Klapps wünschten wir Stinki schließlich einen schönen Lebensabend auf kirgisischen Straßen.

An dieser Stelle ein kurzes Stinki-Resümee, wir hatten ja schöne und weniger schöne Zeiten mit ihm erlebt. Allem voran haben Christian und ich viel von der gelben Keksdose gelernt. Wie man dysfunktionale Zentrale Schweißdrüsen repariert zum Beispiel. Oder dass dreckige Vergaser so sexy klingen können wie Johnny Cash mit Raucherhusten. Aber auch, dass man unerreichbare Ersatzteile durch unkonventionelle Lösungen erfolgreich substituieren kann. Das Schicksal unseres Trios stimmte uns ein bisschen wehmütig. Wie gerne hätten wir Stinki in den tadschikischen Pamir mitgenommen, ihn usbekisches Benzin kosten lassen und neben einem seiner weißen Daewoo-Brüder geparkt. Wie gerne hätten wir auf unserem gemeinsamen Heimweg den aserbaidschanischen, türkischen und rumänischen Sternenhimmel durch sein Schiebedach betrachtet. Und wie gerne wären wir mit ihm mit Pauken und Trompeten in Österreich eingefahren. Aber es hat nicht sollen sein, und wie immer im Leben hat ein jedes Unglück auch sein Gutes: Anstatt die verbleibende Zeit mit einem kränkelnden Bus nach Europa zu hetzen, würden wir uns als Backpacker in aller Ruhe über einen Zwischenstopp in Istanbul nach Hause hangeln.

Erst kehrten wir aber nach Bischkek zurück, wo wir im frisch gebackenen Herbst dem Motto *Eile mit Weile* frönten. Von einem sonnigen Plätzchen auf der Mauer eines Parks herab beobachteten wir entspannt das Treiben einer modernen, aufstrebenden Stadt. Hübsche junge Mädchen posierten größtenteils ohne Kopftuch für ihre Selfies. Topmodern gekleidete Pärchen entschwebten den europäischen und amerikanischen Markenbekleidungsgeschäften und schlenderten händchenhaltend an uns vorbei. Im selben Park fiel uns hinter dornigem Rosengebüsch dann noch etwas auf: ein Werbebanner für Verdis *Aida*. Dies sollte zu unserer letzten erwähnenswerten Amtshandlung in Bischkek führen, der freiwilligen Erweiterung unseres musikalischen Horizontes.

Eigentlich hatten wir gedacht, Oper wäre genauso wenig unser Ding wie das Geträller der ehrenwerten Rihanna. Aber zehn Euro für die besten Plätze in der kirgisischen Staatsoper? Das klang einfach zu verführerisch! Wir zogen unsere schönsten Trekkinghosen und saubersten Merinoshirts an und begaben uns mit einem Vorrat extraknuspriger Kräcker auf eine knapp vierstündige Abenteuerreise nach Ägypten. Ein wenig erinnerte mich unser Besuch in der Oper an die Szene im Film *Pretty Woman,* in der Julia Roberts zu Tränen gerührt Verdis *La traviata* verfolgt. Gut, geheult hab ich nicht, Christian sowieso nicht, aber wir waren beide ziemlich fasziniert von dem Treiben auf der Bühne! Die Handlung entpuppte sich als äußerst ergreifend, und außerdem war Opernmusik gar nicht so schlimm zu ertragen, wie man vielleicht vermuten mag (obwohl vier Stunden dann doch ein bisschen lang waren). Wir erlebten eine Achterbahn der Gefühle und lernten eine Menge dazu, zum Beispiel dass es in Kirgistan wahrscheinlich keine schwarzen Balletttänzer gibt und die Darsteller der afrikanischen Sklaven deshalb einfach sehr übertrieben im Stile der *Struwwelpeter*-Illustrationen angemalt wurden (tiefschwarze Haut und orangefarbene Lippen, sowie ein klitzekleiner Hauch von Lendenschurz). Wir lernten auch, dass es zwei unaufgeklärte Österreicher kurzzeitig ziemlich aus der Fassung bringen kann, wenn ein Heer aus ägyptischen Soldaten den *Saluto romano* (den – wie Asterix-Fans wissen werden – römischen Vorläufer des Hitlergrußes) aufführte. Wir sind dem Operngebäude also um viele Eindrücke reicher entstiegen und warfen, kaum dass wir zurück im Hostel waren, YouTube an, um zu vergleichen, ob

Über die Bedeutung der Silbe »-stan«

die Kirgisen genauso schön gesungen hatten wie Luciano Pavarotti in der San Francisco Opera. Zu unserer Überraschung konnten wir keinen nennenswerten Qualitätsunterschied feststellen.

Mit Pavarottis Singsang und einem Rest laut knuspernder Kräcker möchte ich unsere Geschichte durch die drei *Stan*-Länder Kirgistan, Tadschikistan und Usbekistan beenden. Falls jemand denkt, ich würde mit der Nichterwähnung der I*stan*bul'schen Fortsetzung unserer Reise eine *Stan*-Geschichte unterschlagen: Das Istanbul'sche *-stan* ist etymologisch nicht mit dem *-stan* der *Stan*-Länder verwandt. Bei *Istanbul* handelt es sich laut Wikipedia vermutlich um die türkische Abwandlung des mittelgriechischen Ausdruckes εἰς τὰν πόλιν (ausgesprochen »istambólin«), was so viel bedeutet wie »in die Stadt«.

Zur Herkunft und Bedeutung der Endsilbe *-stan* möchte ich aus Wikipedia zitieren:

> *stan bedeutet im Persischen ›Ort des‹ oder ›Heimat von‹ und geht auf einen indoiranischen sowie indoarischen Grundausdruck für ›Platz‹ oder ›wo man steht‹ zurück.*

Wikipedia spricht mit dieser Erklärung sowohl Christian als auch mir ein bisschen aus dem Herzen, jedoch möchte ich die Bedeutung der Silbe noch etwas erweitern: Für uns war Zentralasien nicht nur der (Spiel-)Ort unserer Geschichte, wir fühlten uns dort auch am richtigen Platz. Die imposante Landschaft, die die Natur hervorgebracht hat, die liebenswerten Menschen, die sie bewohnen, und deren vielfältige Kultur – all das hat uns sehr beeindruckt. In unseren überquellenden Rucksäcken nahmen wir nicht nur löchrige Socken, *Kurut* (die Nationalknabberei Kirgistans, eine Delikatesse aus geronnener Milch, die mit Salz vermischt zu kleinen Kügelchen geformt und in der Sonne getrocknet wird, bis diese steinhart sind – sie schmecken tatsächlich in etwa so, wie sich ihre Zubereitung anhört) und Mutterschaftsmedaillen mit nach Hause, sondern auch eine Menge eindrucksvoller und schöner Erinnerungen. In den drei Monaten dieser Reise haben wir viel Neuland betreten und dabei so viel Gastfreundschaft erlebt, wie kaum auf einer Reise zuvor. Wir wurden mit einer Herzlichkeit überschüttet, für die Jean-Jacques Rousseau die richtigen Worte fand:

Überall, wo Fremde selten sind, werden sie gut aufgenommen.

EPILOG

Warum das Buch so ist, wie es ist

Genau genommen hat die Entstehung dieses Buches mit den ersten Zeilen und Fotos des Reiseblogs *Neuland* seinen Anfang genommen. Den Blog hatten Christian und ich ursprünglich ins Leben gerufen, um unsere Eindrücke aus Zentralasien mit unseren Familien und Freunden zu teilen. Im Laufe der Reise entwickelte er sich jedoch immer mehr zu einem kleinen Großprojekt mit einem immer breiteren Publikum, was uns letztendlich dazu motivierte, unsere Geschichte auch zu Papier zu bringen.

Für die analoge Transformation bedurfte es einiger inhaltlicher Anpassungen. Der Schreibstil blieb aber – der Wahrung der Authentizität zuliebe – an manchen Stellen unverändert, weshalb das Geschriebene manchmal mehr Blog- als Buchcharakter hat.
Und noch ein persönliches Wort: Ich nehme es nicht immer so genau mit der Political Correctness. Zusätzlich neige ich zu Sarkasmus und Übertreibung – ich fühle mich einfach wohl dabei, Dinge möglichst sprachgewaltig zu beschreiben. Dazu würze ich gerne mit einer ordentlichen Prise Selbstironie, und von Zeit zu Zeit spendiere ich dazu eine Tasse Gesellschaftskritik. Alle sind herzlich eingeladen, mitzulachen, meine Gedanken weiterzuspinnen und sich davon mitzunehmen, was immer wert erscheint, zu behalten.

Warum das Buch so ist, wie es ist

Darüber hinaus mag ich, was das Lesen leider nicht einfacher macht, weil es manchmal wirklich anstrengend sein kann, den roten Faden nicht zu verlieren – oh, ein mumifizierter Marienkäfer auf meinem Schreibtisch! Ob der auch tot als Glücksbringer gilt? –, Schachtelsätze und Gedankensprünge. Zum Zeitpunkt des Schreibens lag mein Augenmerk nicht vordergründig darauf, barrierefreies Lesen zu ermöglichen. Mir hat das (hoffentlich kurzweilige) Schildern unserer Erlebnisse schlicht unbändigen Spaß gemacht. Das Lesen des Buches wird also vielleicht eine ebensolche Herausforderung sein, wie für mich das Schreiben eine war. Ich entrinde aber auch aus Prinzip keine Butterbrote für Kinder.

Inzwischen sind Christian und ich wieder vollständig im österreichischen Alltag angekommen, ganz losgelassen hat uns unsere Reise aber doch nicht. Von Zeit zu Zeit geistert Stinki durch unsere Gedanken und Träume. Jede Sichtung eines alten Campingbusses führt unweigerlich zu schmachtenden *Was-wäre-wenn*-Vorstellungen. Oder *Wie-es-ihm-wohl-geht*-Überlegungen. Lief er nun, da drüben in Kirgistan, quietschfidel über Wellblechpisten und Steppengras? Oder hatte er, trotzig, wie er war, auch schon seinen neuen Besitzer mit weißblauem Todesrauch einzuschüchtern versucht? Vielleicht sogar erfolgreich, und er verbüßte seine letzte Zeit traurig vor sich hin rostend hinter der dunklen Werkstatthöhle?

Der Gedanke quälte uns doch ein bisschen, weshalb wir irgendwann einfach nachfragten. Über einen kirgisischen Kontakt erreichte uns dann Entwarnung: Stinki läuft, darf mit auf die Jagd und hört jetzt auf den Namen *Minion* – damit bezieht Michail sich wahrscheinlich nicht auf die wenig erfolgreiche, gleichnamige britische Automarke, sondern auf die kleinen, maisgelben Wesen eines US-amerikanischen 3-D-Animationsfilms: impulsive Kreaturen mit wenig Selbstbeherrschung, die sich gleichwohl mit ihrer tollpatschigen und schrulligen Art beim Publikum sehr beliebt machen. Wie Stinki existieren sie schon seit Urzeiten. Wir wissen ja nicht so genau, was der reiche Michail für seinen Lebensunterhalt beziehungsweise auf der Jagd so macht, aber traditionell dienen Minions den schrecklichsten Schurken der Geschichte.

Unsere einzig logische Schlussfolgerung: *Stinki, wir kommen dich heimholen. Bald.*

Dank

An erster Stelle ein großer Dank an unsere Mentoren und großen Häuptlinge der Fahrzeugmechanik Stefan und Joe. Ohne eure regelmäßige Unterstützung wären wir hoffnungslos verloren gewesen!

»Spasibo« Alexander, für deine Zeit und deinen unermüdlichen Einsatz, durch den es dir gelungen ist, das lebenswichtige Ersatzteil für Stinki aus dem hintersten Zipfel Russlands hervorzuzaubern!

Rahmat an den immer ölverschmierten Terence Hill und unsere beiden anderen kirgisischen Lieblingsmechaniker aus Osch, für die alles *njet problem* war und die sich unsere zahlreichen (!) Sorgen, Bedenken und Einwände, die wir ihnen mit Hilfe unserer Hände und Füße und eines Onlineübersetzungstools mitteilten, mit einer schier endlosen Geduld anhörten!

Danke, Mario, dass du uns bei deinem Besuch als Sicherheitsnetz ein zweites Ersatzteil nach Kirgistan mitgebracht hast, und danke auch für fast drei Monate gelungenes Blumengießen!

Danke, Oma, dass es dich gibt. Danke auch dafür, dass du mit mir so viele Kinderlieder gesungen hast, die sich in diversen Situationen oft recht unerwartet als sehr nützlich erweisen. Danke auch dafür, dass du mir die wichtigste aller Lebensweisheiten beigebracht hast: *Probieren geht über Studieren!*

Dank

Danke an meine Familie, dass wir bei euch die Katze zwischenparken konnten!

Danke für den kleinen Schubs, Stephan Meurisch, mit dem du unser Buchglück in die richtige Richtung gelenkt hast!

Ebenso danken wir allen Menschen im und um den Knesebeck Verlag für ihre Arbeit und das Vertrauen in das Buchprojekt!

Und an dieser Stelle auch ein Dank an alle treuen Blog-Leser fürs Mitfiebern, Kommentieren und Motivieren!

Und last but not least:
Danke, Stinki!

Deutsche Originalausgabe
Copyright © 2020 von dem Knesebeck GmbH & Co. Verlag KG, München
Ein Unternehmen der Média-Participations

Projektleitung: Hans Peter Buohler, Knesebeck Verlag
Lektorat: Nina Schiefelbein, Holzminden
Coverfoto und Fotos: Christian Biemann, Hörsching
Papierstruktur: shutterstock_1448115695;
© Ton Weerayut Photographer/shutterstock
Umschlaggestaltung und Gestaltung: FAVORITBUERO, München
Satz und Herstellung: Arnold & Domnick, Leipzig
Druck und Einband: Livonia Print, Riga
Printed in Latvia

ISBN 978-3-95728-388-7

Alle Rechte vorbehalten, auch auszugsweise.

www.knesebeck-verlag.de